KB024136

신
이야기

EBS 클래스ⓔ 인문

신
이야기

정진홍 지음

목차

'신 이야기'라는 주제는 썩 선명하질 않습니다.
'신에 대한 이야기'인지 '신이 하는 이야기'인지 모호하기 때문입니다.

　　'신 이야기'를 이야기하기 전에 먼저 하고 싶은 말이 있습니다. 아니, 생각하고 싶은 거라고 해야 할는지요. 하나는 제목인 '신 이야기'에 대한 거고, 또 다른 하나는 그 안에 있는 '신', 그리고 남은 하나는 마찬가지로 그 안에 있는 '이야기'입니다. 그렇다고 이를 따로 떼어 말하려는 것은 아닙니다. 그 셋은 서로 결이 다르지만 같은 줄기에 실려 '이어진 하나'를 이루어 흐르기 때문입니다.

　　'신 이야기'라는 주제는 썩 선명하질 않습니다. '신에 대한 이야기'인지 '신이 하는 이야기'인지 모호하기 때문입니다. 어떤 이들은 '신에 대한 이야기'라고 생각합니다. '신에 대한 이야

기'라는 서술적 표현이 진부해서 산뜻하게 줄여 '신 이야기'로
한 것으로 여깁니다. '신이 하는 이야기'로 읽는 이들도 있습니
다. 이들도 다르지 않습니다. '신이 하는 이야기'라는 표현이 늘
어지는 느낌이 들어 이를 상큼하게 다듬은 것이 '신 이야기'라
고 여깁니다. 그러니까 '신 이야기'는 두 다른 읽기를 향해 자기
를 열어 둔 셈입니다. 그런데 하나의 표제를 이렇게 놓아두는
것은 잘하는 일이 아닙니다. 소통에 지장을 주니까요. 더구나
'신에 대한 이야기'와 '신이 하는 이야기'는 사뭇 다릅니다.

'신에 대한 이야기'는 신을 대상으로 삼아 이러저러한 이야
기를 펼 겁니다. 신에 대한 궁금증을 풀기 위해서일 테죠. 이 경
우 신은 인식의 객체고 이를 이야기하는 화자(話者)는 인식의
주체입니다. 그리고 이 주체와 객체 사이에서 이뤄지는 다양한
이야기들이 바로 '신 이야기'의 내용이 될 겁니다. 이때 화자가
일컫는 '신'은 여느 사물과 조금도 다르지 않습니다. 우리는 이
런저런 사물을 겪으면서 그것이 무언지 아리송하다든지 전혀
몰랐던 것이어서 당혹스럽다든지 할 때 그것에 대한 지적 호기
심을 가집니다. 사물에 대한 인식을 의도하는 거죠. 할 수 있으
면 충분한 거리를 두고 그 객체를 바라봅니다. '신에 대한 이야
기'도 이렇듯 신과 일정한 거리를 두고 떨어져 냉정하게 이것

저것 살필 겁니다. 신이 무언지 알고 싶으니까요. 또 알아야 하니까요. 그래서 물음 주체는 인식을 위한 온갖 노력을 다합니다. 신을 앞뒤로 살피기도 하고, 위아래로 들여다보기도 하며, 좌우 옆에서 다가가기도 합니다. 신의 어제의 모습을 좇아 위로 거슬러 올라 그 비롯함을 짚어 보기도 하고, 이를 도로 흘러 여기에서 드러난 지금의 모습을 새삼 그려 보기도 하고, 이에 이어 내일의 모습을 지레짐작하기도 합니다. 나아가 이런 일을 내 경험에서만 아니라 다른 사람의 경험에서는 어떤지, 그래서 타인과 다른 지역과 다른 시대와 다른 문화에서의 신에 대한 숱한 이야기를 살피기도 합니다.

인식객체에 대한 인식주체의 관심과 노력이 이에 이르면 어느덧 객체는 스스로 제 모습을 드러내기 마련입니다. 앎이 동터 오는 거죠. 우리가 다 겪는 일입니다. 인식주체는 드디어 이 일을 언어에 담습니다. 사물에 대한 인식은 나 자신만을 위한 게 아닙니다. 소통을 통해 미지나 무지의 정황으로부터 사람들을 벗어나게 하여 삶이 조금이라도 더 수월해지도록 하는 거니까요. 자연스레 이러저러한 경험은 추상화되어 개념어로 정착하고, 사물이 자리한 복잡한 맥락은 잘 다듬어진 언어의 서술 체계로 자리를 잡습니다. 글이 되기도 하고요. 이윽고 인식객체에 대한 앎이, 그러니까 우리의 경우에는 신에 대한 앎이 지어집니다. 이러한 지식을 통해 비로소 우리는 '신을 안다'고 발언할 수 있게 됩니다. 신을 설명할 수 있으니까요.

그러나, 모든 앎의 자리가 그렇듯이, 신을 객체로 하는 인식 주체는 하나가 아닙니다. 아주 많습니다. 옛날에서부터 이제까지, 또 온 문화권에서 이뤄진 신에 대한 이해는 그것이 많은 만큼 다양하기도 합니다. 대체로 사물에 대한 지적 탐구가 이루어져 이를 '무엇이다'라고 설명하게 된 지식은 서로 공감하고 공유하면서 보편성을 지닌 것으로 판단됩니다. 하지만 사물에 따라서는, 특히 사람의 경험과 직접 이어진 주제에 대해서는, 그렇게 되기가 쉽지 않습니다. 그래서 어떤 앎이 잘 다듬어졌다 여겨 이를 그 사물에 대한 바른 설명이라 해도 그것은 여러 주장 중의 하나일 뿐 '당연하게 바른 앎'이게 되지 못하는 경우가 적지 않습니다. 옳으니 그르니 하는 다툼이 일게 되죠. '신에 대한 이야기'도 다르지 않습니다. 이런 사정을 그대로 안고 그 이야기는 펼쳐졌고, 지금도 그렇습니다. '신에 대한 이야기'는 무척 시끄럽습니다. 앞으로도 이러리라는 예상은 지울 수 없습니다.

'신에 대한 이야기'가 소음이리라는 이런 짐작에 더해 다음과 같은 것도 유념하고 싶습니다. 우리는 흔히 학문적으로 성취된 일정한 지식이 내 직접적인 삶과는 잘 어울리지 않는 것을 경험할 때가 있습니다. 지식으로 체계화된 사물에 대한 설명이 실제 경험과 괴리를 낳는 현상을 만나곤 하죠. 사물을 온전하게 알아야겠다는 의도가 사물과 일정한 거리를 지어 이를 객관화하는 것은 아주 마땅한 일인데 이를 언어로 담아 설명의 체계로 엮는 과정에서 언어는 실제 경험을 직접 다 담지 못하는 한계를 드러내기 때문입니다. 삶이 언어에 다 담기는 것은 아니니까요. 앞에서 이미 지적한 것처럼 개념과 논리로 이루어진 학문적 담론이 현실 적합성을 지니지 못한다는 불편함을 호소하는 일은 이래서 비롯합니다.

'신에 대한 이야기'도 이런 모습을 드러냅니다. 관념과 현실과의 괴리라고도 하죠. 언어와 사실, 또는 논리와 실제 간의 긴장이라 해도 좋습니다. 사실이 지닌 온기가 사라지기도 하고, 설명이란 이름으로 사물이 해체되기도 하죠. 하나로 수렴이 안되는 것은 아닌데도 그렇게 모아진 인식의 객체는 박제가 된 것과 다르지 않은 경우도 적지 않습니다. 이런 어려움은 과거에도 그랬고 지금도 다르지 않습니다. 당연히 앞으로도 이 불편함에서 벗어나기는 쉽지 않을 겁니다. 학문이 스스로 자기한계를 발언할 만큼 겸손해지지 않으면요. 아무튼 '신 이야기'를 '신에 대한 이야기'라고 읽고 이야기를 할 경우, 이러한 자못 어수선한 이야기들이 이에 실리게 될 겁니다.

'신 이야기'를 '신이 하는 이야기'로 읽는 경우는 이와 다릅니다. 앞의 경우에서 하듯 인식틀 안에서 이를 다시 다듬으면 인식주체가 선택하는 직접적인 객체는 '신'이 아니라 신이 하는 '이야기'입니다. 그런데 그 이야기는 여느 이야기가 아닙니다. '신이 하는' 이야기입니다. 그러니까 비록 그 이야기에 관심을 가지고 물음을 묻는다고 할지라도 이때의 인식주체는 이미 자기가 알고 싶은 객체인 '이야기'를 꽤 알고 있는 것과 다르지 않습니다. 그저 이야기가 아니라 '신이 한' 이야기인 것을 아니까요. 그렇다면 실은 '신이 하는 이야기'에서 '신'과 '이야기'는 별개이지 않습니다. 이야기는 신에서 말미암고, 신은 이야기와 더불어 있습니다. 따라서 '신이 하는 이야기'에서 그 이야기에 기울이는 관심은 자연스레 '신'과 '이야기'를 떨어져 있지 않은 하나로 여깁니다.

 하지만 여전히 신이 인식주체의 객체는 아닙니다. 궁금한 것은 그가 한 '이야기'니까요. 그래서 "신은 무엇을 이야기했나? 왜 그런 발언을 했을까? 그 발언은 어떤 맥락에서 이뤄진 걸까? 그러한 발언은 무엇을 의도한 것일까?" 하는 물음들이 '신이 하는 이야기'에 대한 이야기에 담길 겁니다. 당연히 신은 이 물음들에 대한 대답을 마련하는 과정에서 이러저러한 모습으로 끊임없이 간여할 거고, 물음 정황의 전체를 아우르는 후광처럼 있을 겁니다. 그런데 바로 이러한 사실 때문에 신은 그 이야기를 발언한 주체로 있을 뿐이지 앞의 물음을 묻는 인식주체의 객체이지는 않습니다. 그렇기에는 차마 닿을 수 없는 자리에 있는 것이 '신이 하는 이야기'에서의 신의 자리니까요.

이렇게 보면 '신이 하는 이야기'로 '신 이야기'를 읽는 일은 앎을 추구하는 일과는 다릅니다. 그저 소박하게 인식론의 틀에 담기가 머뭇거려집니다. '신이 하는 이야기'를 "어떻게 살아야 할까?" 하는 데 대한 물음이기 때문입니다. 그러므로 '신이 한 이야기'의 '왜'와 그 '맥락'과 직접적인 '의도'를 알아 "이를 어떻게 현실화할 건가? 그것을 지속적으로 의미 있는 것이게 하려면 어떤 당위적 규범을 마련해야 할까? 이를 삶의 준거로 삼기 위한 개인적 실존은 어떻게 다듬어야 하고 공동체의 삶 속에서는 어떻게 기능하도록 해야 하나? 이런 과제가 현실화되지 못할 때 다시 발언될 신의 이야기에서 우리는 무엇을 예상하고 어떤 반응을 해야 하지?" 하는 것들이 그 이야기에 담길 겁니다.

이렇듯 '신이 하는 이야기'의 경우는 '신에 대한 이야기'와 이어질 수 없는 다름이 확연하게 드러납니다. 인식론의 틀을 갖추지 못한 거라고 판단되니까요. '신'이 무언지 몰라 이를 알기 위한 대상으로 설정한 것도 아닌 데다 인식을 위한 주체도 알기 위해 나선 화자라기보다 이미 아는 것을 더 치밀하게 살펴 이를 강화하기 위해 나선 것이나 다르지 않기 때문입니다. 그러니까 이 경우에는 더 묻지 않아도 분명한 신이라는 실재의 발언보다 그 발언을 수행하는 일에 자신을 봉헌하고자 하는 데서 말미암는 물음에 메아리치는 내용으로 이 이야기를 채우게 될 겁니다. 마치 사랑하는 사람한테 하는 '고백' 같은 것으로요.

이러한 이야기는 삶의 현장과 직접적이고 구체적으로 연계되어 있어 지식이 지니는 관념적인 속성과는 달리 더 수월하게 현실 적합성을 가지고 소통의 장을 넓힙니다. 차디찬 인식보다 정서적 감동이, 분석적인 인식보다 전폭적인 믿음이 더 짙게 그 이야기를 채색하게 될 거니까요.

그러나 이와 아울러 그 구체성과 직접성은 고백이 스스로 주장하는 자기 순수성과 절대성 때문에 서로 다른 고백의 주체들 간에 심각한 배타적 갈등을 일으킵니다. 고백의 내용과 자리가 서로 같지 않으니까 당연한 일인데 이를 견디지 못하는 거죠. 게다가 고백이란 자기 순수에 이르는 힘든 과정을 겪어 비로소 발언되는 것이기 때문에 이에 대한 비판적 언급을 받아들이기가 쉽지 않습니다. 자신의 순수에 흠이 나는 것은 자신을 부정당하는 것과 다르지 않으니까요. '신 이야기'를 '신에 대한 이야기'로 읽는 사람들과도 그런 갈등을 빚게 됩니다. '신 이야기'를

'신이 하는 이야기'로 여기지 못하고 '신에 대한 이야기'로 여기고 이야기를 하는 것은 마치 사랑을 경험해 보지 못했거나 그것을 추상화한 사람들이 하는 '허황한 사랑 이야기'라면서 아직 유치한 자리에 있는 사람들의 하릴없는 짓이라 여기는 거죠.

이러한 사실을 살펴보면 '이야기'란 예사로운 일상이 아니라는 생각이 듭니다. 앞에서 지적했듯 그것이 학문적인 글에 담긴 것이든 종교적인 봉헌에 담긴 것이든 간에요. 이야기에는 '주제'가 있습니다. "왜 하필이면 그게 주제가 되느냐?" 하는 까닭은 언제나 투명하지 않습니다. 주제의 가변성마저 유념하면 더욱 그렇습니다. 그런데 이를 이야기하는 '화자'가 있습니다. 그가 "왜 하필이면 그 주제를 이야기하는 데 참여했는지?"를 살피는 일도 예사롭지 않습니다. 삶의 자리란 그리 단출한 것이 아니니까요. 이 이야기를 듣는 '청자'도 있습니다. 그가 우연히 참여한 것인지, 관심이 지극했는지는 잘 드러나지 않습니다. 또 청자와 화자의 자리도 이야기의 현장에서 뚜렷한 차이가 있는지도 불투명합니다. 이야기란 일방적이기도 하지만 주고받음이 그 본디 모습이니까요. 그런데 이 모든 구성 요소들이 각기 지향하는 것이 있다는 것조차 염두에 두면 이런 것들이 뒤엉켜 이루어지는 '이야기의 현존'은 우리가 늘 이야기를 하고 사니까 별로 관심을 기울이지 않아서 그렇지, 조금만 주목하면 '이야기'처럼 쭈뼛하면서도 흥미로운 것이 또 없으리라고 말하고 싶습니다. 마치 갑작스럽게 미로에 들어선 것 같으니까요.

그런데 '이야기'를 더 살피기 전에 아무래도 '신'을 언급해야겠습니다. 앞의 짧은 서술과 접하면서 '신 이야기'라면 '신'을 우선 명확하게 다듬을 일이지 어떻게 '이야기'가 먼저 나와 이러쿵저러쿵하느냐고 할 분이 적지 않을 테니까요. 더구나 '신'을 여느 사물과 조금도 다르지 않은 것으로 여기는 자리, 그런데 신을 봉헌의 대상으로 여기면서 그 틀 안에서 신과의 관계를 짓는 자리가 서로 바짝 긴장하고 갈등하고 있음이 앞의 내용이라면 더욱 그러합니다.
'신 이야기'를 어떻게 받아들이든 '신'을 이야기하려는 것이 우리의 본래 의도인 것만은 분명합니다. '이야기'를 먼저 앞세운 것은 '신'에게 이르려는 방법론적인 우회라 해도 좋을 듯합니다. 그래야 할 만큼 '신'은 쉽게 오롯해지지 않기 때문이죠. 오죽해야 '신 이야기'에 들어서기 전에 이에 대해 짧지 않은 이야기를 이렇게 꼭 해야만 하겠습니까? 그래서 그 까닭을 짚어 보는 일부터 시작해 보면 좋겠는데 그러려면 이 자리에서 '신'을 다 설명하는 것 외에 다른 방법이 없습니다. '신은 이러저러해서 그럴 수밖에 없다'고 해야 하니까요. 하지만 우리는 그런 이야기를 그렇게 하기 전에 유념하고 싶은 것이 있어 이렇게 긴 머리말을 쓰고 있습니다. 그러니까 이 자리에서 하고 싶은 것은 다른 것이 아닙니다. '신을 이야기하기 전에 해야 할 신 이야기'입니다.

'신'이라는 단어는 누구에게나 낯설지 않습니다. 사전을 뒤져 그 말의 뜻을 살펴 비로소 아는 그런 어휘가 아닙니다. 사람들은 화자나 필자가 그 단어를 어떤 맥락에서 사용하는지 듣고 보면서 그때 그가 말하는 신이란 용어가 어떤 것을 지칭하고 뜻하는지 대체로 짐작합니다. 소통에 별문제가 없는 단어인 거죠. 일상에서는 아무런 지장 없이 이 용어를 사용합니다. 이를테면 "신의 조화야!" 하면 어떤 일이 알 수 없는 비일상적인 힘의 간여로 결정된 것을 뜻합니다. '신들렸다'는 표현은 예상을 넘어서는 비범한 행위의 경지를 묘사하죠. "네가 신이야?" 하면 그것은 교만하기가 극에 이른 사람을 일컫기도 하고요. '신'이라는 표현 대신에 '하늘'이 이를 대신하기도 합니다. "하늘이 무섭지 않아?" 하는 것은 "절대적인 규범을 거스른 것이 두렵지 않니?" 하는 말입니다. 그러한 신을 인격화하여 '하느님'이라 부르기도 합니다. "하느님이 보우하사 우리나라 만세!"를 노래할 때 이상스럽게 까다로운 사람이 아니라면 누구나 예사롭게 그 정서에 공감합니다. 가장 진한 희구의 성취를 그렇게 기원하는 거죠.

자연을 한껏 승화하여 호칭할 때도 우리는 신을 일컫습니다. 산신(山神)이니 천신(天神)이니 하는 게 그렇습니다. '신'의 외연은 명칭의 변환뿐만 아니라 또 다른 차원을 담기도 합니다. '신령'이나 '귀신'이 그러합니다. 어떤 사물을 '신령'으로 부르면 그것이 한결 격이 높아지고 우아한 후광을 지닙니다. "백두산은 참 신령스러운 산이다" 할 때가 그렇습니다. 흔히 신령을 '신령님'으로 존대하는 것이 이런 까닭에서죠. '사람이 죽어 귀신이 되었다'는 경우의 귀신도 사람이 신비한 존재가 되었다는 뜻을 담습니다. 옛날에는 "죽은 사람은 귀신이 된다"라는 말을 아무렇지도 않게 했는데, 죽음에 대한 무서움과 겹쳐 음습하고 두려운 기운을 풍기는 것이어서 이제는 그렇게 하지 않습니다만, 그 말을 누구나 대체로 무리 없이 받아들입니다. 그 정서를요. '도깨비'도 아주 넓은 의미에서 신의 영역에 듭니다. 그런데 이 경우에는 신이 비일상적인 어떤 힘의 실체라는 개념이 아예 희화적인 것으로 바뀌기도 합니다. 두려움에 해학이 깃들인다고 해야 할는지요. 사람들은 이러한 귀신에 대해 그런 존재가 있느냐 없느냐 하는 '인식론적인 저항'을 별로 하지 않습니다.

18

정서적인 공감을 가지고 공존하는 거죠. 그저 무의식적으로요. 신을 기능적으로 분화하여 일컫기도 합니다. '삼신(三神)'이나 '역신(疫神)' 등이 그렇죠. 흔한 일입니다. 이렇듯 일상적인 용어인 '신'은 고정 불변하는 게 아닙니다. 문화적 풍토와 역사적 과정 안에서 마치 살아 있는 실체처럼 일상의 맥락에서 화자에 의해 끊임없이 꿈틀댑니다. 살아 있다고 해도 좋을지 모르겠습니다.

이렇듯 '신'은 흔하게 발언되는 예사로운 기표(記標)입니다. 그것은 '비일상적인 것'을 지칭하는 일상의 언어입니다. 이러한 현상이 있게 된 것은 문화적 전승 탓이라고 해야 할 것 같습니다. 내가 묻지 않았는데도 이미 있었던 물음에 대한 지속적인 해답의 메아리가 집단적인 기억으로 이어지면서 내게 스스로 의식하지 않아도 표출되는 인식 체계를 지니게 했고, 그것이 내 관행적인 언어 습관을 마련했기 때문이라고 할 수 있는 거죠.

그런데 종교와 연관되어 이 일상적인 단어가 발언되면 그 용어는 갑자기 예사롭던 흐름을 단절하면서 일체의 전승을 소용돌이치게 합니다. 종교는 신을 고정합니다. 자기의 신을 특정한 신으로 삼는 거죠. 그래서 어떤 신은 신이되 어떤 신은 신이 아니게 됩니다. 이를 소상히 밝히는 일은 예상 밖으로 길고 복잡합니다. 종교 안팎에서 두루 그러합니다. 분명한 것은 그렇게 소용돌이치면 앞에서 예를 든 일상적인 용례에서의 '신'도, 종교에서 고백의 대상이었던 '신'도 철저하게 '물음의 대상'이 된다는 사실입니다. 그래서 그렇겠는데, 그러한 물음에서 비롯하는 '신'에 대한 논의는 대체로 '논의에 대한 논의'의 성격을 지닙니다. '되물음'이라고 하면 좋을지 모르겠습니다. 어떤 경우에도 기존의 인식 자리에서 멈추지 않습니다. 물음은 해답에 이르고, 그 해답은 또 물음을 낳으니까요. 그런데 이때 물음은 크게 두 다른 흐름을 짓습니다. 이제까지의 앎을 강화하기 위한 흐름이 하나이고, 또 다른 하나는 이제까지의 물음을 승인할 수 없어 묻는 흐름입니다. 되짚는 이야기지만 '신이 하는 이야기'로 '신 이야기'를 읽는 경우와 '신에 대한 이야기'로 읽는 경우가 각기 그러한 다름을 지닙니다.

종교 안에서의 신 물음은 더 돈독한 신심을 위한 거라니 당연하지만 궁금한 것은 "아무 탈이 없는 일상적인 용어인 신이 왜 종교와 연결되면 되물어지는 상황에 이르게 되나?" 하는 겁니다. 사정이 단순하지는 않습니다. 역사와 문화라는 총체적인 개념을 망라해야 겨우 이야기를 시작할 수 있는 물음이니까요. 또 개인의 실존 자리와 경험을 지나칠 수도 없으니까요. 그러

20

나 문제를 단순화하기 위해 '우리'의 직접적인 경험을 들어 이를 살펴보려 합니다. 우리의 경우 아무래도 이러한 상황은 그리스도교 전래 이후에 두드러지게 나타난 현상이라는 생각이 듭니다. 근대화를 겪은 경험에서 비롯한다고 해도 좋을 것 같습니다.

에둘러 다가가 보죠. 고대 중근동 지역의 종교는 다른 지역의 종교와 좀 다릅니다. 일상의 한계를 거의 절망적으로 경험하는 인간이 이를 벗어난 비일상의 실재를 희구하는 이런저런 삶의 경험이 드러난 것을 일반적으로 '종교'라 한다는 이해의 자리에서 보면 그 특이성이 잘 나타납니다. 이른바 '신의 등장 또는 현존'은 지금 우리가 일컫는 종교라는 문화라면, 그것이 어디에 있든 또 언제부터 있었고 언제까지 있었든, 그 안에 두루 퍼져 있는 현상입니다. 그런데 이 지역에서는 그러한 신이 두드러지게 '초월적인 신비로운 실체'로 전제되면서 그는 '절대적인 존재'로 추앙됩니다. 당연히 그 신은 존재 이전의 존재이고, 만물을 존재할 수 있게 한 '창조주'로 이해되며, 인간의 '모든 것'을 다스리는 '전능한 힘의 담지자'로 여겨집니다. 게다가 그 신은 이러한 맥락에서 '유일한 존재'가 됩니다. 그러나 유념할 것이 있습니다. "신이 유일하다"라는 주장은 그것을 발언하는 주체에게는 유일할 수 있지만 그렇다는 사실을 주장하는 주체들은 유일하지 않습니다. 제각기 다른 신을 그렇게 이야기하는 다른 경험 주체들이 서로 공존하고 있으니까요. 이에 이르면 그렇게 일컬어지는 신이 다른 신들의 현존과 겨루어지면서 배타적이고 독선적인 모습으로 자신을 다듬을 수밖에 없으리라는 것도 쉽게 짐작할 수 있습니다.

문제는 이러한 '배타적인 종교'가 긴 역사를 통해 세계를 지배하게 되었다는 사실입니다. 그리스도교가 그러하고 이슬람이 그러합니다. 특히 그리스도교는 그것이 지배하는 문화권에서 발전된 문물을 통해 여타 세계의 삶을 바꿔 놓는 변혁을 일으켰습니다. 문화는 그것이 지닌 힘의 비대칭적 우열 때문에 그렇게 될 수밖에 없습니다. 일상에서 비일상을 희구하는 모습이 다양하게 전승되어 온 문화권에 이러한 서양의 문화는 '종교란 이런 거다' 하는 새로운 인식 내용과 판단 준거를 제시하면서 자기네의 '절대적이고 배타적인 신'을 승인하고 수용하기를 요청했고, 받는 쪽에서는 자의든 타의든 이를 수용하면서 그 준거 때문에 자신의 문화의 틀을 상당한 정도 바꾸지 않으면 안 되었습니다. 우리가 겪은 '근대화'란 바로 그러한 역사적 계기이고 사건입니다. 만약 이러한 일이 없었다면 지금 우리가 사용하는 '종교'라는 말도 어쩌면 다르게 표현됐을 거고, 신이

라는 존재에 대한 개념적인 이해나 서술도 그리스도교적이거
나 이슬람적이지 않았을 겁니다. 흔히 말하듯 '유일신론적'이지
는 않았겠죠.

이러한 일을 겪었음에도 우리가 신을 일컫는 일상적인 용례
는 여전히 소통에 별로 지장이 없습니다. 그러나 그것이 물어
지고 논의의 대상이 되면 갑자기 우리는 서양적이게, 또는 그
리스도교적이게 됩니다. 우리의 전통적인 정서 안에서는 신
이 있느냐 없느냐 하는 물음이 별로 의미가 없었습니다. 우리
는 다양한 '신 있음'의 풍토 속에서 비교적 자연스럽게 살았습
니다. 그런데 이제는 종교가 논의의 주제가 되면 신의 존재 여
부가 가장 우선하는 주제로 등장합니다. 어느 틈에 신을 이야
기하는 틀이 그리스도교적이게 된 거죠. 신의 존재 여부에 대
한 논의에서부터 그가 지녔으리라 예상되는 속성의 기능적 발
현, 그리고 우리의 삶 안에서 자리 잡을 규범적 실재로서의 그
의 현존에 이르기까지의 논의가 거의 '신학적'이라고 해야 할
구조를 지닌 틀 안에서 펼쳐집니다. 이러한 우리의 현실이 옳
으니 그르니 할 생각은 없습니다. 자칫 판단이 선행되면 실재
또는 현실을 간과하게 되어 결과적으로 어떤 선의의 판단도 부
정직한 인식을 낳게 되니까요. 분명한 것은 우리의 '신에 대한
논의'는 자못 서양적이거나 '신학적'인 '유일신적 실재'를 전제

로 펼쳐진다는 사실입니다. 그리고 '신 이야기'가 불가피하게 그럴 수밖에 없다면 그렇게 물어지고 이야기되는 '신 이야기'가 우리에게 어떤 '도움'이 될 수 있을지 적극적으로 살펴보아야 하지 않나 싶습니다.

　이러한 사실을 유념하면서 이 책 『신 이야기』가 펼칠 '이야기'가 과연 어떤 것이게 될까 하는 것을 예상해 보는 것이 좋을 것 같습니다. 공감 여부와는 상관없이 어쩌면 일지 모르는 충격을 미리 완화할 필요가 있으니까요. 틀림없이 '신이라는 사물'에 대한 인식론을 담을 겁니다. '신이 하는 이야기'에 대한 고백적 진술이 어떤 형태로든 또한 담길 거고요. 게다가 신의 예사로운 용례도 끼어들 거고, 서양적인 '신학적인 분위기'도 스스로 모든 것의 준거인 양 단단히 한자리를 차지할 겁니다. 그리고 이 여러 '요소'들이 뒤섞일 게 뻔합니다. 그렇다 해도 아주 잘 풀리면, 이야기가 끝없이 되돌면서도, 그것이 무언지 지금 장담할 수는 없지만, '어떤 주제'를 상실하지는 않을 겁니다. 우리의 생각을 되살필 만한 어떤 것으로요. 만약 그렇지 못하면 『신 이야기』는 정연한 논문도 아닌, 친절한 산문도 아닌, 붓 가는 대로 쓴다는 수필도 아닌, 그렇다고 상상의 세계를 열어주는 시는 더더구나 아닌, 그런 모호한 것이 될 게 틀림없습니다. 모호한 주제만이 온통 잡다한 이야기 위에서 떠돌 수도 있고, 소란스러운 이야기의 소용돌이에서 그 모호한 주제의 행방마저 묘연할 수도 있습니다. 그렇다면 이러한 '이야기'가 과연 '이야기다울 수' 있을는지요. 아마도 개념의 명료성도 없고, 방법론의 치밀함도 마련 못 하고, 논리의 일관성도 잃은 채 중얼거리는 독백이기에 꼭 알맞을 것만 같습니다.

그래도 신을 주제로 한 이러한 '이야기'를 하고 싶습니다. 이도 저도 아닌, 주저리주저리 말이 말을 쫓아 이어지는 군소리가 될지라도요. 이런 이야기를 하는 까닭은, 감히 말하자면, 누구나 신에 대한 자기 생각을 거리낌 없이 펼칠 수 있는 공간을 만들고 싶기 때문입니다. 그렇지 못한 현실을 우리는 때로 겪고 있으니까요. 우리의 이야기를 '신 이야기'라고 모호하게 언표(言表)한 것은 의도적인 거였음도 이제는 떳떳이 말해도 될 것 같습니다. 그래서 그 이야기를 시작하기 전에 이런 이야기를 먼저 하고 싶었습니다.

우리는 대체로 뜻밖에 소심합니다. 그런가 하면 뜻밖에 무모하기도 합니다. 그 둘 사이를 그네 타기처럼 오가기도 하고요. 자기 자신에게 중요하다고 여겨지는 사물과의 만남에서는 더욱 그러합니다. '이야기답지 않은 이야기'일지도 모를 '신 이야

기'가 우리의 이러한 경험을 조금은 더 편하게 해 주는 데 도움
이 되었으면 좋겠습니다. 오히려 없던 소용돌이를 일게 할 수
도 있겠지만요.

그러니까 이 책의 내용에 대한 공감이나 이견과는 상관없이
이 책에서 발언 주체는 독자이기를 바라는 것이 직접적인 기대
입니다. 그렇게 될 수밖에 없는 것이, 그래야 하는 것이, '신 이
야기'이어야 하니까요.

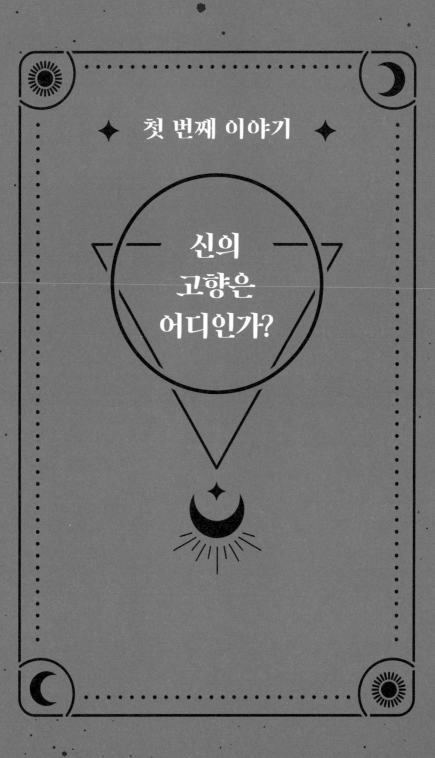

첫 번째 이야기

신의
고향은
어디인가?

신의 존재 여부를 묻는 물음을 조금 달리 다듬어도 좋을 듯합니다.

"신의 고향은 어디일까?" 하고 물어도 좋을 것 같습니다.

삶은 쉽지 않습니다. 삶을 지탱하려면 풀어야 할 일이 한둘이 아닙니다. 무엇보다 생존을 위한 일이 그러합니다. 먹고 입고 자는 일 말입니다. 게다가 인간은 홀로 살지 않습니다. 더불어 삶이 빚는 문제도 이루 말할 수 없습니다. 서로 다르니까요. 그런데 인간은 이에 더해 의미도, 가치도 찾습니다. 짐승이 아니니까요. 그러니 답답한 게 참 많습니다. 어떻게 해야 잘 살아갈지 가늠이 잘 안 됩니다. 삶의 장에 들어서기는 했는데 무엇을 어떻게 왜 해야 하는지도, 왜 어디로 어떻게 가야 하는지도 모르겠고, 그러다 보면 자칫 삶은 헤매다 말 피곤하고 허무한 것이 되기에 십상입니다. 출구가 보이질 않는 거죠. 이래서 삶은 오래전부터 '미로적인 정황'이라고 묘사되곤 했습니다.

아무 생각 없이 살면 그만이긴 합니다. 그런데 인간은 그럴 수 없는 존재여서 인간입니다. 사람의 사람다움은 바로 이러한 '미로적인 정황'에서 그가 결코 머물지 않는다는 데 있습니다. 그 정황을 '모름으로 꽉 찬 현실'이라고 한다면, 바로 그 '모름의 현실'을 '앎의 장'으로 바꿔 길을 발견하기도 하고 스스로 마련하기도 하면서 마침내 출구를 찾아 살아가는 게 인간인 거죠. 인간은 한없이 모자라지만 이렇게 할 수 있는 능력은 있습니다. 그리고 다양한 결을 지닌 사람의 '마음' 또는 '태도'가 그 능력이 현실화하는 '모습'을 결정합니다.

저는 하필이면 '종교'라는 현상이 삶을 살아가면서 그리 궁금할 수가 없었습니다. 어떤 계기에서 종교라는 것이 미로의 출구를 보여 주리라는 생각을 했었습니다. 그런데 또 어떤 계기에서 종교가 꼭 미로 같게만 느껴졌기 때문입니다. 세상에는 종교인도 있고 비종교인도 있습니다. 또 종교라는 말만 들어도 언짢아하는 반종교인도 있습니다. 그런데 저는 왜 어느 사람은 종교를 좋아하고, 어느 사람은 도무지 관심조차 없고, 어느 사람은 싫어하는지 알고 싶었습니다. 이러한 현상은 개인의 차원을 넘어 공동체도 다르지 않더군요. 하나의 공동체가 지닌 종교적, 비종교적, 반종교적 요소의 뒤섞임은 우리가 늘 만나는 현상입니다.

그런데 막상 '종교'가 궁금해 종교에 다가갔는데 그곳에서 만나는 것은 종교가 아니라 종교인들이었습니다. 종교라는 실체는 보이지 않고 종교인이라는 개인이 또는 공동체가 이야기하는 또는 살아가는 그 이야기와 삶 안에 종교가 있었습니다. 그러니까 제가 만난 것은 종교라는 현상을 짓는 '인간'이었습니다. 종교보다 종교라는 문화를 지닌 인간이 더없이 궁금해졌습니다. 그래서 종교학을 공부했습니다. 달리 표현하면 제자리는, 그런 것이 따로 있는지는 몰라도, '종교 그것 자체'보다는 '종교라는 문화 현상을 있게 한 인간'을 알고 싶은 자리입니다. 달리 말하면 '종교를 통한 인간 이해'라고 하면 더 분명해질는지요. 무릇 학문은 그런 거로 생각합니다. 정치학이나 경제학이 정치 현상이나 경제 현상을 통해 그 현상만이 아니라 그 현상을 드러내는 인간에 대한 이해에 이를 때 그 소임을 다하는 것이 아닐까 하고 생각하는 거죠. 자연과학이 사물을 알고 익혀 인간을 위해 기여할 수 있는 일을 모색하는 것도 다르지 않고요.

이러한 자리에서 으레 받는 질문이 있습니다. "너 종교를 공부한다니 말해 다오. 어느 종교가 가장 좋으냐?" 하는 물음이 그렇습니다. 무척 실용적인 질문입니다. 그래서 저는 흔히 "네가 선택하는, 또는 선택한 종교가 가장 좋아!" 하고 말합니다. 특정한 문화권의 제한된 정황 안에 있지 않다면 현대인은 종교를 선택하기 위해 살펴야 할 정보도 넉넉하고, 그럴 수 있는 여유도 충분하니까요. 물론 제 대답에 만족할 사람은 많지 않습니다. 대답이 직접 실용성에 반응한 것이 아니니까요. 이보다 더 나아간 '흔한, 그런데 심각한 질문'도 있습니다. "신은 정말 있는 거냐?" 하는 게 그겁니다. 대학에서의 종교학 강의에서도 사정은 다르지 않습니다. 어느 종교가 좋으냐 하는 앞의 질문은 가벼운 측에 속합니다. 이런저런 종교를 알아보는 내용이 강의에 담겼기 때문이기도 하죠. 하지만 뒤의 물음, 곧 "신은 과연 존재하는가?" 하는 물음은 예사롭지 않습니다. 학생이 이러한 질문을 하면 저는 상당히 긴장합니다. 다른 학생들도 다르지 않고요. 그래서 이 질문은 늘 꽤 진지한 사태를 빚습니다. 저는 그 학생에게 우선 "네가 이해하는 신이란 어떤 존재냐?" 하고 묻고 싶습니다. 그리고는 "어떤 경험이 저 학생으로 하여금 그 질문을 하게 했을까?" 하는 생각도 합니다. 그러나 제가 그렇게 물으면 그 질문이 자칫 제 의견을 그 학생에게 강요하는 유도적인 질문으로 오해될 것 같아 아예 전체를 향해 "너희들은 어떻게 생각하니?" 하고 묻곤 합니다. 그러나

신 이야기

많은 경우, 저의 되물음 이전에 학생들 사이에서 먼저 반응이 나타납니다. 신은 절대적으로 존재한다고 주장하는, 그래서 신이 있느냐는 물음 자체를 견디지 못하는 학생들이 있기 마련이니까요.

그러한 반응은 그 물음이 어이없다는 투로 나옵니다. 이를테면 이런 거죠. "아니, 인간이 감히 어떻게 그런 발상을 하니? 신이 없다면 어떻게 우주를 비롯한 이 세상이 있을 수 있고, 그것이 일정한 질서를 지니고 운행될 수가 있겠니? 생명은 신이 지은 거고, 너도 그래서 비로소 있게 된 거야. 신은 존재의 근원이야. 근원이 없는 현존은 불가능한 거고! 그러니까 신의 존재를 회의하는 것은 너 자신의 존재를 의심하는 것과 다르지 않아. 어리석은 자만이 그런 질문을 하는 거야!" 그런 학생의 주장은 물 흐르듯 합니다. 논리적으로 정연하고 현실과 접목되면서 듣는 이들의 이러저러한 경험을 두드립니다. 공감하고 동조하는 학생들이 적지 않습니다.

처음 질문한 학생도 물러서지 않습니다. 반론을 비판하는 반론은 이런 투의 내용을 담습니다. "네 발언은 너한테는 정직하고 진실한 걸 거야. 하지만 사물의 현존에 대한 확인은 실증을 통해서만 가능하고, 그래야 비로소 그 존재가 보편적인 것으로 인식되는 거야. 그렇다면 너는 신이 있다는 것을 객관적으로 합리적으로 실증해 줘야 해. 그럴 수 없다면 신은 네 상상 안에만 있을 뿐 실재하는 것은 아냐. 아무리 아름답고 감동적이라 해도 그 주장이 반드시 옳거나 보편적인 것은 아니니까. 우리는 때때로 그러한 이야기에 매력을 느낄 만큼 나약한 존재이기도 해! 하지만 그러한 감성적인 분위기에 의존해 자신의 주장을 펴기 전에 네가 신의 존재를 주장하는 것이 사실임을 누구나 이해할 수 있게 보여 줄 수 있어야 해! 네가 나에게 한 이야기는 여전히 독백일 뿐이야!" 이에 대한 동조도 적지 않습니다.

여기서 논쟁이 끝날 까닭이 없습니다. 신이 있다는 주장을 한 학생의 거듭된 반론이 이어집니다. "객관성이나 합리성을 준거로 한 실증이 사물의 현존을 담보한다는 주장, 그래야 사물의 존재가 보편적으로 인식된다는 주장은 옳아. 그러나 우리네 삶을 포함한 존재 일반이 모두 실증으로 비로소 확인되는 것은 아냐. 실증의 한계를 너는 알아야 해. 무릇 존재란 실증을 넘어설 만큼 더 크고 더 총체적이야. 이를테면 사랑은 실증을 통해 확인되는 것이 아니야. 실증의 한계를 넘어서면서 이루어지는, 그러니까 실증할 수 없는데도 경험되는 분명한 현실이야. 너는 더 성숙해야 해. 합리적 사유는 작은 편의일 뿐이야. 삶을 조금만 더 진지하게 들여다보면서 신의 존재를 승인하는 것이 당위라는 것을 인정할 만큼 겸손하게 정직해 봐!"

의도적으로 이 재반론에 대한 반응을 한 번만 더 첨가해 보고 싶습니다. "나도 동감이야. 분명히 나는 더 성숙해야 해. 모르는 것도 많고 할 수 없는 일도 많으니까. 그런데 바로 그러한 이유로 나는 내 삶의 자리에서 더욱더 실제적이어야 한다고 생각해. 실증으로 범주화되는 객관성이나 합리성을 수반하지 않는 한계의 극복이라는 것, 또는 총체성을 빙자하여 부분적 또는 낮은 단계에서의 직접성을 간과한 채 이를 통해 존재를 확인하는 일은 현실을 벗어나 현실을 만나겠다는 공허하고 비현실적인 태도와 다르지 않기 때문이야. 맞아. 사랑은 실증할 수 없는 거야. 하지만 너도 알잖니? 왜 그리도 순수하고 아름다운 사랑이 현실과 맞닿는 순간, 순수해서 오히려 그것이 아픔이 되고 아름다워서 오히려 그것이 지저분한 얼룩이 되는지. 합리성이나 직접성을 배제한 믿음만으로 이루어진 인식은 끝내 환상일 뿐이야. 그리고 그것의 끝은 결국 자기를 스스로 배신하는 아픔이지. 신이 있다는 사실을 승인하는 태도도 다르지 않아. 합리성과 현실성을 수반하는 인식과 더불어 신의 존재를 승인해야지, 그렇지 않으면 그러한 태도는 자기기만이 잉태한 자기만족에 지나지 않아. 너도 정직하게 겸손해 봐!"

그런데 이러한 논쟁의 흐름을 좇다 보면 처음에 예상하지 않았던 사태와 직면합니다. 신이 있다는 주장과 신이 없다는 주장은 마치 두 개의 다른 실재처럼 전혀 이어지지 않는 것으로 여겼는데 왠지 그렇지 않은 것 같다는 생각이 듭니다. 신의 실증을 요청했던 친구가 어느 때가 되면 "인간이 신의 존재 여부를 묻다니 그런 미숙한 질문이 어디 있나?" 하는 자리로 옮겨 갈 것 같기도 하고, 실증이 모든 존재 여부를 확인하는 것은 아니라는 친구가 어느 때가 되면 "신이 있다는 사실이 실증 여부로 결정되는 것은 아니라는 말이 어쩌면 현실 적합성을 배제하는 비현실적인 독백은 아닐까?" 하는 회의의 자리에 이를 것 같아서요. 그런 정서가 어느 쪽에든 깔린 것처럼 보이기 때문입니다. 상대방의 반론에 반응하면서 사색의 차원이 더 깊어지는 것이 보이고, 그렇게 나아가다 보면 결국에는 "우리가 같은 자리에서 다만 다른 결의 이야기를 한 것 아닌가?" 하며 서로 손잡고 웃음을 터뜨리지 않을까 하는 예상조차 하게 됩니다.

그렇다고 신의 존재를 물었던 학생이 갑자기 "이제 나는 그런 유치한 질문은 하지 않을 거야." 하고 물러난다든지, "감히 신의 존재 여부를 묻다니!" 하고 그 물음을 제기한 학생을 연민의 눈으로 보던 학생이 갑자기 "신의 존재 여부를 묻지 않은 것은 비현실적인 과오일 수 있어. 이제부터는 신의 존재 여부를 단단히 따져 물을 거야!" 하고 자신의 태도를 바꾼다든지 하는 데 이를 거라고 말하려는 것은 아닙니다. 다만 신이 있다든지 없다든지 하는 자리가 고정된 것은 아니라는 것, 그 둘은 긴 연속 위에서 이러저러한 사정에 따라 자리를 옮기는 매우 유동적임을 지적하고 싶은 겁니다.

강의실에서의 최종적인 답변자는 선생일 수밖에 없습니다. 논의는 저의 답변을 기다리는 데서 정점에 이릅니다. "선생님, 신은 있습니까, 없습니까?" 질문은 소박하게 단순합니다. 그러나 그 단순함이 이 물음의 심각성을 가리지는 못합니다. 저는 긴장하지 않을 수 없습니다. 저는 한껏 진지하게 말합니다. "신은 있다는 사람한테는 있고, 없다는 사람한테는 없어!" 더 이야기를 이어가기 전에 '와!' 하는 탄성이 터집니다. 그 반응을 저는 지금도 가늠하지 못합니다. 공감의 탄성인지 상황을 회피하는 교활한 기지(機智)라고 여긴 탄성인지를요. 그러나 이 발언은 제가 신의 존재 여부에 대한 물음에 대해 할 수 있는 유일한 답변입니다.

신의 존재 여부에 대한 논의는 어제오늘 일이 아닙니다. 전 세계에 커다란 영향을 미친 서양의 종교라고 할 그리스도교 신학은 어떤 논의든 이 논의에서 출발하고 그리로 귀결된다 해도 지나치지 않습니다. 그럴 수밖에 없고요. 자연스레 모든 학문도 이 문제를 다루지 않은 경우가 거의 없습니다. 이 논의에 참여한 학자들의 이름을 나열하는 것만으로도 모든 학문을 다 들여다볼 수 있을 정도입니다. 그러나 신의 존재 여부의 물음에 대한 답을 그러한 분들의 진술을 통해 얻으려는 일은 어쩌면 꽤 사치스러운 일일지도 모른다는 게 제 생각입니다. 왜냐하면 남이 지어 놓은 것을 거저 차지하는 것 같아서요. 그러니까 그런 분들의 발언을 좇아 신의 존재 여부를 결정할 수도 있겠지만, 오히려 자기 물음의 맥락에서 그분들의 답변을 비판적으로 곰곰이 천착(穿鑿)하여 다듬는 것이 물음 주체가 해야 할 몫이 아닐까 하는 생각을 하는 거죠.

하나의 사물에 대해 짙은 회의만을 한다든지, 아니면 그 사물의 현존에 대해 진한 신뢰만을 가진다든지 하는 일은 흔하지 않습니다. 삶이 그리 단순하지 않으니까요. 신의 존재 여부에 대한 물음도 그렇습니다. 신이 있다든지 없다든지 간에 주목할 것은 그 물음을 충동한 개개인의 삶의 경험입니다. 틀림없이 어떤 절실한 계기가 있어 그런 물음을 물었을 거니까요. "오죽하면 그런 물음을 물었을까?" 하고 생각해도 좋겠죠. 그런데 그러한 깊은 사색 끝에, 자신의 신중한 판단에 따라, 신이 있다든가 없다든가 하는 것을 발언했다면 우리가 해야 할 일은 우선 그 발언을 존중하는 일입니다. 그리고 이에 이어 우리가 할 수 있는 것은 "신은 있다는 사람에게는 있고, 없다는 사람에게는 없다"라는 말뿐입니다. 그런 사람들에게 신이 있고 없음을 강요할 권리를 가진 사람은 없습니다. 그런 사람이 있다면 저는 그런 사람은 아무래도 넘치거나 모자란 것 아닐까 하는 생각을 하곤 합니다. 그런 사람이 많지 않거나 아예 없기를 바라면서요. 분명한 것은 신은 있다면서 살아가는 사람이 있고, 없다면서 살아가는 사람이 있다는 사실인데 이를 자칫 마구 지워버리게 되기 때문입니다. 실은 지워지지 않는 데도요.

이렇게 생각해 보면 신의 존재 여부를 묻는 물음을 조금 달리 다듬어도 좋을 듯합니다. "신은 도대체 어디에서 비롯하는 걸까?" 하는 물음으로요. "신은 어디에서 말미암는 걸까?" 하고 물어도 좋고, 아예 "신은 어디서 태어나는 걸까?", 더 나아가 "신의 고향은 어디일까?" 하고 물어도 좋을 것 같습니다. 이런 물음들을 "저기 실재하는 신을 승인하는 것이 신이 있다는 것의 처음일까? 그것을 부인하는 것이 신을 부정하는 것의 처음일까? 그 긍정과 부정은 어디에서 비롯하는 걸까? 아니면 내 마음에서 신이 있다고 하여 신이 저기 있게 된 거고, 내 마음이 이를 없다 하여 신은 끝내 내게 있지 않은 것이 된 것 아닐까?

그렇다면 신은 내 마음에서 비롯하고 내 마음에서 말미암는 것이라고 해도 좋지 않을까?" 하고 더 풀어 볼 수도 있죠. 그럴 수 있다면 아예 물음의 초점을 달리해 볼 수도 있습니다. '신'에서 '마음'으로요. 그러니까 다음과 같은 물음을 스스로 자기에게 던져 보는 거죠. "신의 존재 여부가 왜 내게 문제가 될까?"라든지, "왜 나는 신의 존재 여부를 물어야만 하나?"라든지, "신이 있느냐 없느냐 하는 문제를 묻는 나는 어떤 존재인가?"라든지 하는 물음으로요. 괜스레 묻기 위해 묻는 게 아니라 "내 삶의 어떤 계기가 나를 그렇게 신의 존재 여부를 묻지 않으면 안 되도록 했나?" 하는 구체적이고 직접적인 상황을 염두에 두면서요.

아주 오랜 주장이어서 누구나 아는, 그런데 요즘 많은 비판적 논의를 낳고 있는, 그러면서도 다시 등장하는 이른바 '종교 기원설'이 있습니다. "신은 어떻게 비롯했는가?" 하는 물음의 가장 고전적인 학문적 설명인 셈이죠. 현학적이지 않습니다. 아주 소박합니다. 자연에 대한 공포에서 말미암았다는 주장이 그것입니다. 천둥 번개가 치고 비바람이 불곤 하는 데서 말미암는 두려움에서 자기도 모르게 자연을 넘어서는 어떤 힘의 실재를 상정한 데서 신이, 그리고 종교가 시작되었다는 겁니다. 허다한 생존의 위협, 죽음에의 공포, 생명의 신비에 대한 외경 등도 넓게는 이 범주에 들죠. 이러한 경험에서 모든 존재는 그 존재 자체를 넘어서는 어떤 힘을 지닌다는 생각을 하게 되었고, 그런 생각이 신의 존재로 다듬어졌다는 설명이 이 종교 기원설의 내용입니다. 이른바 모든 사물에는 그것과 더불어 정령이 있다는 '애니미즘(animism)'도 그런 주장의 흐름의 하나죠. 이러한 논의들은 무리한 것이 아닙니다. 지금도 큰비나 가뭄이나 돌풍이나 태풍이나 지진 등 자연이 범상하지 않으면 두려워지고, 나도 모르게 그 현상에 대한 합리적이고 분석적인 이해를 넘어서는 다른 생각을 하게 되죠. "무언지 저 자연을 다스리는, 내가 모르는 어떤 실재가 있는지도 몰라!" 하는 막연한 생각을요.

흥미로운 것은 이러한 종교 기원론이 그리스도교 이외의 이른바 신이나 종교를 평가절하하려는 의도에서 만들어진 거라는 사실입니다. 자기네 종교는 자연현상의 두려움에서 비롯한 어리석은 것이지 않다는 거죠. 창조주 신에 의해서 비롯한 거니까요. 그런데 이러한 설명이 지금 다시 검토되고 있습니다. 이를 주장한 학자들이 자기네 문화권에 속한 그리스도교에 대해서는 전혀 언급하지 않은 채 '서양 아닌 여타의 세계'의 종교나 신을 유치하고 모자란 것으로 여기기 위해서 만든 것이라는 데 대한 비판적 성찰이 가능해졌기 때문입니다. 그러니까 '신'이란 반드시 창조주이고 절대자이고 전능자이며 유일한 존재라는 일련의 체계화된 설명의 구조 안에 들지 않아도 얼마든지 있을 수 있다는 사실을 '다른 문화와 다른 역사가 담긴 세계를 경험하면서' 짐작하기 시작한 거죠. '인간'이 눈에 들어온 겁니다. 인간은 삶의 경험 속에서 언제나 어디서나 인간을 넘어선다고 믿어지는 어떤 실재를 제각기 자기 삶의 경험에 기반해서 다양한 모습으로 그리고 있다는 사실이 명확해진 겁니다. 그러니까 인간의 의식(意識)은 신을 상정하기 마련이게 되어 있는 것이 아닌가 하는 생각을 하게 된 거죠. 되돌아가 앞서 언급한 사실에 이어 발언한다면 신이 있어 신이 있음을 확인한다기보다 인간의 마음이 저절로 신이 있다는 사실을 스스로 승인하기 때문에 결과적으로 신이 있게 되었다는 것을 새삼 옛 종교 기원론이 추출되었던 자료들을 통해 확인하게 된 거나 다르지 않습니다. 이에 의하면 그리스도교의 신학적인 논의도 실은 인간의 마음에서 비롯한 본연적인 경험이 다만 당해 종교의 '신적인 언어' 곧 신학의 언어로 치밀하게 다듬어진 거라고 할 수 있죠, 그 문화-역사적 맥락에서요. 이렇게 되면 이전의 종교 기원설에 그리스도교도 다 포함하여 그 이론은 종교현상 모두를 아우르게 되죠.

그렇다면 '신이 없다'는 사람이 있다는 사실은 어떻게 설명하느냐는 반론이 일 수 있습니다. 당연하죠. 그러나 이때 주목할 것은 '신이 없다'에서 '신'이 아니라 '없다'에 초점을 두어야 하지 않을까 하는 겁니다. 그러한 사람도 앞서 말한 유일하고 배타적인 존재로서의 신의 선재(先在) 현상에 대해서는 부정적이지만 인간의 한계를 넘어서는 어떤 존재를 상정하는 데서 말미암는 신의 존재에 대해서는 뜻밖에 너그러운 경우가 대부분이라고 알려지고 있기 때문입니다. '없다'는 강요된 특정한 신의 존재에 대한 승인의 거절이지 '초월의 경험'이나 그 경험에 담긴 '초월적인 존재'에 대한 '없다'는 아니니까요.

이러한 생각들은 점차 처음에는 예상하지 않았던 '사색의 흐름'을 지어냈습니다. 종교가, 또는 신이 인간의 마음에서 비롯한 것이라면, 달리 말해 의식의 현상이라면, 그런데 바로 그 인간은 몸을 가진 존재이고, 따라서 몸이 없으면 마음도 없는 건데, 그렇다면 신은 마음을 담은 몸이 낳은 거라고 할 수는 없는가 하는 생각에 이른 겁니다. 앞에서 묘사한 것을 다시 불러와 이를 표현한다면 이러한 사색의 귀결은 '신의 고향은 인간의 마음을 담은 몸이다'가 되는 셈이죠. 어찌 보면 턱없는 엉뚱한 생각입니다. 무모하고 황당하고 뭔가 많이 뒤틀린 생각이어서 언짢을 수 있는 주장이기도 하죠. 전통적인 신 관념에서 보면요. 그러나 신에 대한 여러 다양한 논의들이 아득할 때부터 이제까지 전해져 온 자취들을 차분하게 되짚어 보면 반드시 그렇게만 말할 수가 없습니다.

이를테면 혼(魂)이라든지 영(靈)이라는 것, 우리의 전통적인 말로 하면 넋이나 얼이라는 것이 몸과 따로 떼어 놓고 이야기할 수 없는 거라는 사실을 주목하면 그렇습니다. 사람이 몸과 혼으로 이루어져 죽고 나도 혼은 남는다고들 하죠. 오랜 생각이어서 거의 무의식적으로 그러한 생각을 우리는 지닙니다. 그런 것의 실재를 확인하기 위해 객관적이고 분석적인 합리적 실증 작업을 하지도 않습니다. 간혹 이야깃거리는 되지만요. 그러나 몸을 떠난 혼은 혼 나름으로 깃들 곳이 없습니다. 몸을 잃은 혼은 '배회하는 비실재'이기만 합니다. 죽은 사람을 기억하는 살아 있는 사람의 마음에서만 그 혼은 머뭅니다. 제례의 절차는 그러한 '비현실적 실재'를 구현하는 상징적인 몸짓인데 이를 거꾸로 보면 영은 몸 없이는 있을 수 없다는 것을 마디마디 드러내 주는 것과 다르지 않습니다. 신의 고향은 마음이기를 넘어 아예 그것을 담은 몸이라는 주장이 그리 괴이한 것만은 아닙니다. 이러한 정서가 우리의 경험 내용이니까요.

지금 우리의 현실 안에서 펼쳐지는 '과학적 탐구'의 현장을 조금만 눈여겨보아도 이러한 주장은 결코 가볍게 넘길 일이 아님을 새삼 확인할 수 있습니다. 인지과학, 특별히 뇌 과학에서 주장하는 내용을 보면 우리는 많은 것을 되생각하고 되살펴 보게 됩니다. 이를테면 뇌의 어느 부분이 손상되거나 퇴화하면 우리는 기억을 상실합니다. 인지능력도 사라집니다. 생각은 뇌의 작용인 거죠. 또 어느 부분을 자극하면 외부적인 조건과 무관하게 무한한 자유를 경험하거나 행복감을 누리게도 됩니다. 유념할 것은 이러한 현상이 종교에서 이야기하는 '비일상적인 것의 현존'을 경험하는 것과 구분하기 힘들다는 사실입니다. 이러한 주장이 이전에 없던 것은 아닙니다. 음주나 마약이 인간의 의식에 일정한 자극을 주어 현실과는 상관없이 비일상적인 자유, 곧 불안으로부터의 벗어남, 없던 자신감의 넘침, 문제없음을 누리는 넉넉한 충족감을 준다는 것은 익히 논의되어 온 바 있습니다. 그러한 행위가 지닌 긍정적인 측면이나 부정적인 측면을 논의하려는 것은 아닙니다. 문제는 일상을 넘어서는 '비일상적 경험'이 몸의 기능이라는 것, 더 구체적으로는 뇌의 기능이라는 것, 그리고 이러한 현상이 '신의 실재 여부'를 논의하는 데서 배제될 수 없다는 사실입니다. 되풀이한다면 신의 존재 여부는 인간의 의식 현상, 마음이 짓는 일, 인간의 몸인 뇌의 작용과 무관할 수 없다는 거죠. 뇌의 어느 부분을 자극하면 이른바 종교 경험, 더 구체적으로는 종교적인 희열을 기계적으로 낳을 수도 있는 거니까요. 몸의 다스림이 종교적 수행의 우선하는, 그리고 종국적인 경지라는 사실도 우리는 외면할 수 없습니다.

이러한 논의들은 많은 이들을 불편하게 할 수 있습니다. 특별히 신이 있다는 사람들에게는 신성모독적인 발언이니까요. 신은 인간의 몸, 그것도 머리에서 태어난다든지, 마음에서 비롯한다든지, 의식의 현상이라든지 하는 것은 옛날에 한동안 주장되던, 그러나 이제는 그 천박한 인식 때문에 폐기된, '신은 인간 욕망의 투사'라면서 종교를 비난하던 학설을 떠올리게 하거나 '종교는 인민의 아편이다'라면서 종교 박멸을 주장한 혁명적 정치 이념을 연상하게 하니까요. 또 이러한 발언은 신이 없다는 사람에게도 편하지 않은 논의입니다. 그때 '신이 없다'는 것은 특정한 집단적 표상으로서의 배타적인 신을 부정하는 것이지 일상을 넘어선 실재에의 희구는 인간의 보편적 현상이고 인간의 존엄을 담보하는 것이기도 하다는 것을 부정하는 것은 아닌데 이를 아예 마음을 담은 몸의 현상이라 하니까 인간이 정신적인 존재, 요즘 흔히 말하는 '영적 존재'라는 사실을 훼손한다고 판단하기 때문이죠.

이러한 주장은 미지의 영역을 한없이 남겨 놓은 미진한 것임이 틀림없습니다. 그렇다 할지라도 적어도 우리가 직면하는 하나의 사실만은 분명하게 설명해 줍니다. 신의 존재 여부는 앞에서도 지적했듯이 긍정이나 부정 간의 두 개의 다른 실재가 아니라 연속된, 인간 누구나의 마음의 현상, 곧 '몸의 현실과 무관하지 않은 인간의 구체적인 존재 양태가 빚어낸 현상'임을 이러한 논의들은 밝혀 줍니다. 인간은 살아가면서 신이 있다는 편에 서기도 합니다. 그리고 없다는 편에 서기도 합니다. 그 어느 자리에 지속해서 속하기도 합니다. 그 양극의 어느 지점에 기울어 있기도 하고요. 이렇듯 인간은 그 사이를 택일하기도 하고 오가기도 합니다. 마음 따라, 몸 따라서요. 삶의 맥락과 이어지면서요. 그래서 신은 끊임없이 있다가도 없고, 없다가도 있습니다. 그 있고 없음이 얽히기도 하고요. 그럴 뿐만 아니라 그럴 수밖에 없습니다. 어색한 표현이지만 '마음 짓'이니까요. 종교는, 특히 유일신 종교는 이러한 삶의 정황에서 화자를 신으로 상정합니다. 그래서 신에 대한 순종이나 불순종, 돈독한 신앙이나 교만한 불신이 일컬어집니다. 그러나 인간의 의식이 불가피하게 '초월'을 일컬어 그 경험 안에서 '초월적인 존재'를 만나게 된 거라면 화자는 신에게서 인간으로 바뀝니다. '신 이야기'의 구조가 전혀 다르게 됩니다. 이야기가 달라지고요. 마음과 몸이 신에 대한 발언을 하게 되는 거니까요. 신을 발언하는 실상은 이러합니다.

　신이 있다고 하든 없다고 하든 그것은 누구나의 자유입니다. 그 자리를 바꾸는 것도 마찬가지입니다. 그 발언은 어떤 것이라도 존중되어야 합니다. 당연히 그것이 주제화되어 논의되는 것도 자유로워야 하겠죠. 그런데 이 주장이 집단적인 이념이 되어 배타적인 규범으로 정착하여 그 자유가 사라지면 그것은 신의 존재 여부에 대한 인간의 절박함을 희화화하거나 참혹하게 합니다. 이미 익숙히 경험한 바입니다. 이를 진리와 비진리의 불가피한 격돌로 여기고, 이에서의 '승리'를 다짐하기도 합니다. 그러나 패자를 포용하지 않는 진리의 구축은 그렇게 주장된 진리의 비진리성을 오히려 실증하는 데 이릅니다. 이도 익숙히 경험한 바입니다.

　중요한 것은 신의 존재 여부가 아닙니다. "나 자신의 경험 속에서 나는 신을 어떻게 이해하고 있고, 어떻게 묻고 있고, 어떻게 다른 이들에게 이야기하고 있나?" 하는 걸 다듬어 보는 일이 더 중요합니다. 되풀이되는 이야기지만 "왜 나는 신의 존재 여부에 대한 물음을 묻는가?" 하는 물음을 물어야 합니다. "도대체 내가 이해하는 신이란 어떤 존재인가?" 하고 물어도 좋습니다. 더 직접 "어떤 삶의 계기가 나에게 그러한 물음을 묻지 않을 수 없게 했나?" 하고 물어도 좋습니다. "내 마음의 어떤 흔들림이 신을 떠올리게 했나? 그래서 마침내 그 존재 여부를 묻게 되었나?"라고 한다면 그 물음은 더 현실적이겠죠. 더 나아가 "내 몸의 어떤 정황이 내 마음으로 하여금 그러한 물음을 묻게 한 것일까?" 하고 묻는다면 내 물음은 훨씬 더 정직할지도 모릅니다. "내 마음속에서 신이 어떻게 태어났는지?" 하고 묻는다면 마침내 이 물음은 앞의 모든 물음을 다 한데 아우르는 것과 다르지 않을 겁니다.

무릇 답변은 물음 의존적입니다. 묻지 않는 답변은 기대할 수 없습니다. 그러니까 답은 물음 안에 이미 배태된 거죠. 신은, 신의 존재 여부는, 그가 어떤 존재인가는 결국 내 물음 안에 이미 담겨 있습니다. 그리고 이러한 자리에서 우리는 신의 고향은 그에 대한 물음을 묻는 내 마음, 곧 내 몸에 담긴 마음이지 않을까 하는 생각을 절실하게 하게 됩니다. 신은 인간으로부터 비롯하는 거라고 감히 발언하고 싶은 겁니다. 인간이 논의하지 않는다면 신은 아예 없는 거니까요. "논의되지 않아도 있는 것은 있다"라는 말은 그르지 않습니다. 그러나 그 있음은 '비현실적인 있음'이어서 현실적으로 그것이 있으려면 그것이 '몸의 현실'이지 않으면 안 됩니다. 신은 그렇게 있었고, 지금도 그렇

게 있습니다. 그렇게 없어 왔고, 지금도 그렇게 없습니다. 신의
고향은 우리의 마음입니다.

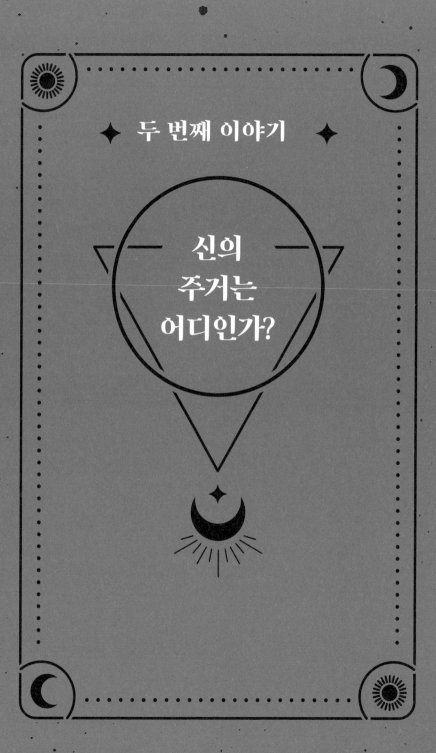

두 번째 이야기

신의
주거는
어디인가?

오래전부터 존재를 확인하는 준거로

시간과 공간을 일컬어 왔습니다.

신의 존재 여부를 주제로 이야기하면서 "신은 있다는 사람한 테는 있고, 없다는 사람에게는 없다"라고 말했습니다. 나아가 이렇게 이야기할 수 있는 것은 신이 우리의 마음, 그것도 몸을 지닌 마음에서 비롯한 것이기 때문이라면서 '신의 고향은 우리 몸과 더불어 있는 마음이다'라는 데 이르렀습니다. 하지만 신 이 있느냐 없느냐 하는 문제를 이렇게 끝맺는 것은 불편하고 불안합니다. 어떤 쪽에서도 이해할 수 없어 그렇기도 하고, 교 권(敎權)이든 학설(學說)이든 이미 마련된 권위에 의존해 편했 던 마음이 흔들려 그렇기도 합니다. 편한 건 좋으니까요. 그러 나 있든 없든 그 둘이 분리된 것이 아니라는 사실을 다시 유념 하면 좋겠습니다. '있다면 있고, 없다면 없다'는 귀결이 신의 존재 여부의 문제를 비롯하게 한 내 경험을 이전보다 조금은 더 정직하게 또는 투명하게 살피는 계기를 마련해 주지 않았을까 싶기 때문입니다. 그랬으면 좋겠습니다.

하지만 '신 이야기'는 '신이 없다'는 자리를 떠나 '신이 있다'는 자리에서 펼쳐져야 합니다. 신이 있다는 자리를 택하지 않으면 '신 이야기'는 지속할 수가 없습니다. 논리적으로도 그러하고 실제로도 그러합니다. '신이 없다'는데 자꾸 신을 이야기하는 건 무리한 일이니까요. 그렇다고 '신이 없다'는 자리를 내치는 것은 아닙니다. 그렇게 되지도 않습니다. 여러 번 되풀이 말했듯이 '신 있음'과 '신 없음'이 단절된 것은 아니니까요. 앞으로 우리의 이야기 안에는 보이게 또는 보이지 않게 '신이 없다는 주장'의 삶이 담길 겁니다.

오래전부터 존재를 확인하는 준거로 시간과 공간을 일컬어 왔습니다. 존재는 그 두 축이 교차하는 어떤 상한(象限)에 자신의 좌표를 찍습니다. 나를 확인하는 신분증에 내 이름(존재)을 적고 내 생년월일(시간)과 주소(공간)를 기재하는 것이 바로 그런 거죠. 존재를 확인하는 이러한 준거가 방금 든 예처럼 늘 선명한 것은 아닙니다. 시간이나 공간은 매우 많은 논잇거리를 품고 있기 때문입니다. 그 많은 이야기를 여기에서 다 풀 수는 없습니다. 마땅히 그래야 하지만 이를 우리 이야기의 맥락에 맞게 축약해도 좋을 듯합니다. 변명임이 틀림없지만요. 그런데 이렇게 하는 데에는 또 다른 이유도 있습니다. 때로 우리는 지적 호기심을 채우고 싶어 합니다. 좋은 일입니다. 앎의 확장이니까요. 그러나 '누가 어떤 말을 했다'는 것을 엮어 쌓는 이러한 태도는 자칫 기존의 앎을 '내가 물어 내가 장만한 앎'으로 여기게 합니다. 착각이죠. 이른바 '현학적인 관심'이 그렇습니다. 그것은 앎을 위한 앎을 축적된 앎을 좇아 다듬어 내 앎이게 하려는 관심입니다. 그런데 그러한 앎은 마치 뿌리 없는 나무 같아서 막상 내 삶에 심어도 시들기 쉽습니다. 자기의 '왜'가 담기지 않은 거니까요. 어떤 문제와 직면할 때 생기는 지적 관심을 자기의 자리에서 한껏 실존적으로 펼치지 않기 때문입니다. 이야기가 다른 데로 흘렀습니다. 되돌아가도록 하죠. 아무튼 소박하게 말하면 무엇이 "있다!"라고 했을 때 이어지는 가장 자연스러운 물음은 "어디에?"입니다. '신 있음'의 주장이 부닥치는 것도 "그러면 그 신은 어디에 있나?" 하는 물음입니다.

둘러보면 교회도 보이고 성당도 보입니다. 요즘은 이슬람의 모스크도 보입니다. 산에 가면 많은 절을 만납니다. 도심에서도 볼 수 있고요. 지역에 따라서는 향교도 만납니다. 또 굿당도 드물지 않게 눈에 띕니다. 그런데 사람들은 그러한 건물들이 '신이 있는 곳'이라든지 '신이 있어 마련된 곳'이라고 여깁니다. 이렇게 일반화하는 것은 무리한 일이기도 합니다. 굿당과 교회라든지 향교와 모스크라든지 사찰과 성당이라든지 하는 것들의 병치(竝置)를 의아해할 수 있으니까요. 도대체 '신'을 어떻게 이해하고 하는 말이냐 하는 논의가 당연히 일게 됩니다. 하지만 적어도 그곳이 '예사로운 자리'가 아니라는 데는 별로 이견이 없습니다. 일상적인 공간과는 차별화하고 있는 데서는요.

주목해야 할 것은 바로 이 점입니다. '비일상적'이라고 하는 거요. 어떤 것이 실재하면 당연히 그것이 차지하는 자리가 마련됩니다. 있으니까요. 그렇게 되면 '빈자리'여서 온갖 가능성으로만 있던 공간이 어떤 것이 '있는 자리'와 '없는 자리'로 나뉩니다. 하나의 공간이 서로 다른 이질적인 것으로 갈라지는 거죠. 이를 '경계(境界)의 출현'이라고 할 수도 있고 '금 긋기'라고 할 수도 있습니다. 존재는 '있어 일정한 공간을 차지하는 순간' 자신의 자리가 여타의 공간과 다르다는 것을 선언한다고 말해도 좋습니다. 바꾸어 말하면 인간이 하나의 실재를 승인하는 것은 이와 더불어 이질적인 공간, 곧 비일상적인 공간도 아울러 짓는 거와 다르지 않습니다. 앞서 예거한 종교의 자리, 더 직접적으로 종교의 건물들이나 제장(祭場)이 그렇습니다. 그곳은 '여기 신이 있다'는 승인에서 비롯한 이질적인, 곧 비일상적인, 공간입니다. 따라서 경계가 드러납니다. 보이지 않을 수도 있지만 대체로 누구나 겪는 현실적인 것으로 드러납니다. 높은 담장이 그러하고, 두꺼운 벽이 그렇습니다. 그어 놓은 금은 없어도 '자연 속에 있는 비자연'으로 묘사할 수 있는 그런 것으로 있기도 합니다.

그렇다고 해서 이러한 이질성이 공간을 공간이 아니게 하지는 않습니다. '~있는 공간'도 '~없는 공간'도 여전한 공간이니까요. 그러나 경계가 설정된 공간은 '이질적 공간'이 됩니다. 공간이되 공간이 아닌 공간이 되는 거죠. 이를 오래전부터 사람들은 '신 있음'을 준거로 하여 '거룩함과 속됨'으로 구분했습니다. '신이 있는 자리'를 비일상적인 것으로 경험하기 시작한 겁니다. 현실을 넘어서는, 그래서 닿을 길 없는, 그러나 내 현존과는 대칭되는 그런 것을 '신이 있는 자리'라 여겨 그 이질성을 '거룩함'이라 불렀고, 이에 대칭되는 내 현존의 자리를 '속'이라 했습니다. 공간을 넘어서지 못한 공간, 거룩하지 않은 공간이라는 거죠. 그러니까 '성(聖)/속(俗)의 출현'은 '신 있음'이 전제되지 않았다면 있을 수 없었을 겁니다. 금 긋기를 할 계기가 아예 없었을 거니까요.

이렇게 되면 거룩한 공간을 울 짓는 경계는 벽이나 담으로만 구분되지 않습니다. '거룩함'에서 비롯한 공간 인식은 '초월'로 개념화되면서 '이승(此岸)에 대한 저승(彼岸)'으로 일컬어지기도 하고, '땅과 마주한 하늘'로 불리기도 합니다. '몸과 더불어 얼이나 넋'으로 등장하기도 하죠. 그렇다면 우리는 신이 어디에 있는지 분명하게 밝힐 수 있습니다. '신은 거룩한 공간'에 있습니다. 신이 있다는 사실을 확인하기 위해 인간은 거룩한 공간을 마련한다고 해도 좋습니다. 앞에서 예를 든 눈에 띄는 건축물들이나 제장이 '신의 주거'인 까닭은 이렇게 해서 비롯한 '실물'들이기 때문입니다. 속 안에 깃든 성이죠.

그런데 그곳은 신이 스스로 있는 장소이지 않습니다. 자기 머물 곳을 신이 서둘러 마련한 그런 공간이지 않습니다. 인간이 그곳을 마련하여 거기에 신을 머물게 한 거죠. 인간이 '신을 모시는 자리'입니다. 더 정확히 말하면 신이 그곳에 머물게 된 것은 신을 모시기 위한 인간의 의도적인 행위의 결과입니다. 거룩한 공간은 저절로 된 것이 아닙니다. 사람이 나서서 자리를 마련하고, 설계하고, 건축하고, 관리하는 과정을 거치며 현존하게 된 그런 공간입니다. 그리고 마침내 거기에 신을 모셨기 때문에, 신을 머물게 했기 때문에 그곳은 거룩한 곳이 된 겁니다. 비록 신이 있다 해도 인간이 그를 모시는 공간을 마련하지 않았으면 신은 '있어도 없었을'지 모릅니다. 아마 그랬을 겁니다. 더 직접 살펴보죠. 피안이나 하늘이나 영의 세계라는 것도 다르지 않습니다. 가 닿을 길 없는 곳, 또는 유한이 아닌 무한을 통해 겨우 발언할 수 있는 공간, 그래서 어쩌면 지금 몸으로는 이르지 못하지만 내 몸이 사라지면 영이나 넋이 되어 비로소 이를 수 있는 자리에 신은 있다고 여기는 인간의 '어떤 경험'이 없었다면 넋이 머무는 곳이나 저승이나 하늘이 신의 주거로 일컬어지면서 내 삶 안에서 '그러한 곳'으로 자리 잡지 않았을 겁니다.

더 나아가 보죠. '신 있음'을 주장하는 사람은 늘 불안합니다. 그 '있음'이 자기에게서 흔들린다는 취약함을 알기 때문입니다. 그런 일을 겪으니까요. 그런데 그 신이 일정한 공간을 차지했습니다. 이보다 더 다행한 일은 없습니다. 마음이 불안하지 않습니다. 신을 잃거나 신이 사라지는 것을 염려하지 않아도 되니까요. 그래도 여전한 염려 때문인지요. 모든 거룩한 공간은 철저한 '금기'로 울 쳐져 있습니다. "~하면 안 된다"라는 규범이 그 경계를 확연하게 합니다. 함부로 근접해서는 안 된다는 거죠. 그래서 거기 신이 있다는 것을 확인하면서도 그곳에 다가가거나 들어가는 일은 쉽지 않습니다.

그러나 금기가 절대적인 것은 아닙니다. 만약 그렇다면 '모심'이 불가능해지니까요. 그래서 "~하면 안 된다"라는 절대적인 규범은 "~하면 된다"라는 조건을 안에 담습니다. 이것이 실은 금기의 본모습입니다. 금기는 '안 되는데도 되는' 역설을 품고 있는 거죠. 그 조건이란 다른 게 아닙니다. 몸이 깨끗하고 온전해야 한다든지, 마음이 그늘지거나 더럽지 않아야 한다든지 하는 무척 실제적인 것들입니다. 비일상과의 만남을 위해 일상을 말끔히 해야 하는 거죠. 손을 씻는다든지, 신발을 벗는다든지, 머리에 가리개를 쓴다든지, 이런저런 일이 있는 특정한 날은 피한다든지 하는 것들을 비롯하여 목욕재계를 해야 한다든지 참회로 채워진 계율을 수행해야 한다든지 하는 것들은 모두 이러한 데서 말미암은 구체적인 일들입니다. 비일상적인 공간과 일상적인 공간, 그러니까 성/속(聖/俗)을 오가는 특정한 사람, 곧 '성직자'로 일반화할 수 있는 개인과 직제와 계층이 생기는 것도 바로 '신 있음'이 초래하는 '그 신이 있는 공간'의 출현에서 비롯한 현실적이고 직접적인 현상입니다. 금기의 유지를 위한 기능의 출현인 거죠. 신을 모시기 위한, 함부로 모셔 신의 있음이 흔들리는 일이 없도록 하려는 장치들인 셈입니다.

'신 있음'을 주장하는 사람들에게 가장 뜻깊고 감격스러운 삶은 일상 속에서 '신을 만나 그를 모시는' 일입니다. 사람들은 정기적이든 비정기적이든, 자유롭게 또는 일정한 규율에 따라, 자신의 상황에 맞춰, 성직자들을 통로로 하여, 또는 다른 이런 저런 길을 따라, 금기로 울 쳐진 그곳 '거룩한 공간'에서 신을 만납니다. "나 오늘 신을 뵈러 간다"라고 말합니다. 언제 어디의 것이든 종교라는 문화는 이런 현상을 지닙니다. 만남을 충동한 것은 일상의 이러저러한 경험입니다. 대체로 그것은 일상의 한 계를 절감(切感)하는 데서 비롯하는 '문제'들입니다. 그런 일로 겪는 갈등, 절망, 무의미, 그리고 그런 정황에서 도피, 탈출, 극복, 초월하고자 하는 갈구들이죠. 그러나 그 만남은 일상적이지 않습니다. 비일상적인 실재를 비일상적인 공간에서 온갖 금기를 걸고 이룬 거니까요.

금기가 함축한 조건들은 일상의 단절을 요청하는 것과 다르지 않습니다. 앞서 예거한 '정화(淨化)의 의례'는 가벼운 것이 아닙니다. 실존적인 긴장을 팽팽하게 합니다. 일상을 온통 부정하지 않으면 안 되니까요. 신과의 만남은 그러한 '버림의 결과'입니다. '문제가 더는 없는 일상'이란 '일상을 버려 얻은 것'입니다. 종교와 관련된 관용적인 언어로 기술한다면 이를 '새로 태어나는 경험'이라고 흔히 말합니다. '존재 양태의 변화'라고도 하고요. 그러니까 '신 있음'을 확인하기 위한 그의 주거의 설정, 그곳에서 이루어지는 신과의 만남, 그 만남이 내게 되돌려 주는 일상의 회복은 하나의 구조를 이루면서 마침내 신의 현존을 내가 살도록 해 줍니다. 신이 있는 공간에서 이렇듯 신을 모시는 삶이 일상화합니다. 제장(祭場)은 이렇게 신과 인간이 만나는 공간으로 있습니다. 일상과 비일상이 만나는, 성/속이 어우러지는 공간으로요. 신은 거기에서 결코 비현실적인 존재가 아닙니다. 그는 '일상 안에서 현존하는, 그러나 그 일상을 넘어선 거룩한 존재'로 우리가 마련한 공간에서 거주하면서 내 삶을 건사해 줍니다. 삶은 '문제 있는 삶'에서 비로소 '문제없는 삶'으로 옮겨 옵니다. 그래서 "신이 있다고 믿느냐?"라든지 "종교인이냐?"라고 물을 때 우리는 당연하게 이를테면 "교회에 다니느냐?"라든지 "절에 다니느냐?"라고 묻습니다. 공간적 귀속이 신도 여부를 확인하게 하는 거죠. 신이 실재한다는 것은 막연하지 않습니다. 구체적입니다. 건물로, 제장으로, 바로 그 공간에서 비롯한 공동체로, 그것이 지속하는 역사적 전승으로 현존합니다. 그곳은 다른 곳이 아닙니다. 내가 신을 위해 마련한 '거룩한 공간'입니다. 종교적인 삶은, 종교인이 된다는 것은, '신 있음'을 보여 주는 일은, 절에 다니고, 성당에 다니고, 교회에 다니고, 모스크에 다니고, 굿당에 다니는 겁니다. 거기 신이 있으니까요. 신의 주거는 바로 그곳입니다.

거룩한 공간을 마련한 것은 신을 현존하도록 한 인간의 어쩌면 '총명한 지혜' 덕입니다. 아니면 '지극한 정성'이라고 해도 좋습니다. 앞에서 언급한 대로 제장에서의 의례의 수행은 신의 현존을 살아가는 인간의 속내를 그대로 다 보여 줍니다. 유한의 한계에서 이를 초극하기 위한 무한에의 동경이 낳은 절묘한 몸짓이라고 해도 좋습니다. 이것이 인간의 속내를 넘어 종교라는 문화의 본질이라 해도 좋고요

그러나 그 공간에서의 '신의 모심'은 뜻밖의 사태를 빚습니다. 일정한 공간에 실재를 현존하게 하는 일은 그 실재를 그 공간 안에만 머물도록 제한하는 일이기도 합니다. 이를테면 책상을 사서 방 안에 들여놓으면 그것은 방안의 일정한 공간을 차지합니다. 내게 책상이 있게 된 거죠. 책상이 있어 방에 들여놓은 거기도 하고요. 그러나 이때부터 책상은 가게에 있을 때처럼 누구나 구매하여 옮길 수 있는 게 아니게 됩니다. 내 것이 되어 이 방 안에 있는 거니까요. 아무나 옮기고 가져갈 수 없습니다. 책상 스스로 나돌아다니지도 못합니다. 가게에 있을 때만 해도 책상은 자기의 주거를 선택할 수 있는 자유를 누리고 있었다고 해도 좋을지 모릅니다. 상황적으로요. 그러나 이제는 책상의 현존을 분명히 한 내 방 안에서 그 책상은 꼼짝을 못 합니다. 그 공간 안에서 책상은 아무런 주거의 자유를 누리지 못합니다.

'신 있음'의 경우, 신이 머물 곳을 마련하고 "신을 그곳에서 만나고 모신다"라고 말하며 이를 지엄한 존재에 대한 예를 다한 것으로 기술한 바 있습니다. 하지만 책상이 방 안에 있다는 사실과 신을 이곳에 모셨다는 사실이 존재 일반의 공간 점유의 본래의 모습에서 다른 것은 아닙니다. 책상의 '방 안에 있음'과 마찬가지로 신의 '모심'은 신을 거룩하다고 일컫은 '특정한 공간 안에만 있음'으로 머물도록 제한하는 일이기도 합니다. '모심'이 '가둠'일 수 있는 거죠. 거룩한 공간을 만들어 신을 모신 행위 자체가 신을 가두는 것이기도 하다는 이러한 묘사는 실은 충격적인 역설입니다. 하지만 이는 사실입니다. 예를 들어 신을 교회에서만 만날 수 있다면 그것은 신을 교회 안에 가두는 거나 다르지 않습니다. 어느 종교의 어떤 거룩한 공간도 마찬가지입니다. 신이 거기에만 머문다고 주장하면 신은 거기에서 나오지 못합니다. 아니, 모신다는 구실로 신을 거룩한 공간이라고 여기는 그 제장 안에만 머물게 하고 밖으로는 나오지 못하게 하는 거죠. 사람이요.

신의 존재 여부를 논의할 때 일반적으로 생각하는 신은 시간과 공간의 제약을 벗어난 존재로 일컬어집니다. 있지 않은 곳이 없고, 없는 때가 없는 존재죠. 언제나 어디에나 있는 존재라는 직접적인 서술을 앞세우지 않는다고 해도 '신 있음'은 그러한 정서나 이해를 바탕으로 논의됩니다. 그러니까 신은 어디에나 있고, 언제나 있고, 누구에게나 있고, 어떤 사정, 어떤 형편에서든지 거기 현존하는 존재로 여겨집니다. 신의 존재 여부의 논의에서 보편성이나 절대성이 늘 등장하는 것도 이 때문입니다. 그런데 막상 그 있음의 자리를 일컫는 데 이르면 우리는 그 현존을 드러내기 위해 그의 '주거'를 마련합니다. 그리고 거기에서 '모시고 뵙는다'고 말합니다. 그런데 그렇게 말하는 순간 신은 결과적으로 그 특정한 공간에만 머물게 됩니다. 신은 제장에 한정되어 버리는 거죠. 신의 보편성과 절대성이 구체적인 그의 현존 때문에 뒷전으로 물러간다고 해도 좋을지 모르겠습니다. 표현이 거칩니다만 이러한 사태는 아예 '유폐된 신'이라는 묘사가 적절할 만큼 우리의 경험에서 직접적인 현실성을 지닙니다.

문제는 '갇힌 신, 또는 유폐된 신'의 운명입니다. 오래전에 남태평양에 있는 타히티(Tahiti)섬에 간 적이 있습니다. 그곳에는 마라에(marae)라 불리는 제역(祭域) 또는 제장(祭場)이 있습니다. 그곳은 전통적으로 타우(Tau)라는 신을 모셨던 자리입니다. 그러나 대체로 폐허가 되었거나 관광지로 꾸며져 있습니다. 이제는 그 신을 믿는 사람도 없습니다. 신이 없는 거죠. 박제된 신만이 있을 뿐입니다. 박물관에 전시된 유물이나 여행객을 위한 기념품으로요. 신을 모셨던 그 거룩한 공간이 왜 폐허가 되었느냐는 질문을 하면서 식민 종주국인 프랑스의 전통문화 탄압 때문이라는 식민지 문화권에서의 상투적인 반응을 예상했는데 대답은 뜻밖의 것이었습니다. 그곳에서 태어나고 자란 대학교수인 인류학자의 대답은 이랬습니다. "우리가 게으르거나 프랑스 군대가 못 되어서 그런 게 아닙니다. 그곳은 거룩한 곳이어서 황폐해진 겁니다." 신을 모시는 지엄한 거룩한 공간을 만들었는데, 그래서 거기에 신을 모셨는데, 너무 거룩해서 누구도 다가가지 못한 채 그 거룩한 공간이 폐허가 되었다는 거죠. 신은 그곳이 황폐해지면서 더불어 피폐(疲斃)해진 거고요. 신이 없어진 겁니다. 거룩해서 오히려 소멸되는 역설이 현실화된 거죠.

어떤 이는 이렇게 말하기도 합니다. "그거야 그런 원시인들에게 있던 '신 아닌 신'이니까 당연한 귀결이지! 분명한 것은 새로운 문화가 타히티에 뿌리를 내리면서 그들은 비로소 진정한 신을 믿게 되었다는 사실이야." 그럴까요? 이런 주장을 우리는 어떻게 받아들여야 할까요? 신이 있음을 확인하기 위한 신의 주거의 마련이 낳은 또 하나의 다음과 같은 사실을 유념하면 앞의 주장이 어쩌면 또 다른 '유폐된 신'의 운명을 담고 있는 불안한 발언일지도 모른다는 생각을 하게 됩니다.

신 이야기

다른 것이 아닙니다. 성/속의 분화는 공간을 이질적인 공간과 여느 공간으로 나누기만 하지 않습니다. 거룩한 공간은 그것을 만든 사람에 의해 전유(專有)됩니다. 사람이 하는 일이니까요. 당연히 거기 모셔진 신은 '나의, 또는 우리의 신'이 됩니다. 공간의 전유가 신의 전유에 이르는 것이기도 하고, 그 둘이 늘 함께하는 것이기도 하죠. 그런데 하나의 거룩한 공간이 모든 공간을 다 아우르지는 못합니다. 거룩한 공간의 출현이 이미 울을 쳐 이뤄지는 거니까요. 거룩한 공간은 모든 공간을 넘어서는 공간이라고 주장하면서 모든 공간은 이 거룩한 공간에 예속되는 거라고 주장할 수 있어도 실제로는 그렇지 않습니다. 그렇게 되질 않습니다. 그러한 주장을 똑같이 하는 '다른 공간을 거룩한 공간으로 지은 사람들'과 함께 있으면서 결국 '우리의 신'과 '너희의 신'이 등장합니다. 그리고 나의 신 경험에 공감하지 못하면 나의 공간에 들어서지 못하게 합니다. 금기가 훼손되니까요. 내 거룩한 공간을 오염되게 할 수는 없는 일이니까요. 종교 공동체는 그렇게 이뤄집니다. 신은 그러한 제각기 다른 '우리'를 거느리게 되면서 똑같은 주장을 살아가는 '다른 우리' 곧 '너희'의 신과 겨루는 자리에 들어섭니다.

이러한 사태는 '우리'와 '너희'뿐만 아니라 이에 상응하는 '안'과 '밖'으로 묘사되기도 합니다. 우리는 안에 있고, 너희는 밖에 있습니다. 이러한 묘사는 나는 '중심'에 있고 너는 '변두리'에 있다는 데로 이어집니다. 중심은 모든 것이 온전한 자리이지만 변두리는 모든 것이 모자라는 자리가 되고요. 그래서 우리는 옳지만 그들은 그르고, 우리의 규범은 절대적인 삶의 준거이지만 너희의 규범은 그럴 수 없습니다. 진리와 비진리, 참과 거짓, 의미와 무의미 등의 가치에 관한 논의는 불가피합니다. 이렇게 되면 겨룸은 긴장이나 갈등의 차원을 넘어섭니다. 가히 싸움이라고 할 수밖에 없는 지경에 이르는 거죠. 실제로 그랬습니다. 지금도 다르지 않습니다. 다시 공간적인 개념을 맥락으로 하여 살핀다면 이러한 현실은 신이 머무는 자리가, 신을 모신 자리가, 점점 좁아지는 현상이기도 합니다. 담이 더 높아지고 벽이 더 두꺼워지니까요. 신을 유폐하는 일이 더 강화되고, 이에 따라 신이 왜소화되는 과정은 더 빠르게 진전됩니다. 공간이 좁아질수록 신의 모습도 그렇게 초라해질 수밖에 없으니까요. 만약 지금 우리가 만나는 종교들이 이러한 모습으로 현존한다고 묘사된다면 그 종교들의 미래, 그 안에 있는 신의 운명을 짐작하는 일은 어렵지 않습니다. 폐허의 현실성, 소멸의 가능성을 이미 스스로 배태하고 있기 때문입니다.

희화적인 묘사가 되겠지만 이러한 사태를 신의 처지에서 생각해 보죠. 신은 이렇게 말할지도 모릅니다. "고맙게도 사람들이 나를 위한 주거를 마련해 주었다. 그런데 나는 왜 이리 불편할까? 나는 사람들을 자유롭게 만날 수도 없고, 내가 뜻한 바를 펼칠 수도 없다. 나는 이 안에서 벗어나 더 넓은 세상을 다니고 싶지만 그래서는 안 된다는 빗장이 너무 많다. 내 주거를 둘러싼 담장은 성벽과 다르지 않게 견고하고 높고 두껍다. 내가 머무는 곳은 언제나 위험에 노출된 것인가? 나는 내 주거 안에서 늘 불안하다. 때로 나는 신이라고 일컬어지는 다른 존재와 겨루는 싸움에 동원되기도 한다. 내가 전혀 바라지도 않고 즐기지도 않는 일이다. 그런데도 그것이 내 책무라고 나를 모신 사람들은 말한다. 그럴 때면 나는 내 정체에 대한 깊은 회의에 빠진다. 나는 과연 어떤 존재인가?"

신의 주거를 마련하는 일은 예사롭지 않은 문제를 안고 있습니다. 의도와는 다르게 신의 주거의 마련과 신의 증발이 함께하기 때문입니다. 하지만 사람들은 거룩한 공간을 확보하고 확장하는 일을 멈추지 않습니다. 자기가 모시는 '신의 세(勢)'를 드러내기 위해 이보다 더 효과적인 것은 없다고 여기기 때문입니다. 일반화해서 성전(聖殿)이라고 일컫는 온갖 건축물은 더 크고 더 넓고 더 높고 더 아름다워지려 애씁니다. 성역(聖域)의 경계는 작은 공간을 넘어 지역으로, 이를 넘어 도시에 이르고,

더 나아가 국가를 단위로 확장되기도 하죠. 세계를 향한 질주도 멈추지 않습니다. 고상한 이념의 옷을 입고요. 거친 묘사이지만 종교 간의 '땅뺏기'는 아예 종교의 생존 원리이기도 합니다. 신에의 돈독함을 구실로 이러한 일은 거의 맹목적으로 펼쳐집니다.

이러한 사태는 참으로 역설적이지만 '신 있음'을 믿는 사람들의 일상을 파괴합니다. 싸움이 일어나니까요. 그 싸움은 끝내 몸싸움이니까요. 사람들이 모시는 신도 불행해집니다. 신은 그 갈등이 심해질수록 특정한 공동체의 신으로만 머물러 '싸움꾼'으로 있어야 겨우 자기의 현존을 유지하게 되니까요. 이러한 비극적인 귀결을 사람들은 모르지 않습니다. 그런데도 이를 감행합니다. 그 맹목성이 오히려 순수로 치장됩니다. 그렇게 되도록 하는 구조를 내장하고 있는 거라고 말할 수밖에 없습니다. 문제는 바로 이런 데 있습니다. 가장 드높은 덕목으로 자기의 맹목을 정당화하는 일이 그렇습니다. 거룩한 공간은, 신의 모심은, 자기를 속속들이 다 드러내는 정직성을 유지하지 못하게 되어 있습니다. 너무 거룩한 치장으로 가려져 있기 때문입니다. 그 공간이 거룩해서 폐허가 되고, 그 신이 불가피하게 그곳에서 피폐할 수밖에 없음을 이런 데서도 우리는 확인합니다.

신 이야기

그렇다면 우리는 이 계기에서 '신 있음'은 신의 주거를 마련하는 일을 통해 비로소 확인되는 걸까? 주거라고 묘사한 공간을 반드시 가시적인 실재로 여겨야 하는 걸까? 혹 그러한 공간은 본질적인 것이 아닐 수도 있지 않을까? 하는 생각을 해 봐도 좋을 듯싶습니다. 어쩌면 '신 있음'과 관련하여 그의 주거를 마련하는 일은 신을 승인하게 하는 다만 하나의 편의일 뿐, 절대적으로 요청되는 것은 아닌데 이를 그러한 것으로 잘못 판단하는 것은 아닌가? 하는 생각, 다시 말하면 어쩌면 그것은 신의 존재를 확인해 가는 '성숙 과정의 어떤 단계'에서 요청되는 것이어서 충분히 성숙하다면 이제는 간과해도 좋을 그런 것 아닐까? 하는 생각을요. 그러니까 신의 주거로 설정된 제장이나 건물이 신의 존재를 확인하고 그와의 관계를 유지하기 위해 충분히 존재 의미를 지닌다는 판단을 하고 이를 거룩한 것으로 여겨 잘 관리하면서도 예배나 미사나 예불에 참여하는 것은 신도의 마땅한 의무이지만, 그래서 그것은 신도의 징표이기도 하지만, 그것을 준수하지 않을 때 이를 신을 부정하거나 신성을 모독하는 것으로 여겨 '정죄'를 한다면 그러한 판단이 과연 마땅한가? 묻고 싶은 겁니다.

이렇게 이런저런 일들을 두루 살펴보면 다음과 같은 생각도 하게 됩니다. 공간을, 그러니까 공간이라는 개념을, 어디까지 확장할 수 있을지 생각해 보고 싶은 겁니다. 준거틀에 따라 다양한 공간이 그려질 테죠. 그런데 만약 우리가 인간의 마음 또한 하나의 공간으로 여긴다면, 그럴 수 있다면, 어떨까요? 그렇게 묘사한다면, 어쩌면 신을 안전하게 모실 수 있는 자리는 우리 마음일지도 모릅니다. 모심이 현실화되니까요. 신은 나와 다르지만 나와 분리된 실재로 있지 않을 거니까요. 찾아가 만나려 애쓰지 않아도 되고요. 금기의 규범도, 이를 해제하는 매개로서의 성직도 없이 내가 성직을 맡아 내 금기를 스스로 살면 되니까요.

내 마음이 신의 주거가 되면 비로소 거룩한 공간 안에 있는 신도 자유롭게 될지 모릅니다. 아마도 그럴 겁니다. 그렇게 되면 신을 위한 공간의 구축이 신을 가두는 공간이지 않게 될 겁니다. 신을 모시는 공간의 소멸이 신의 사라짐으로 귀결되지 않을 겁니다. 아니, 신의 사라짐을 초래할 공간의 황폐화를 내가 그대로 못 본 채 놓아두지 않을 테니까요. 나는 '신 있음'을 고백한 주체답게 신의 현존을 책임지는 주체로 살아갈 겁니다. 비약을 감수하고 발언한다면 그럴 수 있을 때 우리는 비로소 성/속도, 우리와 너희도, 안과 밖도, 그것이 지닌 현실성을 다른 눈으로 바라보게 될 것입니다. 그 새로운 바라봄은 신의 주

72

거를 확보하려는 데서 비롯한 그 모든 갈등적 역설을 어떻게 벗어나야 할까를 상상하게 하는 새로운 출구를 마음 안의 신의 현존을 통해 모색할 수 있게 해 줄 겁니다. 사람들은 더는 '땅뺏기'에 몰입하면서 이를 순수라고 여기는 어리석음을 살지 않아도 되고, 신은 더는 '싸움꾼'이 되어 겨우 현존을 지탱하는 초라한 존재이지 않아도 될 겁니다. 마음을 자리로 삼아 거기를 신의 주거이게 하는 일이 현실화되기를 꿈꾸는 까닭은, 사뭇 몽환적이지만, 이러합니다.

세 번째 이야기

신은
어떤
'사람'인가?

신은 그와 만나는 사람의 만남 동기에 따라
다른 모습을 드러냅니다. '관계'란 본디 그러합니다.
그것은 일방적이지 않습니다.

'신이 있다'는 것을 승인하면서 그의 고향과 주거를 물었습니다. 신이 어떻게 비롯했을까 하는 그 근원과 신이 있다는 사실을 어떻게 경험하는지를 살펴본 거죠. 그러면서 사람들이 신을 일정한 공간에 있게 하고 그를 '만난다'는 사실에 주목했습니다. '모신다'고도 표현했고요. '모심'이 '가둠'이 될 수도 있다는 사실을 두루 염려하기도 했습니다. 하지만 중요한 것은 신과의 '만남'입니다.

만남은 '움직임'입니다. '가만히 있는 것'이 아닙니다. '존재의 양식(樣式)'이 아니라 '생존의 양식'이라 해야 할는지요. 있음은 그저 좌표 찍기로도 충분히 확인됩니다. 그러나 삶은 무수한 존재 간의 '관계'를 빚습니다. 서로 얽혀 더불어 있는 거죠. '존재'와 '생존'은 이래서 다르게 묘사할 수밖에 없습니다. 그 다름인 '관계'가 드러나는 것이 바로 '만남'입니다. 인간의 삶은 그러한 만남으로부터 비롯하여 이루어지고 이어집니다. 우리는 부모와 만나고 자식과 만납니다. 스승도 제자도 만나고 친구도 동료도 만나죠. 내가 직접 만나지 않은 사람도 매체를 통해 만납니다. 아는 친숙한 사람도 만나고 모르는 낯선 사람도 만납니다. 인간과 사물과의 관계도 그러합니다. 하늘도 만나고 바람도 만납니다. 음식도 만나고 노래도 만납니다. 없었는데 처음 만나는 일도 있습니다. 새로 탄생한 아기와 만나는 것이 그렇습니다. 한데 대체로 이미 있는 건데 내가 만나 비로소 그것이 내게 있게 됩니다. 늘 있는 사람인데 내가 그를 만나 우리는 친구가 되고, 늘 있는 건데 내가 만나 비로소 그 하늘이나 바람은 내게 있습니다. 온갖 사물과의 관계는 이러합니다. 그래서 새로 만난 아기에게도 우리는 "너 어디 있다 왔니?" 하는 물음 투의 발언에 태어남의 신비를 담습니다. 이미 있었는데 바야흐로 만난 것처럼 새 생명의 탄생을 감격하는 거죠.

이러한 현실은 어떤 것이 존재한다 해도 그것과 만남이 없으면 그것은 존재하지 않는 거와 다르지 않다는 주장을 하게 합니다. 있어도 없는 거나 다름없는 거죠. '부닥쳐 만난 사람'은 있어도 '스쳐 지나간 사람'은 없으니까요. 그런데 이러한 주장은 우리의 '신 이야기'에서 매우 중요한 의미가 있습니다. '신 있음'의 논거가 대체로 그렇게 펼쳐지기 때문입니다. "만약 네가 내가 그랬듯이 신을 만났더라면 신이 없다는 말은 감히 하지 못할 거야." 하는 발언은 신의 존재에 대한 실증을 요구하는 사람에게 가장 구체적인 실증으로 제시됩니다. 이 실증은 만남의 경험에서 확인된 현실이라면서요.

주목할 것은 이때 만난 대상입니다. 그 대상이 '뭐냐' 하는 거죠. 그런데 신에 대한 이야기는 우리가 처음 하는 게 아닙니다. 아득할 때부터 이제까지 사람들은 거의 누구나 그 이야기를 해 왔습니다. '신 이야기'의 기억을 담지 않은 역사도 없고, 그러한 논의를 경험하지 않은 문화도 없습니다. 그래서 우리는 우리 나름의 신에 대한 전승된 기억과 경험에서 벗어나지 못합니다. 서로 다른 문화권에서도 제각기 그렇습니다. 그래서 사람들은 "신이 '뭐냐?" 하는 데 대한 어떤 상(像)을 이미 지니고 있습니다.

꽤 오래전 일입니다. 중학교 2학년 학생들에게 신을 그리게 한 적이 있습니다. 지금은 달라졌을 게 틀림없지만, 학생들이 그린 신의 모습은 대체로 허연 긴 수염이 난 노인 할아버지였습니다. 할아버지의 인상이나 차림이 같지는 않았습니다. 주름이 깊이 진 예도 있었고 그렇지 않은 예도 있었습니다. 긴 지팡이를 짚기도 하고 그렇지 않기도 했고요. 그런데 거의 예외 없이 공통된 점이 있었습니다. 손은 있어도 발이 보이지 않았습니다. 발은 긴 옷자락에 가려지거나 구름처럼 그려진 선으로 덮혀 있었습니다. 그래서 신은 마치 둥둥 떠 있는 거 같이 보였습니다. 뿔난 도깨비를 그린 예도 없지는 않았지만 몇 되지 않았습니다. 이를 통해 확인한 것은 두 가지입니다. 하나는 발이 없는 신을 그려 그가 '초월적인 존재'라는 인식을 드러낸 것이고, 또 다른 하나는 신을 '수염 난 할아버지'로 그려 그가 '사람 모습'을 하고 있다는 이해를 드러낸 것입니다.

초월적인 존재이면 '사람'은 아니어야 합니다. 그래서 '신'입니다. 그런데 막상 인간의 신 이해에서는 그 존재가 인간의 모습을 하고 있습니다. '인간 아닌 인간', '인간을 넘어선 인간', 그래서 '거룩한 인간'이나 '사람다운 신'으로 묘사되는 그런 존재로 그려지는 거죠. 결국 인간은 신을 만나고 싶은 건데, 그러려면 그 신은 사람인 나처럼 말도 해야 하고, 생각도 해야 하며, 이성도 감성도 지녀야 하고, 상상도 할 수 있어야 하는 존재이기를 기대하는 겁니다. 내 이야기가 그에게 가 닿고 그의 이야기가 내게 닿는 소통을 위해 신을 만나는 건데 그 대상인 신이

신 이야기

'사람다움'을 지니지 않았다면 그것이 불가능하니까요. 그렇다면 우리의 물음은 "신은 어떤 사람다움을 지녔나?" 하는 것에 이릅니다. '신의 인간성'이 궁금한 거죠.

그런데 앞에서 든 '신 그림' 여럿 중에 돋보이는 것이 있었습니다. 신을 그렸는데 커다란 원을 그리고 몇 개의 머리카락을 원 위에 그려 그것이 얼굴임을 드러낸 그러한 그림입니다. 발도 손도 없고요. 신의 얼굴만을 그린 셈인데 실은 얼굴이 아닌 얼굴이었습니다. 입도 코도 눈도 귀도 없었으니까요. 그런 것들이 얼굴에 없으면 그것은 표정이 없음을 뜻합니다. 그리고 표정이 없는 것은 그것이 살아 있지 않음을 뜻하는 것이기도 하고요. 그렇다면 그것은 우리가 기대하는 '인간다운 신'이 아닙니다. 아예 소통을 기대할 수 없는 존재니까요.

그 학생에게 왜 이런 그림을 그렸느냐고 물었습니다. 그 학생의 대답을 지금 제 투의 언어로 바꿔 적으면 이러했습니다. "신의 얼굴이 비어 있는 게 아니에요. 얼굴도 있고, 얼굴에 눈, 코, 입, 귀도 있어요. 그러니까 당연히 표정도 있죠. 그런데 문제는 내가 만날 때마다 표정이 바뀐다는 거예요. 내가 슬플 땐 신도 슬픈 얼굴을 해요. 내가 잘못한 게 있으면 신의 얼굴에는 화난 표정이 나타나고요. 내가 지치면 힘을 내라고 저를 위로

하고 격려하는 환한 얼굴이 돼요. 어떤 때는 내가 찾지 않아도 늘 따뜻한 얼굴로 내게 있기도 하고, 어느 때는 아무리 만나려 해도 나타나지도 않아요. 그런 때는 신이 있다고 생각해도 신의 표정을 짐작할 수 없어요. 얼굴을 못 보니까요. 신은 내 형편 따라, 나와 만나는 만남의 내용에 따라 표정도 달라지고 아예 있기도 없기도 해요. 그러니 신의 얼굴을 어떻게 '이거야!' 하고 그릴 수 있겠어요? 그래서 그렇게 텅 빈 원으로 그린 거예요." 이때의 경험을 잊을 수가 없습니다. 그 학생의 이야기는 신에 대한, 또는 신을 경험하는 인간에 대한, 쉽지 않은 통찰을 지녔다고 판단되었기 때문입니다.

우리가 만나는 신은 '사람다운 신'이어야 합니다. 그래야 만나 소통을 하니까요. 그런데 앞의 '증언'에 의하면 신은 얼굴이 없습니다. 그렇다면 그 신은 인간답지 않은 신, 소통할 수 없는 신이죠. 그러나 그 증언이 발언하는 '얼굴 없는 신'이 담고 있는 경험 내용은 결코 얄팍하지 않습니다. 신이란 존재는 온갖 표정을 모두 지녔기 때문에 특정한 표정으로 그를 이렇다 저렇다 단정할 수 없다는 진술이기 때문입니다. 그런데 이야말로 가장 '인간다움'의 징표이기도 합니다. 내가 '만나는 사람'이 실은 그러니까요. 다음과 같은 사례를 유념하면 그렇다는 사실이 뚜렷해집니다.

정의를 갈구하는 사람에게는 신이 '정의의 신'으로 여겨집니다. 바르지 못한 세상에 대한 분노를 지니고 만난 신은 그럴 수밖에 없습니다. 불의에 분노하는 신을 기다렸을 테니까요. 신을 만난 동기 자체가 의로움을 실현하고 싶은 희구니까요. 그래야 서로 소통할 수 있고요. 그러나 병으로 고생하는 사람에게는 신은 치유자입니다. 그런 존재로 여기고 만나 내 몸의 아픔을 고쳐 달라는 소원을 아뢰는 거죠. 이때, 만약 신은 정의라고 주장하는 사람이 신을 치유자로 일컫는 사람에게 신은 그러한 존재가 아니라면서 '네가 아는 신에 관한 이해는 그릇된 것'이라고 한다면 어떻게 될까요? 그렇게 주장할 수는 있겠지만, 그 주장은 현실성을 지닐 수 없습니다. 신을 의사처럼 여기고 그와 만나는 사람에게는 신은 그런 치유자 이외의 다른 어떤 존재일 수도 없으니까요. 그런 사람이 분명히 있을 뿐만 아니라 그에게는 그것만이 사실이니까요. 자칫 앞 사람은 자기가 의도한 것은 아니라 할지라도 결과적으로는 거짓을 주장한 거나 다르지 않게 될 겁니다.

신은 그와 만나는 사람의 만남 동기에 따라 다른 모습을 드러냅니다. '관계'란 본디 그러합니다. 그것은 일방적이지 않습니다. 만남을 충동한 동기와 이에 대한 반응이 이어지면서 짓는 '상황'이 곧 만남이니까요. 이를테면 나는 내 병이 낫기를 바라는 소원을 두고 만났기 때문에 그 신은 의사다운 존재일 수밖에 없습니다. 정의를 실천하는 신을 만난 경우도 다르지 않습니다. 불의에 분노하면서 신을 만났을 테니까요. 나도, 내가 만나는 신도, 이러한 맥락 안에서 스스로 어떤 존재인지를 드러내면서 각기 자기 표정을 짓는 거죠. 그러므로 '내가 만난 신은 이러저러한 존재야' 하고 발언할 수는 있어도 그 경험을 바탕으로 하여 '신은 이런 존재야!' 하는 발언으로 그때의 자기의 신 인식을 못 박는다거나 일반화할 수는 없습니다. 만남은 이를 허용하지 않습니다. 그렇다고 해서 뒤의 발언, 곧 '신은 이런 존재야!' 하는 일반화가 불가능한 것은 아닙니다. 그러한 주장이 그릇된 것도 아니고 현실성이 없는 것도 아닙니다. '내가 만난 신은 ~하다' 하는 발언은 결국 '신은 ~한 존재야!' 하는 발언으로 자기의 실존의 자리에서 구체화되기 때문입니다. 그는 그 구체성을 살아갑니다. 그런데 주목할 것은 이러한 사태가 현실을 무척 혼란스럽게 한다는 사실입니다.

이를 더 살펴보죠. 어떤 실재와의 만남은 우리의 경험 안에 다른 두 모습으로 담깁니다. 이를테면 빨간색을 만났을 때 우리는 그 색깔에서 단일한 느낌만을 받지 않습니다. 빨강을 보면서 온갖 느낌이 들게 되고, 거기에서 비롯하는 다양한 의미를 추출합니다. 그래서 빨간색은 사랑을 뜻하는 색이기도 하고, 정열을, 불꽃을 드러내기도 합니다. 그러나 동시에 이와 정반대인 위험과 징벌, 피와 잔인함을 뜻하기도 하죠. 하나의 색깔은 결코 단일한 느낌이나 의미를 지니지 않습니다. 빨강은 그 색깔을 그대로 지니고 있으면서도 이를 빨간색이라고 말하는 것이 어색할 만큼 다양한 의미를 담고 있는 빨강입니다. 이 경우의 빨강은 '상징'이라고 일컬을 수 있습니다. 하나의 사물이 자기를 상실하지 않으면서도 그것 자체로 있는 것이 아니라 자기를 넘어선 온갖 의미의 실체로 바뀌어 자기와 만난 주체에게 수용되는 그런 사물을 지칭한다는 의미에서요. 그러니까 상징으로 여겨지는 사물은 언제나 어디서나 경험 주체 때문에 다른 실재가 되는 열린 존재입니다. 우리가 만나는 실재는 그것이 무엇이든 내게 그러한 상징으로 인식될 수 있는 거죠. 그렇다면 이는 어떤 사물이든 그것은 누구에게나 상징이 될 수 있음을 뜻하는 것이기도 합니다.

그러나 삶의 현장에서 우리가 모든 실재를 그렇게만 경험하지는 않습니다. 이를테면 같은 빨간색이지만 신호등의 빨강은 다릅니다. 그때 거기에서 그것은 다양한 의미를 지닌 것으로 풀이되지 않습니다. 그 빨간색은 오로지 정지만을 뜻합니다.

빨간색에 대한 느낌은 억제되어야 하고, 해석은 닫혀야 합니다. 신호등의 빨강은 경험 주체에 따라 다른 실재가 되지 않습니다. 그렇게 되지 않아야 하고요. 그것이 지닌 단일한 의미인 '정지'는 누구나 승인해야 하는 약속이고 실천해야 하는 규범입니다. 자신의 경험에서 빨간색은 정열을 뜻하는 것이었다면서 빨강 신호등이 켜졌는데도 질주를 감행한다면 이러한 상황은 혼란을 넘어 비극에 이릅니다. 빨간색이 지닌 단일한 의미를 버리고, 그것이 지시하는 일정한 행위를 거절했기 때문입니다. 그런데 그것을 그렇게 결정한 것은 인간이 마련한 것입니다. 신호등의 빨강이 정지라는 것이 법에 따라 강제되는 것은 이 때문입니다. 이러한 의미에서 이를 상징과는 다르게 단일한 의미를 지니고 일정한 행위를 지시하는 '기호'라고 호칭할 수 있습니다. 주목할 것은 실재를 상징으로 승인하고 수용하는 것도 사람이 하는 일이고, 어떤 실재를 기호로 여겨 이를 행위의 규범으로 삼는 것도 사람이 하는 일이라는 사실입니다.

그런데 상징에서든 기호에서든 빨강은 빨강입니다. 빨강이 분리된 것은 아닙니다. 그 둘이 단절된 둘은 아니라는 거죠. 같은 빨강을 여전히 공유하니까요. 그 둘이 다르다면 그것은 다만 일정한 '정황'에서 겹치지 않는다는, 또는 그렇게 되지 않아야 한다는 의미에서 만입니다. 신과의 만남을 이러한 맥락에서 다시 다듬어 보죠.

우선 신과의 만남은 다양한 의미로 읽히는 '상징과의 만남'이라고 할 수 있습니다. 앞에서 예를 들었듯이 정의가 아쉬워 만날 때는 정의의 신이고, 몸이 아플 때 만나는 것은 치유의 신이니까요. 그러므로 신은 인간의 삶의 온갖 정황을 다 드러내면서 어떤 것이든 될 수 있는 존재입니다. 그런데 인간 쪽에서 보면 이는 인간이 자기 뜻대로 신을 이해하는 것과 다르지 않습니다. 신의 이미지를 자기가 구축하는 거죠. 이는 신을 그렇게 '이해'한다기보다 그러한 신을 '요청하고 설정'한다 해도 좋을 만큼 인간이 신을 만나려는 의도의 적극성을 보여 줍니다. 그러므로 그러한 신을 우리는 '사람다운 신'이라고 부를 수밖에 없습니다. 신과 인간과의 소통이 '인간적'이니까요. '신적'이지 않고요. 그렇다면 그를 절대적이고 보편적이며 무한하고 전능한 존재로 이해하는 것도 인간이 신을 무한한 해석이 가능한 존재, 곧 상징적인 존재로 여긴 결과라고 할 수 있습니다. 그가 신적이기만을 주장하는 존재라면 그러한 신은 인간과는 아무런 상관이 없을 겁니다. '사람다움이 없는 신'은 아득히 먼 곳에 있는 '신다운 신'이거나 '공허한 실재'로만 있을 테니까요. 인간은 그러한 신을 현실적으로 요청하지 않습니다. 하지만 신을 기술할 때는 여전히 그를 초월적인 실재로 그려야 합니다. '신의 신다움'을 이야기하는 거죠. 이 또한 그럴 수밖에 없습니다. 그렇지 않으면 만남의 동기, 곧 자신의 문제를 풀기 위해서는 자기를 넘어선 존재를 전제해야 한다는 논리를 스스로 부정하는 거나 다르지 않으니까요.

그런데 인간은 신을 이러한 상징적인 존재로 만나면서도 막상 그를 만나면 그를 다양한 의미를 지닌 열린 존재로 놓아두지 않습니다. 삶은 구체적이고 실제적이고 현실적입니다. 신과 만나는 자기의 실존적 정황에 맞춰 신은 특정한 모습을 지닌 것으로 '선택'됩니다. 신이 특정한 의미나 기능을 지닌 실재로 규정되면서 상징은 어느 틈에 기호가 됩니다. 신은 '신다운 신'을 지나 '인간다운 신'이기를 넘어 '구체적인 기능을 지닌 사람다운 신'이 되는 거죠. 정의로운 심판관이나 유능한 의사같이 신을 만나는 바로 그때 거기에서요.

그렇다면 신과의 만남은 '상징인 신과의 만남'이 아니라 오히려 '상징이 기호가 된 신'과의 만남이라는 게 더 나을지 모르겠습니다. 그래서 그랬겠습니다만 실제 인간의 삶 안에 살아 있는 신은 거의 모두 엄밀한 의미에서 '기능신'입니다. 사물의 기능을 극대화하여 이를 신으로 일컫기도 하고, 신을 사물과 더불어 있는 존재이게 하면서 이를 신이라 일컫기도 합니다.

자연현상인 비와 바람의 신도 있고, 전쟁을 승리로 이끄는 신이 있는가 하면, 여러 질병을 고쳐 주는 제각기 다른 신들도 있고, 재화를 얻게 하는 신도 있습니다. 탄생을 위한 신도 있고 죽음을 담당한 신도 있습니다. 흔히 이렇게 말하면 그것은 미개한 원시적인 문화에서나 발견하는 현상이기 때문에 이는 종교나 신의 범주에 들지 않는다고 주장하기도 합니다. 하지만 잘 다듬어진 '훌륭한 종교'라 해도 안을 들여다보면 '기능신'은 그 안에 구조적으로 단단하게 자리 잡고 있습니다. 그것을 일컫는 언어가 얼마나 '세련'되었는가 하는 차이만 있을 뿐입니다. 우리가 만나는 신이 '사람다운 신'이어야 한다면, 그래야 소통이 가능한 거라면, 그래서 인간이 그러한 신을 요청하고 설정한다면, 그때 만나는 '신과의 만남'은 '상징의 신이기를 넘어' 기능적인 신, 곧 그 기능을 내 삶의 규범으로 삼아 살아야 하는 '기호화된 신'일 수밖에 없습니다. 상징과의 만남은 그 만남 대상을 기호이게 해야 비로소 신은 내게 직접적인 의미 있는 만남의 대상이 되는 거죠. '사람다운 신'으로요.

바야흐로 처음 제기했던 물음에 대해 대답을 할 수 있는 데 이른 것 같습니다. 우리가 물었던 것은 "신이 있는데, 그래서 그 신을 만나고 싶은데, 도대체 그 대상인 신은 뭐냐?" 하는 것이었습니다. 그리고 이런저런 고비를 거쳤지만 그때 만나는, 또는 만날 수 있는 신은 '신다운 존재'가 아니라 '사람다운 존재'여야만 한다는 거였습니다.

'신 있음'을 승인하면서도 인간은 '신의 신다움'을 묘사하거나 설명하지는 못합니다. 논리적으로 말한다면 '신'은 사람의 삶에서 말미암는 경험과 그것을 발언하는 언어를 벗어나 있는 존재니까요. 따라서 '신이 있다'는 사실은 '있다'는 데까지가 서술의 한계입니다. 그러나 여전히 신을 논의해야 합니다. 그가 '무언지, 누구인지'를요. 알아야 하고 설명해야 합니다. 만나야 할 대상이니까요. 현실은 그렇습니다. 그것이 가능한 길은 하나밖에 없습니다. '신다운 신'을 '사람다운 신'으로 여겨야 합니다. 그래서 신의 눈도 코도 입도 귀도 그립니다. 얼굴이 있게 하는 거죠. 비로소 신은 내 삶의 어떤 경우와도 만나는 존재가 됩니다. 소통이 가능하게 되고요. 말할 수 있고, 보여 줄 수 있으니까요. 신도 나를 보고 내 말을 듣게 되니까요. 그리고 신은 마침내 내 삶의 자리에 '누구나의 신'에서 '내 신'이 됩니다. 그러니까 이러한 '신 이해'는 신에서 비롯한 것이 아닙니다. 인간에서 말미암은 거죠.

'신 이야기'의 전제는 '신이 있다'는 것이니까 "신이 뭐냐? 누구냐?" 하는 물음에 대한 답은 신으로부터 비롯하는 것이어야지 인간으로부터 비롯하는 것은 아니라고 흔히 주장합니다. 종교들은 대체로 그러합니다. 그런데 그러한 주장이 참이라 해도 여전히 그것은 '인간이 있어' 인간에서 비롯한 논의 안에 담기지 않으면 그러한 현상이나 주장의 실재성을 확보할 수 없습니다. 인간을 배제한 신에 관한 논의는 처음부터 불가능하니까요. 그렇다면 우리는 왜 인류의 문화사 안에 있는 거의 모든 신이 의인화되고 현실적으로 기능신이 되는지 주목할 필요가 있습니다. 이러한 맥락에서 보면 이를테면 '신이 인간이 되었다'는 주장은 신비가 아닙니다. 오히려 인간의 경험에서 비롯한 당연한 일상입니다. 기능신을 예배하는 것도 '유치한 원시적 사유가 낳은 것'이 아닙니다. 이도 당연한 일상이니까요. 상징도 기호도 인간의 실존적인 정황이 낳은 사물 인식에서 비롯한 '출구의 모색'이 보여 주는 현상이라면 마침내 우리는 '신의 신다움'은 '신의 사람다움'을 여과한 신의 묘사라는 사실을 승인해도 좋으리라 생각합니다. 그렇다면 우리의 표제인 "신은 어떤 '사람'인가?" 하는 물음은 부적절한 언표랄 수 없습니다. 당연하니까요.

이러한 주장에 대한 반론은 당연합니다. 종교들의 역사적 전승이 담은 설명의 논리와 조화롭지도 않고, 종교가 지닌 제도적 권위에 도전하는 것이기도 하니까요. 그러나 여기에서 반론과 반론으로 이어지는 소용돌이에 들기보다 이런 상황을 다르게 접근하여 이를 넘어서는 길을 찾아보면 어떨지요. '사람다운 신'과의 만남이 빚는 또 다른 모습, 곧 위에서 서술한 상징과 기호 등으로 묘사한 '정황'을 더 천착하고 싶은 것은 이 때문입니다.

군대를 제대하고 갓 학교에 돌아온 복학생이 제 연구실에 찾아와 잘 다녀왔노라고 인사를 했습니다. "잘했다. 그간 학교가 많이 변했지?" 그러자 그가 말했습니다. "캠퍼스에 들어오면서 저는 연못가의 그 커다란 나무만 찾았습니다. 다행히 여전하더군요. 그 밑에 벤치도요. 저한테는 관악에 그 나무밖에 없으니까요. 왜 그런지 아세요? 그 나무 아래 벤치에서 제가 여자 친구한테 사랑을 고백했거든요."

그 친구에게 그 나무는 나무가 아니었습니다. 더 정확히 말하면 나무이되 나무가 아니었던 거죠. 그 나무는 그에게 사랑이었기 때문입니다. 굳이 말하자면 '사랑의 상징'이었던 겁니다. 그래서 그에게는 관악산의 그 많은 나무가 하나도 보이지 않았던 거고요. 아마도 그는 그 나무에의 그리움으로 군대 생활의 어려움을 다 겪어 냈을 겁니다. 늘 그 나무를 그리워했겠죠. 그것은 약속이었을 거고, 꿈이고, 고향이고, 그래서 되돌아와야 하는 곳이었을 겁니다. 마침내 그 나무는 그의 현실 속에서 자기를 규제하고 일정한 행위를 지시하는 기호로 자리 잡았을 겁니다. 그 나무의 현존이 삶을 이끄는 절대적인 준거였을 테니까요. 그렇다면 그에게는 상징이던 나무가 기호인 나무로 자기 안에 머무는 거죠. 그렇다면 '상징이란 그것이 하나의 의미로 선택되고 그 의미가 해석되어 기호로 정착할 때 비로소 완성된다'고 할 수 있습니다.

그런데 그의 말 때문에 실제로 벌어지는 일들이 있습니다. "이 나무 이외에 어떤 나무도 내게는 없다"라는 발언을 생각해 보죠. 조금은 희화적으로 이야기를 꾸며 보겠습니다. 이 말을 관악산에 있는 다른 나무들이 들었으면 어땠을까요? 자존심이 상했을 겁니다. 아마도 어떤 나무가 이렇게 항변했을지도 모릅니다. "내가 이렇게 엄연히 한 자리를 차지하고 있는데 없다고?" 나무 아닌 그 친구의 다른 동료들도 생각해 보죠. 캠퍼스의 삶은 그 특정한 나무만으로 이루어지는 것은 아니죠. 그 안에 있는 모든 것, 그러니까 강의실이나 교문이나 도서관이나 커다란 바위나 아직도 귀에 쟁쟁한 친구들의 함성이나 한낮의 햇빛, 어느 친구의 표정 등, 그리고 그런 것이 아니어도 제각기 겪은 의미의 실재가 산재해 있을 겁니다. 그것들 모두가 한데 어우러져 모교에 대한 향수를 충동하는 거죠. 그 친구들은 이렇게 말할지도 모릅니다. "아무리 네가 사랑을 고백한 자리여서 그 나무밖에 없다지만 그렇게 사는 것은 이 캠퍼스의 삶을 너무 좁게 사는 게 아닐까? 다른 친구들이 여기에서 무엇을 어떻게 경험했고 어떤 것이 네 나무처럼 의미의 실체가 되어 상징으로, 기호로 살아 있을까 하는 것을 생각할 여유는 없는 거니?" 좁은 생각은 유치한 거고, 유치한 것은 못난 거라고 한다면 그 친구들은 이 학생을 조금은 경멸할는지도 모릅니다. 물론 그의 고백이 '사실을 기술하는 것'은 아닙니다. 그가 다른 나무가 있다는 것을 모르지도 않고, 나무 이외의 얼마나 많은 실재가 제각기 다른 친구들의 향수의 내용이 된다는 것도 모르지 않습니다. 그러나 그가 자기의 고백을 절대적인 것으로 강조하다 보면 그것이 자기가 자기를 위한 고백이라 할지라도 자칫 그러한 발언이 자신의 인식을 훼손하든가 자기도 모르게 배타적인 독선의 분위기를 풍기지는 않을는지요.

결이 다릅니다만 또 다른 것을 생각해 볼 수도 있습니다. 그 친구의 고백에 다른 친구가 이렇게 반응했다고 해 보죠. "이 나무는 나무이되 나무이지 않다는 그의 발언은 예사롭지 않게 아름답다. 그의 증언은 감동적인 공감을 불러일으킨다. 그의 순수함은 그러한 나무를 지니지 못한 내 삶이 얼마나 때 묻은 것인지를 되살피게 한다. 나는 마음속 깊이 그를 기린다. 그가 지금

내 옆에 없어도 그가 지목했던 나무 밑을 거닐며 이전에 없었던 의미의 분출을 거기서 경험한다. 이윽고 나는 내 친구들에게 '이 나무는 나무가 아니야. 그렇다는 것을 너도 승인해야 해. 아니, 너도 그렇다는 것을 곧 깨닫게 될 거야' 하고 말한다." 그렇습니다. 고백은 아름답습니다. 그 고백에의 감동도 아름답습니다. 하지만 자칫 이 친구의 경우, 그 공감이 그에게 비판적 인식을 결여한 맹목적 동조를 충동하면서 마침내 그로 하여금 자기를 간과하거나 망각하거나 상실하게 한 것은 아닐는지요.

착하고 성실한 복학생을 예로 해서 못된 작위적인 이야기를 꾸몄습니다. 하지만 이를테면 예수가 십자가에 달린 모습인 고상(苦像)이 그리스도교 신도들에게는 더할 수 없이 지고한 신의 사랑의 징표지만 다른 이들에게는 잔혹하기 짝이 없는 형틀 이상의 아무것도 아니라는 특정한 종교의 사례를 들 수도 있습니다. 그러나 그렇게 하는 것만으로는 우리 경험의 깊은 바닥에서 드러나지 않은 채 깔린 무의식적인 공감과 반감의 그늘을 그대로 두고 종교적인 주제에 직접 다가가는 일이어서 자칫 이러한 일이 종교적인 것에만 한정된 거라는 잘못된 판단에 머물까 저어되어 일상적인 예를 드는 것이 낫지 않을까 싶어 그랬습니다. 다시 말하면 우리의 일상적인 태도에서 상징과 기호에 대한 이러한 갈등적이고 모호한 반응이 없었다면 종교적인 주제에 대한 그러한 반응이 생겼을 까닭이 없었을 거니까요.

 "신이란 어떤 존재인가? '신의 신다움'은 무얼까? '신의 사람
다움'을 이야기할 수 있을 때 비로소 신은 '신다움'을 드러내는
'그런 분'이 아닐까?" 하는 물음과 "아마도 그럴 거야!" 하는 답
은 결국 '내 경험'을 통해 지어집니다. 그러므로 그때 이루어진
'신 인식'은 한껏 겸손해야 하고 신중해야 하며 조심스러워야
합니다. 우리는 홀로 살지 않으니까요. 그런데 신을 의인화하여
'신의 사람다움'을 확인하면서 비로소 신과의 만남을 현실화하
는 인간의 자유가 빚은 넘침 때문인지요. 인간은 자기의 경험
을 그 울 안에서 마냥 정당하고, 유일하고, 절대적인 것으로 여
깁니다. 그럴 수밖에 없을 만큼 그의 고백이 참으로 아름답고
순수하다는 사실은 누구도 부인할 수 없습니다만. 그래서 더욱
이 일이 예사롭지 않게 마음이 쓰입니다.
 그 순수에서의 안주, 또는 침잠, 더 나아가 탐닉을 거쳐 그
모든 것을 자기가 전유한다는 데 이르면 그는 불가피하게 배
타적 독선에서 말미암는 일상화된 오만을 살 수밖에 없게 됩니
다. 사물을 상징에서 기호로 이어 사는 삶이 대체로 그랬습니
다. 그래서 종교 또한 그러한 색깔로 온통 채색됩니다. 거의 모
든 신은 그러합니다. 오만한 경험에서 만난 '신의 사람다움'은

'오만한 신'으로 모습을 드러낼 수밖에 없습니다. 인간의 오만이 빚은 신이기 때문이죠. 어떤 내용이 담겨도 이 오만을 벗을 수 없습니다. 인간이 희구하는 온갖 드높은 덕목도 신과 이어지는 만남에서는 그것이 전유된다는 고백의 아름다움과 더불어 오만해집니다. 오만한 정의, 오만한 치유, 오만한 참회, 오만한 득도, 오만한 사랑이 현존하게 되는 거죠. 신의 사람다움의 모습이 이러합니다. 역도 참입니다. 내가 겸손하면 신도 겸손해집니다.

신은 나를 닮습니다. 나는 나와 닮은 신을 만나기를 희망하고, 그렇게 그러한 신과 만납니다. 그래서 그렇습니다.

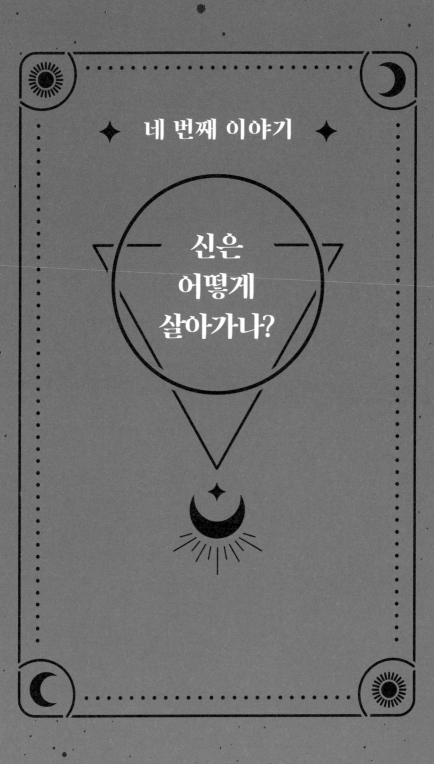

네 번째 이야기

신은
어떻게
살아가나?

＿＿＿＿＿＿

'태어난 고향이 있고, 특정한 공간에 머물면서
사람다운 모습으로 있다고 일컬어진 신은 과연
자기의 삶을 어떻게 살아갈까?'

'적나라하다'는 말을 처음 만났을 때, 발음이 제대로 되지 않았습니다. "적나나"라고 소리 내곤 했죠. 그 말에 익숙하기도 쉽지 않았습니다. '있는 그대로 드러내어 숨김이 없음'이라는 뜻이라는데 한자(漢字)로 된 본디 의미는 '몸에 아무것도 입지 아니하고 발가벗음(赤裸裸)'이라니 함부로 사용하기가 민망했습니다. 비슷한 말로 '노골적'이라는 표현도 있죠. 이도 '숨김없이 모두 드러냄'을 뜻한다는데 본디 의미는 '살 속에 있는 뼈가 드러남(露骨)'이라니 이 또한 함부로 사용하기에는 조심스럽습니다. 이러저러한 겉의 가림 때문에 모호한 실체의 드러남을 그러한 '몸-언어'를 통해 일컫게 된 연유가 궁금합니다. 한데 어쩌면 몸이 겉과 속을 기막히게 치장하고 감추는 것이어서 그런 것 아닌가 싶기도 합니다. 아니면 몸은 어쩔 수 없이 속을 드러내기 마련이어서 그 정직성 때문에 그런지도 모르겠고요.

공연히 에둘렀지만 여기에서 관심을 가지려는 것은 '태어난 고향이 있고, 특정한 공간에 머물면서 사람다운 모습으로 있다고 일컬어진 신은 과연 자기의 삶을 어떻게 살아갈까?' 하는 '신의 일상'입니다. 그것을 들여다보고 싶은 겁니다. 거룩함으로 가려진 그 안의 실체는 어떨까를 살피려는 거죠. 할 수 있다면 적나라하게, 그리고 노골적으로요.

이러한 궁금증을 대상에 대한 불신의 표출이라 할 수도 있습니다. 훔쳐보기나 엿보기처럼 관능적인 호기심이라고 할 수도 있겠죠. 그러나 신의 일상에 대한 관심은 그런 것과는 다릅니다. 신의 표정이 지녔으리라 짐작되는 그 깊은 속을 읽어 그와의 소통이 더 진지하고 참된 것이게 하고 싶은 것이기 때문입니다. 이를테면 이렇습니다. 어떤 사람이 오페라를 관람했습니다. 노래, 연주, 춤, 장식, 조명, 색깔, 음향이 완벽했습니다. 그는 감탄을 금할 수 없었습니다. 그런데 우연히 무대 뒤를 보게 되었습니다. 그런데 거기에는 아름다움도 화려함도 완전함도 없었습니다. 그곳은 그런 것을 짓기 위한 '끔찍한 노동의 현장'이었습니다. 감탄은 거저 생긴 게 아니었음을 확인한 겁니다.

102

감탄이 감동에 이르는 것이 아니어도 좋습니다. 완벽하지 않은 무대, 충분하지 않은 노래나 춤이나 연주여도 좋습니다. 그게 분노를 표출하는 경우라 해도 상관없습니다. 관객은 그 사태와 무대 뒤의 현장을 연결해 그 분노가 연민이나 경멸로 이어질 수도 있습니다. 중요한 것은 그 '총체적 시각'을 통해 이전에 없던 '이해'가 생겨났다는 것입니다. 그것은 오페라를 성숙하게 만난 경험, 그 속내를 들여다본 경험을 통해서, 그러니까 무대만이 아닌 예술의 현장 모두를 적나라하게 부닥쳤기 때문에 가능한 '터득'입니다. 그리고 더 나아가 그것은 오페라만이 아니라 내 삶의 어떤 '실연(實演)'과도 단절된 것이 아니라는 것을 깨달은 '성숙'이기도 합니다.

문제는 어떻게 해야 '신의 일상'과 그렇게 만날 수 있을까 하는 겁니다. 그런데 뜻밖에 신의 일상에 대한 허다한 이야기를 만납니다. 사람들이 '신화'라고 일컫는 이야기가 그렇습니다. 인간의 전승된 기억이 신화라고 부른 이야기들을 담고 있는 거죠. 화자도 분명치 않고 이야기의 펼침도 뚜렷하지 않은 것을 보면 처음부터 그런 '이야기 범주'가 있었던 것은 아닐 테지만 우리가 하는 일상적인 이야기의 틀에 쉽게 넣기 어려운 '다른 이야기'의 현존을 불가불 그렇게 '신화'라고 불러 추스를 수밖에 없었으리라는 것은 짐작이 됩니다. 왜냐하면 그 이야기, 곧 신화는 낯설고, 모호하고, 알 수 없고, 때로는 기괴하기조차 하니까요.

등장하는 주역들을 살펴보죠. 그들은 대체로 인간인 듯 인간답지 않습니다. 그렇기에는 너무 신답습니다. 그렇다고 신인가 하면 마냥 신이기만 하지도 않습니다. 그렇기에는 너무도 인간답기 때문입니다. 그런데 그 인간다움이 그를 인간으로 여겨도 괜찮을 만큼 사람답지는 않아서 그를 '인간인 듯, 신인 듯한 존재'로 자리매김할 수밖에 없습니다. 게다가 동물조차, 또 자연의 현상조차, 동물인 듯 동물을 넘고, 자연인 듯 자연을 넘어 인간다움을 지니기도 하고, 또 신다움을 드러내기도 합니다. 그런 주역들은 기능 분화라고 할 각자의 몫을 지니고 있지만, 이 또한 분명하게 나눠 다듬을 수 없이 흔히 바뀌고 얽히고 겹칩니다.

신화가 담은 서사(敍事)도 그렇습니다. 이야기의 결이나 무늬나 색깔을 눈여겨보면 이야기가 특정한 주제를 풀어내는 것 같은데 그 펼침을 좇다 보면 꼭 그렇지도 않습니다. 하나의 주제는 꼬리에 꼬리를 물고 이어지고, 그러면서 다른 주제들과 겹치기도 하고 꼬이기도 하면서 뒤섞여 흐릅니다. 사랑이 주제인가 하면 죽음이 불쑥 솟습니다. 꿈과 희망이 흐르는가 하면 이 흐름에 허무와 파멸이 함께 흐릅니다. 저주가 고통을 낳는

가 하면 바로 그것이 축복으로 바뀌면서 이야기 전체를 꿈틀대게 합니다. 어스름한 황혼이 어둠에 빠져 이제는 아침이 오겠지 하고 기다리지만 끝내 밝아 오지 않는 어둠의 심연이 마냥 깊어지기도 합니다.

더 혼란스러운 것은 서사에서 등장하는 숱한 이질성입니다. 그 이야기에서는 고즈넉한 인식이 늘 깨집니다. 사실인지 허구인지, 참인지 거짓인지 분별하는 일은 거의 불가능합니다. 사물의 정체성은 없다고 해도 지나치지 않습니다. 변신과 존재 양태의 변화가 일상이니까요. 이야기가 이렇다 보니 신화에 대한 이해가 다양한 것은 당연합니다. 어떤 사람은 신화는 온통 '거짓'이라고 말합니다. '역사 이전의 허구'라는 이해가 그 전형적인 모습입니다. 황당하기 그지없기 때문이죠. '모자람'이라 여기기도 합니다. 합리적 판단이 제대로 되지 않았던 원시적 의식의 표출이라면서요. 사물의 현존을 인과적 틀을 통해 설명한 역사시대 이전에 이를 설명하려던 그 나름의 유치한 '세계관'으로 여기기도 합니다. 그래서 신화 풀어 읽기, 곧 신화를 신화의 틀에서 벗겨 내 사람의 실존적 정황에 맞춰 다시 읽고 듣기 등이 주장되기도 합니다. 이에 더해 신화는 '신의 이야기'여서 그것은, 또는 그것만이 '진정한 이야기'라는 주장도 없지 않습니다. 그러고 보면 신화에 대한 이러한 다양한 이해는 신화 그것 자체는 그대로 있는데 이 이야기를 듣는 사람의 반응이 그렇게 여러 갈래로 나타나는 것 아닌가 싶기도 합니다. 신화는 이 모든 이해의 합일지도 모르고요. 그렇다면 도대체 신화를 이야기하는 주체는 누구냐 하는 물음과 부닥칩니다.

실은 신화를 논의하면서 우리가 처음 물어야 했던 것은 그 이야기를 하는 '화자(話者)'여야 했을지도 모릅니다. 아마 그게 당연한 일일 겁니다. 한데 우리는 이야기의 주역이나 내용을 서둘러 물었습니다. '청자(聽者)'의 자리에서요. '기원'보다 '현존'이 더 직접적인 관심일 수밖에 없어 그랬겠죠. 그러나 달리 생각해 보면 '화자'에 관한 것은 이미 정리된 물음이어서 불필요한 관심이라는 판단이 우리의 신화 이해를 차지하고 있었던 탓인지도 모릅니다. 이를테면 다음과 같은 사실 때문입니다.

신화의 발언자, 그러니까 화자는 신이라는 확고한 주장이 엄존합니다. 주역과 화자가 일치하는 거죠. 종교들이 그러합니다. 이를 설명하는 언어들은 늘 일상을 넘어서는 것으로 개념화됩니다. 신을 주어로 한 계시, 묵시, 신탁(神託), 현현(顯現), 고지(告知) 등이 그렇습니다. 전혀 다른 거랄 수도 있지만 신내림, 본풀이, 점복 등에 이르기까지 외연이 상당히 넓어지기도 하죠. 그런데 이러면, 화자는 이미 누구인지가 전제됩니다. 그 누구는 당연히 신이죠. 궁금한 것은 화자인 신의 발언이 지닌 내용입니다. 발언자가 신인지 아닌지, 어떤 신인지 하는 것은 아예 물음 밖입니다. 따라서 화자는 거론할 필요조차 없죠. 이러한 맥락에서 대체로 종교들은 자신의 신, 또는 신적인 존재가 발언한 이야기는 일상적으로 우리가 일컫는 '신화라는 개념 안에 들지 않는 신화'로 여깁니다. 거룩한 신이 스스로 발언한 이야기가 함부로 말거리가 되면서 훼손되지 않을까 저어하는 거죠. 이러한 사실에 익숙하든가 이러한 주장을 받아들인다면 신화의 화자를 물을 필요가 없을 것이라는 건 당연합니다.

그런데 종교의 울 밖에 있는 신화들은 이와 다릅니다. 거기에서는 다른 이유로 신화의 처음 발언자를 일컫지 않습니다. 화자보다 중요한 것은 '그러한 이야기가 내게 전승되었다는 사실'이라 여기기 때문입니다. 그리고 그 이야기는 무수한 기억들이 긴 세월을 흐르면서 내게 이른 것이어서 실제로 화자가 일컬어진다 해도 그것은 어떤 개개의 주체라기보다 '집단 기억'이라는 편이 나을 거라고 판단하기 때문이기도 하고요. 이러한 판단은 신화의 화자는 그 기억을 현실화하는 지금 여기의 나일 수도 있으리라는 여운을 지닙니다. 그럴수록 신화의 화자가 내가 되어 읊는 신화의 내용에 더 관심이 기울여질 수밖에 없고요.

신화의 처음 화자에 대한 이러한 두 태도는 서로 다르게 보입니다. 하지만 다음과 같은 사실을 유념하면 이 둘이 그리 선명하게 나뉘는 것이 아님을 짐작할 수 있습니다. 종교의 경우, 신화의 발화자가 신이라 할지라도 이를 듣고 읽는 사람들은 '신의 발언은 그 내용이 어떤 것이든 인간의 희구에 대한 반응'이라 여깁니다. 그렇다면 신의 발언은 인간의 발언에서 말미암은 것이라고 해도 좋습니다. 인간이 묻지 않았다면 신은 답하지 않았을 거니까요. 신의 발언이 우선했다고 주장한다고 할지라도 그 구조는 그렇습니다. 이와 달리 기억의 전승으로 신화를 이해하는 자리에서는 이러한 종교적 신화 담론조차 아우르면서 '처음 화자보다 중요한 것은 내게 전승된 신화가 있다는 사실이다. 그러므로 화자는 내가 그 이야기를 어떻게 다루느냐 하는 데 따라 실체를 드러낼 것이다' 하는 자리에 섭니다. 청자가 그 이야기를 왜 어떻게 다루는가 하는 틀이 처음 화자를 구체화한다는 주장입니다. 이는 '신화는 인간과 만나 비로소 자기의 존재를 확보한다'고 주장하는 것과 다르지 않습니다. 그렇다면 두 입장 모두 '신화는 사람이 있어, 인간의 발언이 있어 현존한다'는 것으로 모이는 거죠. 이래서 둘은 끝내 하나로 수렴됩니다. 그렇다면 신화에 대한 관심에서 신을 초점으로 했던 이제까지의 이러저러한 사색을 아예 사람을 초점으로 하여 살펴보면 어떨까 싶습니다. "사람은, 우리는, 왜 이야기를 하고 싶어 하나?" 하는 것을 초점으로 해서요. 이 에두름이 "신은 어떻게 사나?" 하는 처음 물음에 이어지리라 기대하면서요.

우리는 말을 하지 않으면 못 삽니다. 그런데 '말함'은 '소리냄'이 아닙니다. 소통을 위한 기호만도 아닙니다. 말에는 사물이 담기고, 경험이나 생각이 담기며, 상상도 담깁니다. 삶 모두가 담긴다 해도 좋습니다. 이러한 말을 '이야기'라 부릅니다. 하지만 '이야기'는 정연한 문법이나 논리에 갇히지 않습니다. 화자의 정서에 따라, 청자와의 관계에 따라, 이야기가 펼쳐지는 상황에 따라, 말은 음성의 높낮이가 바뀌고, 어순도 달라지며, 때로는 침묵조차 한몫합니다. 당연히 몸짓도 함께합니다. '글이 된 이야기'도 다르지 않습니다. 문맥을 벗어나기도 하고 건너뛰기도 하면서 덜컹거립니다. 그래서 이야기는 '사실'을 이야기하지만 사실에 갇히지 않습니다. 이를 넘어서거나 감싸는 이미지를 짓고 후광을 자아냅니다. 이러한 이야기가 잘 다듬어진 소통을 낳으리라 기대하는 것은 처음부터 비현실적입니다, 그런데도 전달할 수 있습니다. 오히려 그래서 더 효율적으로 삶 전체가 전해진다고 할 수도 있습니다. 삶은 소박하지 않습니다. 역설로 뒤엉켜 있으니까요. 우리의 언어, 사람의 이야기가 또한 그렇습니다.

이야기는 이러합니다. 화자는 이러한 이야기를 합니다. '하고 싶은 이야기', '하지 않으면 견딜 수 없는 이야기,' '침묵을 강요당할 수 없는 이야기'를 하는 거죠. '강제된 침묵을 깨트리는 이야기'라고 해도 좋습니다. 발언은 호흡과 다르지 않습니다. 오죽해야 침묵조차, 곧 말 없음조차 발언, 곧 말 있음이라고 묘사해야 직성이 풀리겠습니까? 삶의 그늘이 짙으면 이러한 '이야기하고 싶은 동기'는 더 강해집니다. 그것은 울부짖음으로, 긴 사설 풀이로, 아니면 침묵 속에서 이뤄지는 끝없는 독백으로 표출됩니다. 그런데 이야기에는 청자가 있습니다. 듣는 이가 없다면, 없어도 있다고 상정하지 않으면, 이야기는 발언되지 않습니다. 앞에 있는 타자도, 공동체도, 역사도, 자연도, 나마저도 청자가 됩니다. '신 있음'의 맥락에서는 신도 청자가 됩니다. 청자에게는 화자가 하는 이야기가 낯설기도 하고, 불가해하기도 합니다. 공감과 감격을 겪기도 합니다. 그런데 청자의 이러한 반응은 화자의 이야기에서 자신의 삶이 어른거리는 것을 느끼고 보고 들음에 따라 달라집니다. 당연히 청자에게도 하고 싶은 이야기가 생깁니다. 그 이야기는 들은 이야기에 대한 반응이기도 하고, 그 이야기로 자극된 '자신에게서 말미암은 이야기'이기도 합니다. 그러면서 청자는 이윽고 화자가 됩니다. '이

110

야기 자리'는 이렇게 자기의 자리를 폅니다. 이야기가 하나의 현상이게 되는 거죠. 이윽고 하고 싶은 이야기와 듣고 싶은 이야기, 한 이야기와 들은 이야기가 어우러집니다. 이미지와 분위기도 이에 뒤섞입니다. 마침내 이야기는 그 나름의 '이야기 세계'를 짓습니다. 여느 세계와는 다른 세계를 출현하게 하는 거죠. 그러니까 신화는 '신 있음'의 자리에서 보면 '지금 여기가 아닌 다른 세계에서 벌어지는 신의 이야기와 사람의 이야기가 만난 이야기'라고 해도 좋습니다. 사람의 자리에서 보면 '내가 하고 싶은 이야기를 신에게 다 쏟아 놓은 이야기에 신이 응답한 이야기가 어울려 지은 것'이 신화이고요. 그래서 신화는 지금 여기의 '내 삶이 그대로 읊어진 세계'와 다르지 않습니다. 내가 나를 묘사한 세계가 '거기' 있는 거죠. 비일상의 차원에서 자기를 드러내는 거라고 해도 좋습니다. 지금 여기에 푹 빠져 아무것도 보이지 않던 나와 나의 삶과 내 세계를 내가 바야흐로 '바라보게' 된 것과 다르지 않습니다. 내 삶이 어떤 모습으로 어떻게 꿈틀거리는지 보이니까요. '신화의 세계는 나를 비일상적인 시간과 공간으로 옮겨 놓고 나를 드러내 준다'고 해도 좋습니다. 이를 의도적으로 경험하기 위해 '우리는 이야기한다'고 할 수도 있고요.

그런데 신화를 차지한 것은 신다운 존재들입니다. 신들로 채워져 있습니다. 이를 유념한다면 신화는 완벽한 '신의 공간'입니다. 우리는 그곳에서 신을 만납니다. 사람을 만나지 않습니다. 그런데 그곳은 '사람이 하고 싶은 이야기가 서린 공간'입니다. 그리고 그 공간은 그 이야기의 화자와 청자가 서로 발언의 자리를 엇바꿔 가며 어울리는 곳이기도 합니다. 따라서 사람이 하고 싶은 이야기가 없었다면 그 공간은 아예 없었을 거고, 신도 거기에 있지 못했을 겁니다. 그렇다면 그곳은 사람이 지은 것이고, 사람이 그곳을 지어 비로소 신이 거기 있게 된 거와 다르지 않습니다. 나아가 그곳에서 만나는 신은 실은 '신다운 신'으로 머물 수 없는 '사람다운 신'일 수밖에 없습니다. '신다운 인간'이기도 하고요. 따라서 신화는 신의 이야기이면서 그대로 인간의 이야기이기도 합니다.

그곳에서는 인간의 삶의 이야기가 펼쳐집니다. 그렇다면 그 안에서의 신의 삶은 그대로 인간의 삶일 수밖에 없습니다. 인간의 삶이 거기 있어 비로소 신이 거기 있으니까요. 그렇다고 그게 뒤섞여 이야기를 혼란스럽게 하지는 않습니다. 그곳에서의 화자와 청자가 서로 자리를 바꿔 가며 말을 주고받는다고 해도 '신 있음'을 준거로 한 그곳의 이야기 틀은 화자인 신과 청자인 인간으로 구조화되어 있어서요. 주목할 것은 '그 이야기

신 이야기

의 세계'에서 사람이 무엇을 경험하는가 하는 것입니다. 인간은 그 이야기 안에서 앞에서 지적한 것처럼 자기를 보고 듣습니다. 그러면서 자기의 삶을 신들의 삶과 겹쳐 읽습니다. 대체로 이러합니다. "저 신들의 삶이 바로 내 삶이야. 그러니까 나는 저 이야기의 펼침을 따라 내 희로애락의 어떤 것이든 그 마디마디를 신들이 그러했듯 내가 승인해야 해. 신의 삶은 내 절규에 대한 그의 반응이니까!" 하는 태도를 지니게 됩니다. 그 이야기의 펼침이 아무리 비논리적이고 괴상하고 뒤엉키고 끊어져도 상관없습니다. 오히려 그러한 마디들이 더 절실하게 현실을 '알아보게' 해 줍니다. 지금 여기를 승인하고 수용할 수 있는 그루터기를 '신화가 마련하는 비일상적인 시공에서의 신의 이런저런 역할'에 기대어 확보하는 거죠. 그렇다면 신화는 뜻밖에 소박합니다. 그것은 '신과 더불어 살핀 내 이야기, 아니면 내 삶과 더불어 살핀 신의 이야기'인 거죠. 그리고 마침내 우리는 "신은 어떻게 사나?" 하는 데 대한 답에 이릅니다. 신화에서요. "신은 인간과 조금도 다르지 않은 삶을 산다"라는 것이 그것입니다.

신은 과연 어떻게 살고 있는지요. 남신도 있고 여신도 있습니다. 성차(性差)가 있는 거죠. 양성구유(兩性具有)의 신도 있고요. 부신(父神)도 모신(母神)도 있습니다. 신은 태어나고 자랍니다. 사랑의 온갖 애환을 다 겪습니다. 어른이 되고 결혼도 합니다. 헤어지기도 하고, 다시 합치기도 하고, 결혼하지 않기도 합니다, 일부일처이기도 하지만 그렇지 않기도 합니다. 질투도 복수도 예사롭습니다. 집도 있습니다. 더위도 추위도 탑니다. 굶주리기도 하고 배부르게 살기도 합니다. 성공도 하고, 좌절도 겪고, 극복도 합니다. 미련하기도 하고 현명하기도 합니다. 아름답기도 하고 추하기도 합니다. 유혹에 빠지기도 하고 정의를 과감하게 실현하기도 합니다. 적도 있고 친구도 있습니다. 배신도 원한도 있는가 하면 의리와 연민도 있습니다. 폭력과 착취도, 헌신과 희생도 있습니다. 몸의 고통도 겪고 정신적 고뇌에 시달리기도 합니다. 외로움도, 그리움도, 꿈도, 기대도 있고, 요행도, 운명도 일컫습니다. 진지함과 해학도 더불어 있습니다. 긍정적인 것과 부정적인 것 사이에서 언제나 흔들리고, 온갖 이원적인 틀을 못 견뎌 하기도 합니다. 노쇠와 죽음도 예외가 아닙니다. 다시 살아나기도 하고요.

닫히고 막히고 끊긴 곱이곱이 불가사의한 일들이 일어납니다. 비일상적인 일들이 일어나 이를 넘어서게 합니다. '신다움'의 간섭이 일어나는 거죠. 처녀가 아이를 낳습니다. 곰이 사람이 되고요. 자식을 잡아먹기도 합니다. 물 위를 걸었다 하고 불

속에 뛰어들어도 괜찮다 합니다. 하늘과 땅을 오르내린다든지, 하늘이 무너지고 땅이 꺼진다든지, 우주를 지탱하는 나무가 있다든지, 외눈박이 짐승이 출현했다든지, 얼굴은 사람인데 몸은 짐승이라든지 하는 것들이 산재합니다. 심판과 보상이 약속되고, 그것이 실현되는 세계가 사실적으로 그려집니다. 그런 것이 일상의 틈을 점철합니다. 신이 사는 모습은 이러합니다.

신화를 듣고 읽으면서 신의 삶이 못내 모호하고, 알 수 없고, 괴이해서 분명하게 느껴지는 것이 전혀 없다고 말할 수 있습니다. 우리는 이른바 '신화적인 사유'가 '일탈한 사유'라는 고정관념을 꽤 오래 살았으니까요. 그렇다면 서둘러 우리네 삶을 되살피면 됩니다. 우리가 '이야기를 하고 싶었던 세계'를 되살피면요. 이를 위해 우리는 앞의 앞 문단을 그대로 다시 읽어도 됩니다. 그게 신화의 내용이니까요. 그런데 그게 곧 인간의 삶이니까요. 신화는 우리가 하고 싶었던 이야기의 세계라고 이해하면 되는 거죠. 사족임이 틀림없지만 '신다움'의 간섭으로 예를 든 앞 문단을 다음과 같이 읽으면 어떨까요. '불가능한 부정적 예상이 처녀가 아이를 낳듯 긍정적인 사태로 현실화하고, 곰이 사람이 되듯 존재 양태의 변화가 가능해지며, 자식을 잡아먹듯 자학의 극치에 다다른 자기부정의 겸허가 출구를 마련하며, 물위를 걷고 불 속에 뛰어드는 용기와 신념이 상황을 뒤바꿔 놓는다. 하늘과 땅을 오르내리듯 이질적인 차원을 관통하는 지혜로움을 발휘하고, 하늘이 무너지고 땅이 꺼지는 창조적 전도(顚倒)도 감행하며, 우주를 지탱하는 나무처럼 내 자존(自尊)과 자존(自存)을 위한 절대적 규범도 구축하고, 외눈박이 짐승이나 얼굴은 사람인데 몸은 짐승인 그러한 몰골로 사는 자기 실존의 참상에 대한 냉엄한 인식도 솟는다. 천당과 지옥을 실재하게 해서 지금의 질서를 확립한다'고요. 신은 인간의 삶 속에 이렇게 '끼어들어' 있습니다. 그렇지 않았다면 신화는 없었을 거고, 우리는 신이 어떻게 사는지를 짐작도 하지 못했을 겁니다. 다시 말하지만 우리가 우리의 삶을 절규하며 이야기에 담지 않았다면요. 신이 그렇게 인간이듯 살지 않는다면 사람은 아예 우리의 절규를 그렇게 이야기하지 않았을 겁니다.

그렇다면 신화는 허구만도 아니고, 역사 이전만도 아니며, 전승된 집단 기억만도 아닙니다. 절대적인 '신의 이야기'만도 아니고요. 여기 지금이 아닌 세계를 희구하는 인간이 있다면 그가 언제 어디에 있든 발언하고 청취하는 이야기입니다. 신화는 늘 지어지는, 그래서 늘 있는 이야기입니다. 지금 여기에서도 다르지 않습니다. 우리는 신화의 청자이면서 화자입니다. 그럴 수밖에 없습니다. 왜 우리가 '이야기를 짓나?' 하는 것만 생각하면 충분합니다.

우리의 서술을 되풀이하지 않기 위해 조금 다른 접근을 해보죠. 우리의 일상적인 이야기는 늘 '사실'로부터 비롯합니다. 내가 겪은 사실을 전하려는 거죠. 내 안에 품고만 있기에는 감당하기 힘드니까요. 그래서 이야기를 합니다. 한데 내 이야기에 대한 반응은 사실 묘사부터 문제를 일으킵니다. 그 일을 다르게 묘사하는 주체들이 있으니까요. '사실'은 증발하고 다만 '각기 주장하는 사실'만이 제각기 흩어져 있을 뿐입니다. '주장하는 사실'이 '참 사실'을 덮는다고도 할 수 있겠지만 실은 그 '참 사실'이 있는지조차 알 수 없게 되는 게 현실입니다. '주장하는 사실'만 있을 뿐이라고 할 수밖에 없습니다. 그런데 신화는 이 현실을 바꿔 놓습니다.

이를테면 이전에는 도로에서 차가 부닥치면 목소리가 큰 운전자가 이긴다는 우스갯소리를 했습니다. 그러나 블랙박스가 생긴 뒤에는, 더구나 CCTV가 곳곳에 설치된 뒤로는, 이러한 일이 더 있을 수 없게 되었습니다. '주장하는 사실'의 한계가 드러난 거죠. 여전히 '참 사실'을 단정하는 데에는 무리가 있다 해도 사실을 바라보는 시각의 총체성을 확보하여 '주장하는 사실'을 포함한 '일어난 사실'을 다시 보게 하는 것만은 분명합니다. 소설, 희곡, 시 등을 아우르는 문학이 바로 그런 것 아닐는지요. 문학은 '주장되는 사실'들을 한데 모아서 이를 바라보는 통합적인 시각을 마련해 주려는 '지어낸 이야기'라 해도 좋을지 모릅니다. 소설을 읽고 시를 읽으면 안 보고 못 보던 게 드러나기 때문입니다. 극화(劇化)되는 경우는 더 절절합니다. 신화의 맥락에서 말한다면 '신의 간여'라고 해도 좋을 '어느 시각에서는 보이지 않던 어떤 낌새'가 소설이나 시나 연극에는 마디마디 숨겨져 있는 거죠. 긍정 부정을 떠나서요. 이윽고 나는 내가 직면한 현실을 나 스스로 총체적으로 '조망할 수 있는 현실'이게 하고, 이로 말미암아 나는 나의 삶을 추스르는 계기를 마련하게 되는 거죠. 문학은 그래서 인간이 마련한 '지은 이야기'인데, 그래서 허구임은 분명한데, 그런데 우리는 그 '허구의 진실'을 일컫습니다. 이야기가 짓는 새로운, 또는 다른 세계의 현존을 확인하면서 지금 여기를 되살펴 승인하게 하니까요. 그래서 우리의 필요가 그런 이야기의 현존을 요청하니까요. 문학의 현존을 '신화는 이 순간에도 지어지고 있다'고 묘사하면 망발일는지요.

오늘 우리가 누리는 온갖 영상 문화들도 그렇습니다. 그것은 직접적인 '신화의 출현'과 다르지 않습니다. 영상 자체가 가상공간임을 비롯하여 그것이 담고 있는 내용이 그러합니다. 전승된 신화를 직접 불러온 것, 이를 오늘의 옷을 입혀 치장한 것,

현재의 소재를 신화적인 구조에 담아 재구성한 것 등의 차이는 있지만요. 이러한 작품들이 우리의 여느 상상을 넘어서는 낯선 '긴장과 재미'를 주는 일도 주목할 만합니다. 하지만 이를 포함하면서 더 직접적으로 중요한 것은 그것이 주는 몰입과 공감과 감동, 그리고 더 나아가 그러한 경험에서 비롯하는 '도피에서 변화'에 이르는 다양한 '출구'의 현실화입니다. 가상현실(VR), 증강 현실(AR), 메타버스(Metaverse)들이 담고 있는 '새로운 삶의 공간'은 그것이 지닌 '없는데 있음과 있는데 없음'을 거의 신화적인 모티브나 내러티브의 재현으로 읽게 합니다. 우리는 신화를 사는 거죠.

인간의 의식 작용의 완성을 개인과 공동체의 운명과 연계하여 '역사의식'의 유무를 확인하면서 자리 잡게 하려는 근대 이후의 사조도 어쩌면 신화적일지도 모릅니다. 역사 기술에서 사실을 실증한다는 것은 비현실적인 이상입니다. 역사는 이념 지향적인 의미 부여를 위한 행위이고, 그래서 과학이기보다 '이야기하기'입니다. 개국 신화를 역사가 배제하지 못하는 것도 이 때문이죠. 민족 신화도 다르지 않습니다. 이민족(異民族) 이문화(異文化) 공포증도 그렇고요. '더 나은 미래'라는 종말론적 기대를 함축해야 하는 것도 다르지 않습니다. 역사 기술을 가능하게 하는 기본적인 추동력은 상상력이지 자료의 합리적 추론이나 분석적 귀결만이 아닙니다. 그러므로 역사와 신화는 대립되는 갈등적인 것도 아니고, 우열의 틀에 넣어 다듬을 것도 아니며, 어느 것이 먼저고 뒤냐 하는 진화론적 질서에 담을 것도 아닙니다. 역사를 '이야기하기'라면 그것은 결국 '신화 말하기나 쓰기'의 다른 갈래일 뿐이기 때문입니다. 거꾸로 말하면 신화는 '역사가 쓴 시'거나 '역사가 풀어낸 사설(辭說)'이지 않을까 싶은 거죠.

신화가 없었다면 우리는 우리를 살필 거울을 갖지 못한 거나 다르지 않았을 겁니다. 내 절규가 빚은 신화의 세계가 없었다면, 그래서 거기서 드러나는 신의 일상의 삶이 속속들이 적나라하게 나타나지 않았다면 우리는 삶의 마디마디를 점철하는 '비일상적인 간여'가 짓는 출구의 현존을 자칫 간과하거나 잃거나 끝내 불가사의한 장애로 여겨 나를 여전한 비참함 속에 머물게 했을지도 모릅니다. 그러나 다행스럽게도 우리는 우리의 이야기를 발언하고 싶은 희구를 잃은 적이 없습니다. 신화를 낳지 않는 삶이란 없으니까요.

신화적 사유라든지 신화적 유산이라든지 하는 것은 말할 것도 없고, 아예 신화 자체에서 벗어나자는 주장이 없지 않습니다. '계몽'의 준거를 탈신화적 문명의 창조 여부로 설정한 것이

전형적인 경우입니다. 인간의 삶 경험을 '신 있음'의 틀 안에 가둬 두는 한, 사람다움의 상실은 불가피하다는 판단을 한 거죠. 그른 주장이 아닙니다. 신화가 결국 인간이 지은 자화상인데도 그렇다는 사실을 잊고 신화의 이야기가 지닌 삶의 마디마디들에서 등장하는 불가사의한 어떤 낌새의 출현에만 집착하여 이를 기다리다 끝내 자신의 일상에서 이를 실현하지 못하게 되었는데도 여전히 그런 낌새만으로 엮인 '신의 이야기'에 함몰하여 지금 여기에서의 나를 잃는 경우가 없지 않기 때문입니다. '신 있음'을 주장하는 삶이 그랬습니다. 종교가요.

그러나 '탈신화적 이념'조차 실은 또 다른 신화입니다. 신화는 탈신화적 모티브가 지닌 실상이 어떠한 것인지조차 보여 줍니다. 그 이야기는 신 또한 '신 이야기'의 틀에서 벗어나고자 애쓰는 삶을 담고 있으니까요. 신화의 서사를 꼼꼼히 읽어 보면 거기에는 신의 마지막 꿈은 스스로 인간이 되는 것임을 담은 모티브들로 채워져 있습니다. 그러나 그것은 불가능합니다. 그래서 '사람다운 신'의 모습으로 자기를 정당화하는 데서 스스로 만족합니다. 탈신화는 인간다움의 회복이라 일컬어지지만 결국 그것은 신다움의 출현이 인간으로부터 비롯한 것임을 확인하는 데서 마감할 수밖에 없습니다. 인간이 지은 이야기니까요. 인간이 고백한 삶의 실상이 드러난 이야기이기도 하고요.

본디 신화는 인간에 의해서 지어진 것이라는 사실을 잊은 바로 그 망각이 탈신화적 이념을 계몽이라 일컫게 했다는 것을 신화는 여전히 발언하고 있는 겁니다.

　신의 삶은 인간의 삶입니다. 인간의 삶이 신의 삶이고요. 그렇지 않다면 '신 있음'은 아무런 의미가 없습니다. 이어지지 않은 실재 간의 의미를 일컫는 것은 '빈 소리'입니다. 불가능한 현실이니까요. 그런데 신의 삶은 그저 인간의 삶은 아닙니다. 인간이 스스로 자신의 삶을 위해 지은 삶이기 때문에 그것은 신의 삶으로 일컬어져야 비로소 신의 삶으로서의 몫을 합니다. 인간으로 하여금 자기를 살피고 스스로 출구를 찾게 하니까요. 그래서 이 사태를 신화는, 종교는 "신이 인간을 빚었다" 하고, 그것도 "자기 모습대로 그렇게 했다"라고 말합니다. "본디 있었던 나의 구현"이라고도 하고요. 신은 인간 안에, 인간은 신 안에 스며들어 더불어 삶을 누린다고 묘사해도 좋습니다. '신'을 '온전함'으로 바꿔 불러도 다르지 않습니다. 그럴 수 있을 만큼 신의 삶은 인간의 삶과 다르지 않습니다.
　신이 살아가는 모습을 사람의 삶과 다르지 않게 묘사하여 어떤 동질성을 찾으려는 것은 인간이 자기를 속이는 것과 다르지 않다는 지탄이 없지 않습니다. 인간의 오만이 빚는 참담함이 그러하다고 말합니다. 종교의 자리에서 일컬어지는 이러한 진술은 그르지 않습니다. 그 주장의 맥락에서는요. 하지만 인간이 자기 삶의 막힘을 뚫으려는 자기 인식을 위해 마지막으로 도달한 터득이 자신의 삶과 조금도 다르지 않은 신의 삶을 고백하게 된 것이라는 사실을 유념하면 이보다 더한 인간의 겸허함은 있을 수 없습니다. 우리네 경험은 그러합니다. 종교는 다만 신을 주체로 하여 그것을 다르게 진술하고 있을 뿐입니다.

신은 속속들이 인간의 삶을 살고 있음을 신화는 보여 주고 들려줍니다. 적나라하게, 그리고 노골적으로요. 그것을 진술한 것이 인간이니까요.

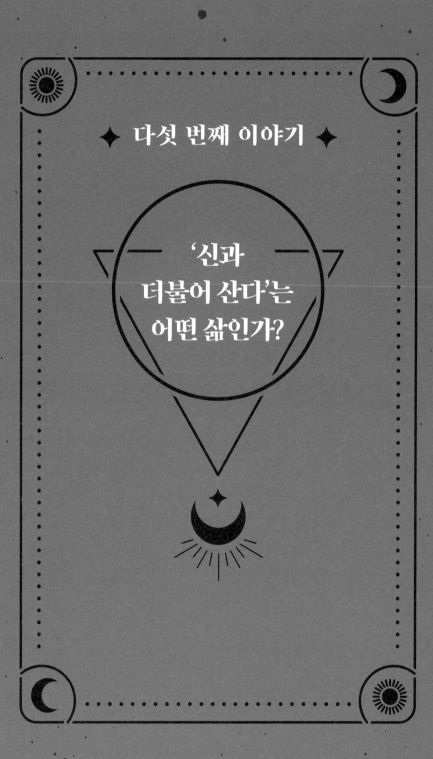

다섯 번째 이야기

'신과
더불어 산다'는
어떤 삶인가?

━━━━━━━━━━

다른 게 아닙니다. 일상을 사건화하면서
그 사건 속에서 신을 만나 더불어 사는 게 그겁니다.

앞에서 우리는 신이 어떻게 살아가는지 살펴보았습니다. 이를 알 수 있는 자료는 '신화'였습니다. 신화가 신의 이야기인 것을 전제한다면 신이 하는 자기 이야기를 통해 그가 어떻게 살고 있는지를 짐작한 거죠. 하지만 실은 인간이 '하고 싶은 이야기'의 절규가 없었다면 신화는 있지 않았을 거라는 생각을 하면서 신의 삶이란 구석구석 인간의 삶을 그대로 드러내고 있다는 데 생각이 이르렀고, 마침내 '신화는 우리가 우리 자신을 새삼 다른 차원의 눈으로 되살피면서 그 다름의 간여를 통해 모색한 출구의 구현'을 담고 있는 이야기라고 판단했습니다. 따라서 '신화적 사유틀'은 인간과 더불어, 인간의 출구를 마련하려는 동기를 충족해 주는, 항존(恒存)하는 본연(本然)이라는 주장에까지 이르렀습니다. 인간이 지닌 고유한 '사유의 한 결'이라고 이해한 거죠. 그러니까 인간은 '신화'라고 울 지은 이야기를 하지 않고는 못 견디는 존재라고 해도 좋습니다. '신이 있다'는 삶은 그러한 생각, 그러한 이야기로 이뤄집니다. 신화적 사유로 채색되는 거죠.

이러한 사실은 이른바 '실재'란 무엇인가를 유념하게 합니다. '정말 있는 것'이란 지각할 수 있어야 합니다. 만지고 건드리고 하면서요. 그런데 앞에서의 주장을 따른다면 생각도 실재를 낳을 수 있습니다. 생각을 이야기에 실어서요. 신화는 생각이 낳은 이야기니까요. 그리고 그 이야기가 낳은 실재가 곧 '신화적 현실'이니까요. 그 현실은 마치 지각되는 사물처럼 있습니다. 하나의 사물이 내 갈 길을 막고 있으면 내가 가는 일을 멈칫하거나 돌아가는 길을 찾거나 하는 것처럼 우리에게 실제로 영향을 줍니다. 신화적 현실은 우리의 삶 속에서 그 나름의 당당한 몫을 지닌 '실재'임에 틀림없습니다. 하지만 삶은 신화적 현실이 모두가 아닙니다. 이를 포함한 훨씬 커다란 '단위'입니다. '생각은 무엇이 있어 비롯하고, 그것이 언어의 옷을 입는다면 그 옷은 어떻게 선택되고 지어지는 걸까?' 하는 것을 유념해야 하는 것은 이 때문입니다. 생각을 낳는 주체, 언어를 발언하는 주체는 이를테면 신화적 현실 이전이니까요.

신 이야기

앞에서 사물의 현존은 시공의 좌표를 통해 자기 존재를 실증한다는 주장을 한 바 있습니다. 그래서 신조차 그가 실재하는 것은 그가 차지하는 공간이 확보될 때라고 했습니다. 그렇다면 '나'는 어떨까요? 다르지 않습니다. 내가 확보하는 시공이 있어야 비로소 나는 존재합니다. '나'는 생각으로 있지 않습니다. 생각이 낳는 언어로만 있지도 않고요. 생각이나 언어가 담긴 근원적인 실체로 내가 있어야 비로소 그것들조차 있게 되는 거니까요. 그렇다면 "나를 일정한 시간과 공간에서 자리를 잡게 하는 나는 도대체 어떤 나일까?" 하는 물음을 물어야 합니다. 이 것은 현실적이고 실제적인 물음입니다. 관념적일 수 없습니다. 이때 '신 있음'의 맥락에서 우선 떠올리는 것은 신일 겁니다. 신은 모든 것을 설명하니까요. 그러나 하늘을 바라보기 전에 땅 위에 있는 나를 정직하게 직면해 볼 수도 있습니다. 그리고 그때 발견하는 것은 '몸을 가진 나'일 겁니다. 지금과 여기를 이야 기하는 것은 몸이니까요. "나는 지금 여기에 있다"라는 소박한 발언은 몸의 현존을 그러한 근원적인 존재로 여기게 합니다. 그렇게 하는 것이 '몸'입니다. 내 몸이 있으니까 나는 실재하는 존재가 됩니다. 생각도 이야기도 몸이 있어야 있을 수 있습니다. 내 몸이 없는데 내 생각이 있을 까닭이 없습니다. 이야기도 다르지 않고요. 공간을 차지할 실체가 없는데 그 공간인들 공간일 까닭도 없습니다. 몸이 없으면 아무것도 없습니다.

좀 더 생각을 이어 보죠. 몸이 없으면 인간은 없습니다. 태어난 몸의 출현입니다. 출생 이전의 나는 없습니다. 몸이 없으니까요. 몸이 사라진 내 죽음 이후의 나도 실제로는 없습니다. 전생(前生)을 이야기하고 후생(後生)을 논의하기도 합니다. 하지만 그것도 지금 여기에 있는 '몸이 하는 담론'입니다. 몸인 내가 없다면 내 전생도 후생도 내가 일컬을 까닭이 없으니까요. 몸과 분리된 영이나 혼, 얼이나 넋을 이야기하기도 합니다. 몸과 정신을 분리된 이원적 실재로 여기는 거죠. 그러나 이도 마찬가집니다. '몸과 몸 아닌 실재와의 관계'를 이야기하지만 지금 여기 몸으로 있는 내가 없다면 그런 이야기는 아무런 의미도 없습니다. 비현실적인 허언(虛言)일 뿐입니다. '몸 없는 나, 또는 몸 아닌 나'를 일컫는 것조차 몸이 있고 난 후에 몸이 벌이는 일입니다. 몸이 없으면 그 이야기를 하는 주체가 아예 없는 거니까요.

삶은 몸이 있어 비롯하는 몸의 움직임입니다. '몸짓'이 그러한 거죠. 몸짓은 살아 있음의 징표입니다. 얼이 삶을 짓지 않습니다. 흔히 "정신을 바짝 차리면 이루지 못할 일이 없다"라고 말합니다. 옳고, 감동을 주는 일이고, 그렇게 살아야 합니다. 그러나 이는 특정한 정황에서 가장 적절한 의미 있는 '격려의 말'이기는 해도 인간을 두루 살펴 삶의 모습을 보편적인 자리에서 일컫는 '사실 기술'은 아닙니다. 이를테면 배고픔을 정신으로 극복할 수는 없습니다. 그렇다고 주장한다면 그는 아직 배고픔의 극에 달한 경험이 없는 사람입니다. 아사(餓死)의 현장에서 먹지 못해 죽어 가는 사람에게 '정신일도하사불성(精神一到何事不成)'을 외친다면 그것은 잔혹하기 짝이 없는 일입니다. 정신은 그 판에서 아무런 할 수 있는 일이 없습니다. 몸을 지탱하게 하는 먹거리를 주어야 합니다. 삶의 주체는 몸입니다. 몸을 유지하는 것이 삶입니다. 몸이 없으면 삶은 없습니다. 얼도 몸과 더불어 있는 몸의 현상입니다. '얼이 빠졌다'고 하는 말을 흔히 얼이라는 실체가 몸이라는 실체를 벗어나 몸이 몸 노릇을 하지 못하게 된 것이라 여기기도 합니다. 그러나 그것도 몸이 있어 비로소 가능한 서술입니다.

이러한 주장이 천박하고 경솔하고 어리석은 인식에서 말미암은 거라는 판단과 질책이 무성합니다. 선택적 이원론의 구조 안에서 몸은 언제나 비하되어 마땅하다는 관성적 사고가 되살핌 없이 지고한 가치로 전승되었기 때문입니다. 종교가 그러한 주장을 합니다. 그런데 그러한 비판이 현실성을 발휘할 만큼 몸의 현존을 위한 조건들이 온전하다면 얼마나 좋겠습니까? 그러나 그것은 아직 실현되지 못한 꿈입니다. 몸의 현실이 오죽하면 그것을 부정하고 영(靈)을 향한 희구와 '그곳'에서의 누림을 일컫겠느냐는 생각을 하는 게 더 낫습니다. 마땅히 그래야 합니다. 그런데 이러한 '공감'을 구체화하기 위해서라도 우리는 몸으로 돌아와야 합니다. 우리는 "인간은 몸으로 사는 삶을 인식과 판단과 실천을 위한 준거로 삼아야 한다"라는 것을 발언하는 '용기'를 가져야 합니다.

그렇다면 신과 더불어 사는 삶도 몸으로, 몸에서, 몸의 현실에서, 몸짓으로 이뤄져야 합니다. 내 몸이 주인인 내 삶을 통해 신과 더불어 사는 삶이 구현되어야 합니다. 지금 여기에서요. 신의 뜻이 사랑이나 자비의 베풂이라면 지금 여기에서 나는 사랑과 자비를 몸으로 실현해야 하고, 신의 분노가 불의와 폭력 때문이라면 지금 여기에서 구체적인 몸짓으로 불의와 폭력을 행하지 않고 이를 막아야 합니다. 몸짓으로 구현되지 않은 '신과 더불어 사는 삶'이란 그것이 어떤 신비스러운 수사(修辭)로 기술된다고 할지라도 결국은 자기를 속이는 데 이릅니다.

편찮으신 어머님을 모시고 사는 소년이 있었습니다. 끼니가 어려웠습니다. 그 아이가 할 수 있는 것은 아무것도 없었습니다. 어느 날 돌아가신 아버님의 친구 한 분이 찾아왔습니다. 반가웠습니다. 소년은 그 어른이 훌륭한 학교를 나왔고, 높은 지위에 있었고, 넉넉한 삶을 살고 있으며, 많은 사람으로부터 존경받는 분이라는 것을 알고 있었습니다. 무언지 출구가 생길 것 같았습니다. 그 어른은 어머니를 따뜻하게 위로하고 소년을 다독거리며 격려해 주었습니다. 떠나면서 그 어른은 소년을 조용하게 불러 일렀습니다. "어머니께서 원기가 많이 떨어지셨다. 그러니 시장에 가서 씨암탉을 사서 삼을 넣고 푹 다려서 잡수시도록 해라. 꼭 그래야 한다!" 그러고는 떠났습니다. 소년은 갑자기 멍했습니다. 이 허망함을 배신감이라고 하기는 적절하지 않습니다. 그런 정서를 담뿍 담고 있기는 하지만요. 도움을 간절히 기대했던 것은 소년 쪽이니까요. 더구나 그 어른이 소년을 속인 것도 아닙니다. 그의 말은 하나도 그른 것이 없었습니다. 진정으로 사실을 밝혀 소년에게 조언한 거니까요. 그 어른은 이 소년의 허탈함에 책임질 아무런 행위도 하지 않았습니다. 그런데 그 소년의 친구가 있었습니다. 그의 말을 들은 친구가 그다음 날 새끼줄에 참새 열 마리쯤을 엮어 들고 왔습니다. "내가 고무줄 새총으로 어제 반나절 산에서 잡은 거야. 어머니한테 구워 드려. 다음 주말에 또 잡아 올게!"

사람들은 고상한 것은 이야기하면서도 그 고상한 덕목이 요청된 현실이 몸이라는 사실에는 무관심합니다. '몸의 현실'을 모르지 않으면서도 너무 고상해서요. 몸은 천박한 거니까요. 몸을 챙기는 것은 스스로 구질구질해진다고 여기는 거죠. 종교들은 대체로 그러합니다. 종교가 하는 이야기는 구구절절 '옳고', 우리가 '꿈꾸는 현실'을 담고 있습니다. 씨암탉을 잡아 달여 먹으라는 말이 진리이듯이 종교의 발언은 언제 어디서나 '진리'입니다 그것은 몸의 비참함을 벗어날 가능성을 보여 줍니다. 그래서 그 벗어남을 이루고 '영적인 삶'을 살아야 한다고 주장합니다.

하지만 영적인 삶을 누리는 것은 몸이어야지 영이 스스로 누리는 것은 아닙니다. 그 진리가 몸의 현실에 와 닿아 실제로 구현되지 않는 한, 그러한 누림은 누림이 아닙니다. 현실을 간과하는 비현실성 안에서만 가능한 자기 탐닉일 뿐입니다. 그것은 벗어남이 아닙니다. 더 깊은 환상에의 간힘이죠. 그럴수록 '세상'과는 점점 멀어지고요. 그러다 보면 문득 외로운데 그러한 쓸쓸함을 그는 자신의 드높은 영의 삶이 감당해야 하는 불가피한 희생이라 여깁니다. 그러면서도 현실에서의 몸의 잘 삶은 그러한 자신에게 베풀어지는 신의 축복이라 여깁니다. 영적인 삶의 누림은 이때 이런 모습으로 몸과 이어집니다. 그러나 이에 이르면 그 고상한 영의 삶은 건강하지 않습니다. 치유를 받아야 할 질병이죠. 스스로 들키지 않았다 할지 몰라도 의식의 파행 현상이 여느 사람들에게는 그대로 드러나니까요. 소년이 경험했던 것처럼요.

그러한 모습에 감탄하는 때도 없지 않습니다. 종교는 '씨암 탉의 진리'에 감격한 사람들의 공동체이기도 하니까요. 그러나 그러한 감격은 그것이 '참새 잡기'로 이어지지 않은 것인 한, 실은 겸허한 태도에서 말미암은 순수한 마음이랄 수 없습니다. 게으른 인식에 바탕을 둔 치사한 동조 이상일 수 없습니다. 이렇다는 사실도 이제는 '정직하게' 발언할 수 있어야 합니다. 그러고 보면 '영적인 삶'을 누리겠다는 몸의 절규처럼 비참한 몸의 현실은 없습니다. 그렇게 말하고 싶습니다.

그러나 몸은 스스로 몸에서 벗어나길 바랄 만큼 실은 불안한 실재입니다. 모자라고 넘치고, 변덕스럽고 간사합니다. 성한 데가 하나도 없습니다. '유한성'은 이 모든 것을 한꺼번에 담을 수 있는 몸의 속성을 드러내는 표징입니다. 그런데도 알 수 없는 것은 몸은 자신이 그렇다는 것을 알고 있다는 사실입니다. 몸은 그렇다는 것을 알리는 주체이기도 하고 이를 아는 주체이기도 합니다. 이 앎이 없었다면 '신 있음'도 없었을 겁니다. 신의 존재에 대한 희구나 주장이나 현실적인 승인도 모두 몸의 한계에 대한 인식에서 비롯한 거니까요.

나아가 몸은 스스로 자신을 다스려야 한다는 것도 압니다. 그래서 그렇게 합니다. '몸짓'이 일정한 자율성을 지니고 행동하도록 하는 거죠. 저절로 그리되도록 몸을 길들인다 해도 좋을지 모릅니다. 그리고 길들임은 반복을 통해 이뤄진다는 사실도 몸은 압니다. 신과 더불어 사는 삶은 신과의 만남을 되풀이하면서 몸을 길들여 신과 더불어 있게 해야 비로소 현실화합니다. 그것을 아는 거죠.

그런데 신과의 만남은 비일상적인 실재와의 만남입니다. 신은 같은 차원에 있지 않다고 전제된 존재이기 때문입니다. 다만 그 실재의 삶이 인간의 삶을 그대로 드러내 주고 있음을 발견하면서 인간은 자기 삶의 막힌 출구를 그 만남이 반영하는 '신의 간여'를 통해 마련하고자 하는 것이었습니다. 그러므로 신과의 만남을 통해 그와 더불어 살기를 의도하면서 몸을 길들이는 일은 '일상적인 일을 비일상적인 일과 만나게 하고, 그 비일상적인 일을 일상적인 일로 되풀이하게 하는 일'을 몸이 익숙하게 하도록 하는 일과 다르지 않습니다.

사람은 자신의 한계를 벗어나기 위한 몸부림을 이러저러한 몸짓으로 늘 해 왔습니다. 이를테면 '기술의 습득'이 그렇습니다. 그것은 어렵지만 되풀이하다 보면 쉬워지는 것, 그런 것입니다. 따라서 그것은 '문제의 풀림'과 다르지 않습니다. 숙련의 경지는 유한의 극복이나 마찬가지인 거죠. 인간은 일정한 몸짓을 되풀이하면서 삶이 뚫린다는 것, 유한 안에서나마 그 한계의 공간이 넓어진다는 것을 압니다.

흥미로운 것은 '되풀이'의 속성입니다. 그것은 지속이지만 '그저 이어지는 흐름'과는 다릅니다. '다시 시작하는 거'니까요. 시작은 끝을 전제합니다. 시작은 끝 다음입니다. 끝이 있어 시작은 비롯하고, 그렇게 시작된 처음은 끝에 이릅니다. 이렇기를 이어가는 것이 되풀이입니다. 단절을 점철한 지속인 거죠. 사람들은 마냥 흐르는 삶은 퇴색하고 쇠락하는 삶, 곧 소멸 지향적인 삶임을 알았습니다. 몸의 현실에서 이를 더없이 철저하게 경험한 거죠. 그래서 서둘러 끝내고 다시 시작해야겠다는 다짐을 합니다. 그것을 느낌이라 해도 좋고, 사색의 귀결이라 해도 좋습니다. 이런 터득이 일게 된 것은 밤과 낮, 그리고 계절의 순환 등 자연의 질서 안에서 사는 탓도 있을 겁니다. 처음과 끝을 절절히 겪으니까요. 사물의 낡음을 겪기 때문인지도 모릅니다. 색이 바래고 물건이 헐고, 그래서 다시 칠하고 버리고 새로 짓는 일은 일상이니까요. 태어남과 죽음의 경험이 이에서 비켜갈 수 없습니다. 생각조차 그렇습니다. 낡은 생각이 있고 새로운 생각이 있습니다. 그런데 이윽고 그 새 생각이 어느덧 낡은 생각이 됩니다. 지배 권력의 교체도 간과할 수 없습니다. 무릇 삶은 처음과 끝으로 구조화되어 있습니다. 그리고 이를 되풀이하는 것은 더 나아진다는 꿈을 여물게 하는 것이기도 합니다. 마침내 이러한 경험은 끝과 처음의 마디를 기다릴 것이 아니라 서둘러 그 마디를 짓겠다는 적극적인 몸짓을 추슬렀습니다. 문명의 발전은 이렇게 비롯했습니다. 그중에서도 시간의 마디를 짓는 일에서 이러한 몸짓이 지닌 '창조성'이 자못 두드러집니다. 이를테면 역(曆)의 출현이 그러합니다.

시간은 이어진 끝없는 흐름입니다. 그런데 어느 날을 기점으로 새해가 시작된다고 하고 한 해가 끝났다고 합니다. 날, 주, 달, 해로 이어지는 시간 단절의 계기들이 정연하게 갖춰져 있습니다. 우리는 이러한 역이 치밀한 천문학적 연구의 소산인 것을 압니다. 그것은 편의를 제공하는 과학적 지식의 성취임도 모르지 않습니다. 그러나 이보다 더 주목하고 싶은 것은 주기(週期)의 마디에서 이뤄지는 사람들의 몸짓입니다. 설날, 우리는 평소에 입지 않던 옷을 입습니다. 이를테면 색동옷이 그렇습니다. 여느 때 먹지 않던 음식을 먹습니다. 떡국은 본디 설음식입니다. 어른께 절을 합니다. 세배는 아무 날이나 하는 게 아닙니다. 돌아가신 어른들도 찾아뵙니다. 성묘나 차례가 그러합니다. 인사도 예사롭지 않은 덕담을 담습니다. 세뱃돈도 다른 날에는 없던 선물입니다. 표현이 어색하지만 설날에는 '여느 때 하지 않던 별난 짓을 한다'고 말해도 좋습니다. 이를 아예 '일상의 사건화'라고 하면 어떨는지요. 이를테면 어제 떴던 해가 오늘도 다시 떴는데 어제는 묵은해고 오늘은 새해입니다. 시간의 연속을 부정하고 단절하는 '난데없는 짓'을 하는 겁니다. 일상을 깨트리는 거죠. 그래서 그것은 '사건'일 수밖에 없습니다. 사람들은 이렇듯 '사건'을 일으키면서 그 계기에서 '별난 몸짓'을 하며 삽니다. 의례는 이렇게 출현합니다. 일상의 사건화가 다름 아닌 의례이고 예식인 거죠. 입학식이나 졸업식, 결혼식이나 장례식, 생일잔치나 기제(忌祭) 등이 그러하고, 일상에서 지내는 사소한 '기념일 지내기'가 모두 그러합니다. 그런데 그러한 사건은 긍정이든 부정이든 간에 이제까지의 삶의 결을 다르게 바꿔 놓습니다. 당하는 사건도 있고 짓는 사건도 있어 그 다름이 일컬어지기도 합니다. 하지만 어떤 계기가 단절과 연속의 마디를 지어 주기적으로 되풀이되면 이를 사는 현장에서는 '일상에서 흔하지 않은 다른 짓'을 하면서 살 수밖에 없게 된다는 데에는 아무런 차이가 없습니다.

'일상을 사건화하는 것'은 존재 양태를 바꾸기 위함입니다. 아무래도 이대로 이어가는 것은 무의미하다고 판단될 때, 꼭 부정적인 상황을 전제하지 않더라도, 이제부터는 더 성숙하거나 더 나아지기 위해서라는 판단이 설 때, 그리고 이제까지와는 다른 삶을 살아야겠다는 다짐이 자기 안에서 일든 자기가 속한 공동체에서 요청되든 그러한 계기가 마련되거나 직면하게 될 때 하는 일이기 때문입니다. '다른 사람'이 되고 싶은 거죠. 다른 삶을 살고 다른 의미를 지니고 다른 가치를 지으면서요. 옛날에는 어린이를 어른으로 만드는 성년 의례가 있었습니다. 이를테면 어린이를 부모에게서 떼어 놓고, 일정한 기간 몸의 고통과 더불어 새로운 앎을 터득하게 하고, 전혀 다른 자의식을 지닌 어른이 되어 집으로 돌아가게 하는 '분리-비일상적인 기간-회귀'의 절차를 축으로 문화권에 따라 다양한 형태로 이뤄졌습니다. 이제는 성년 의례에서 옛날의 의식이 지녔던 소박한 단순성이 다 사라졌습니다. 하지만 학교에 입학하거나 직장에 들어가거나 군대에 입대하는 일 등의 형태로 성년 의례는 여전히 이어지고 있습니다. 절박한 필요라고 여기기 때문입니다.

눈여겨보아야 할 것은 이 구조에서 드러나는 분리와 회귀의 사이, 곧 '역(閾)의 영역'입니다. 이 방에서 나가는 문지방을 넘었는데 다음 방에 들어서는 문지방은 아직 넘지 못한 '문지방과 문지방의 사이'를 그렇게 일컫습니다. 그곳 그때는 어린이로도 어른으로도 살지 않습니다. 극도로 정체성이 흔들리는 때 또는 기간입니다. '비일상적인 시공'이죠. 어린이의 공간도 어른의 공간도 아니니까요. 거기서 경험하는 것은 바로 그 '비일상성'입니다. 어떤 정체성도 자기의 것이 아님을 절감하니까요. 그런데 실은 그러한 '위기'와의 만남을 의도하는 것이 바로 의례의 목적입니다. 새로운 정체성을 확립하게 하도록 하는 거죠. 분리와 회귀는 그것을 위한 비롯함과 마침의 계기이고요. 기존의 일상을 떠나 새로운 일상으로 돌아가는 겁니다. 그리고 그것을 굳이 마련하는 것은 어린이가 어른이 되기 위한 것, 곧 존재 양태의 변화를 기하기 위한 것입니다.

사람의 한살이를 살펴보면 이는 성년 의례에서 끝나지 않습니다. 결혼이 그러합니다. 혼자 살던 '내'가 나 아닌 타자와 더불어 '다른 나'를 이루는 삶이 펼쳐져야 합니다. 쉬운 일이 아닙니다. 홀로 살 때의 자아와 둘이 함께 이룬 자아는 같지 않으니까요. 생활의 불편함에서부터 의식의 혼란에 이르는 갖은 어려움을 겪어야 합니다. 혼례는 이를 겪으며 다른 자아를 가지게 하는 비일상적인 시공입니다. 일상의 편의와는 아무런 상관도 없는 화려한 드레스와 꽃과 잔치로 이루어진 결혼 의례는 비일상성의 전형입니다. 한껏 다른 짓을 하는 거죠. 결혼 전의 자아와 결혼 후의 자아의 다름을 구현하는 일은 이러한 의례를 통해 의도되고 실천됩니다. 어버이가 되는 경험이 이어집니다. 부모를 잃는 경험이 이어지고요. 그리고 반려자의 죽음과 내 죽음이 이에 따르죠. 그 사이에서 사람들은 끊임없이 되풀이하는 의례의 구조를 드나듭니다. 비일상성과의 만남을 통해 자신을 다듬습니다. 그렇게 하지 않으면 삶이 망가진다는 것을 아니까요. 사람들은 살아가면서 이러한 '통과의례'를 겪습니다. 몸으로요. 사람들은 삶은 이런 거라는 것을 익히 알았습니다.

이런 경험에서 말미암는 당연한 인식이라 할 수 있겠는데, '신이 있다'는 맥락에서 이를 살펴보면 우리는 신과 더불어 산다는 일이 어떻게 구현되는지를 쉽게 알 수 있습니다. 다른 게 아닙니다. 일상을 사건화하면서 그 사건 속에서 신을 만나 더불어 사는 게 그겁니다. 일상을 사건화하면 의례의 공간이 확보됩니다. 그리고 우리가 살폈듯이 그 공간은 비일상적인 시공을 마련합니다. 비일상적인 실재와의 만남을 현실화해 주는 거죠. 신과의 만남, 신과 더불어 사는 일이 구체화되는 겁니다. 그러므로 신과 더불어 산다는 것은 신과의 만남 '이전의 나'가 신과의 만남 '이후의 나'로 변화하는 경험을 하는 겁니다. 끊임없이 일상을 비일상화하는 의례를 수행하면서 그 변화를 살아가는 겁니다. 더 나아진 삶을 확인하는 몸짓이 곧 의례의 수행이라고 해도 좋습니다.

  좀 더 현실적으로 묘사한다면 이렇게 말할 수 있습니다. 일 상의 단절을 감행하는 것은 시간을 단절하는 것이기도 합니다. 더 나아가 시간을 역류하는 것이기도 하고요. '새로 지음'은 그 렇게 이뤄집니다. 내 공동체의 울을 깨트리는 것이기도 합니다. 나와 너의 벽을 무너뜨리는 것이기도 하고요. 더 근원적으로는 철저하게 자기를 부정하는 것이기도 합니다. 그것은 모두 지극 한 아픔을 수반합니다. 쉽고 편했던 일상을 지우는 일이니까요. 그러나 그 일상은 자기의 벽이기도 한 것이었습니다. 자기 유 한성이 구체화되어 자기를 질식시키기도 하던 거였죠. 그러나 그것을 거친 다음 자기 앞에 펼쳐질 새로운 가능성이나 현실에 의 기대가 그러한 감행을 충동합니다. 결과는 든든합니다. 그렇 다는 것을 인간은 몸으로 거듭 겪기 때문입니다.

  이러한 경험이 '신 있음'의 맥락에서는 예불로, 예배로, 미사 등으로 표출됩니다. 직접적으로 말한다면 신과 더불어 사는 삶 이란 다른 게 아닙니다. 예배에 참석하는 거고, 예불하는 일이 며, 미사를 보는 일 등으로 구체화됩니다. 이 모든 것은 몸이 하 는 일입니다. 몸을 움직여 오가야 합니다. 의례에서도 몸을 굴 신해야 합니다. 의례를 거절하거나 부정할 수도 있습니다. 공 동체에 참여하지 않아도 '되삶의 경험'은 얼마든지 이룰 수 있다고 주장할 수도 있습니다. 불가능한 것은 아닙니다. 종교 공동체의 일원이 되지 않으면서도 우리는 얼마든지 '신 있음'을 살아갈 수 있습니다. 굳이 종교적이지 않아도 신의 있음을 의식하는 몸짓의 구현은 불가능하지 않습니다. 의례 구조는 실은 삶의 일상이기도 하니까요. 그러나 그렇다 할지라도 그것이 몸을 부정하는 것일 수는 없습니다. 몸 없으면 아무것도 있을 수 없으니까요. 게다가 몸을 통한 되풀이가 낳은 익숙함보다 더 편하게 우리의 의도, 곧 되삶의 지향이 실현되는 경우는 드뭅니다. 이 효율성을 또한 간과할 수 없습니다. 이도 우리가 몸이라는 현실에서부터 말미암는 터득입니다.

'사건의 일상화'가 가지는 함정도 없지 않습니다. 오히려 이것이 더 유념해야 할 일이지 않나 하는 생각도 듭니다. 일상의 단절에서 회귀에 이른 '역(閾)의 시공'이 일상을 단절하는 아픔이라 했지만 그것은 동시에 일상이 담고 있는 이러저러한 아픔에서의 탈출이 수반한 아픔이기도 합니다. 그래서 역설적으로 이전의 아픔보다 편한 아픔일 수도 있고, 아예 거기 머물고 싶은 희구조차 지니게 합니다. 되돌아옴을 기피하고 싶은 거죠. 되돌아가야 하는 공간이 이전과는 다른 새로운 공간이라 할지라도 이전의 힘든 경험이 새 공간에의 공포를 불식하지 못하는 거죠. 실제로 그런 경우를 얼마든지 볼 수 있습니다. "나는 신과 더불어 거기 머물겠다!"라는 간절함이 드러내는 삶이 그러합니다. '사건 속에서의 안주'를 희구하는 몸짓이라고 할 수도 있습니다.

이렇게 되는 것은 그 주체가 성숙하지 못함이 까닭일 수도 있고, 그가 속한 공동체의 풍토에서 받는 영향 탓일 수도 있습니다. 그러나 무엇보다 중요한 것은 '신 있음'의 시공에서의 삶을 일컫는 묘사가 한결같이 '유혹적'이기 때문입니다. 그곳은 아름답고 정일(靜逸)하고, 위로와 평안함이 넘치고, 생각이 번거롭지도 않고 얽힌 일도 없으며, 방해하는 거추장스러운 것이 없는 무애(無碍)하고 자유로운 곳이라는 묘사가 그렇습니다. 그래서 예배나 미사나 예불의 시공에서 벗어나지 않으려 합니다. 그런데 그러한 희구는 곧 몸의 현실 때문에 삐거덕거립니다. 직장도, 가정도 간과해야 하는 필연에 봉착하는데 이는 '그곳에서의 안주'를 불가능하게 합니다. 몸은 현실로 되돌아와야 합니다. 신과 더불어 사는 삶은 몸의 현실에서 이뤄져야 하지 몸을 간과한 채 '신 있음'을 누리는 것이 아닙니다. 그런 삶이 가능하다 해도 그것은 무의미합니다. 그것은 존재 양태의 변화가 일상으로부터의 벗어남의 본디 의도였다는 사실이 실은 현실에서 도피하고 싶은 자기를 은폐한 거짓된 동기였다는 것을 드러내는 것과 다르지 않으니까요. 달리 표현한다면 그것은 측은한 퇴행입니다. 이를테면 영화관에 들어가 일상을 잊고 다른 현실과 부닥치면서 우리는 나를 되살피는 아프고도 뿌듯한 경험을 합니다. 그리고 우리는 이전보다 성숙한 자아를 지니고 영화관을 나서면서 새로운 눈으로 세상과 만나 이전과는 다른 사유나 인식이나 판단을 하곤 합니다. 이전과는 다른 '나'가 되어 다른 삶을 사는 거죠. 그런데 '영화관 안에서의 삶이 흐뭇하니 나는 여기서 밖으로 나가지 않겠다'고 한다면 이 사태를 어떻게 읽어야 할는지요. 그런 관객을 건강하다고 판단할 사람은 없습니다. 그런데 이러한 일이 '신 있음'의 맥락에서 실제로 확인됩니다. 참 많은 경우에요. '신 있음'을 살아가는 이런 모습은 극장 관객과 다르게 이해해야 하는 걸까요? 고상해서요?

신과 더불어 사는 것을 '일상을 사건화'하는 삶이라고 말했습니다. 그런데 이와 연결하여 앞에서 든 예의 사태를 읽어 보면 이는 '사건을 일상화'하지 못한 데서 말미암은 현상이지 않은가 하는 진단을 해 보게 됩니다. 신과 더불어 사는 삶은 일상을 벗어난 시공에서의 경험을 그대로 안고 이를 일상에서 드러내야 비로소 완성되는 것인데 이를 이루지 못한 거니까요. '일상을 사건화'하고 이를 다시 '사건을 일상화'하는 데 이르게 해야 하는 건데요. 문제는 '왜 이를 실현하지 못할까?' 하는 겁니다.

이러한 사태에 대한 논의는 적지 않습니다. 그러한 일을 기술하는 데서부터 문제의 추출, 그리고 그러한 제기된 문제에 대한 해법에 이르기까지 그간 종교에서 논의된 자료들은 가득합니다. 이러한 사태는 어제오늘 직면한 일이 아닐뿐더러 실은 신도가 신도답지 못하게 되는 염려스러운 문제니까요. 충분한 닦음을 행하지 못해 절대적인 깨달음에 이르지 못한 탓이라든지, 신의 은총 여부에 달린 문제여서 인간은 다만 순종해야 할 뿐인데 자기 몫이 아직도 있다고 판단하는 오만 탓이라든지, 상황적 조건을 극복하지 못하는 근원적인 인간성의 한계 때문이라든지, 조화로운 출구를 마련하는 것은 그것을 꿈꾸는 것만으로도 의미가 있다는 자기 위로 덕분이라든지 하는 것들이 그러합니다.

그런데 만약 몸의 현실을 준거로 하면 어떤 해답이 가능할는지요. 신과 더불어 살려는 희구가 몸의 현실에서 비롯한 것이고, 그래서 그 희구의 실현은 어떤 과정을 지나든 몸으로 회귀해야 한다는 것을 준거로 하면요. '일상의 사건화'도 몸의 현실에서 비롯한 몸짓이고, '사건의 일상화'도 그렇게 기술할 수 있다면 어쩌면 우리는 공허한 사색이나 관념적인 실체나 정연한 논리를 간과하지 않으면서도 현실에서 일탈하지 않는 해답을 모색할 수는 있을는지도 모릅니다.

'되풀이로 이어진 몸짓의 익힘'이 다시 유념해야 할 것으로 떠오르는 것은 바로 이러한 계기에서입니다. 익숙해진 몸짓이 짓는 행위가 결국 무감각한 기계적 반복으로 이어지면서 실은 가장 의미 없는 행위가 되는 것 아니냐는 반론은 충분한 논거를 가집니다. 그러나 영화관에 들어가는 것도 몸이고, 그곳에서 나와 현실을 직면하는 것도 몸입니다. 성당의 드나듦도 다르지 않습니다. 몸의 현실에서의 분리와 회귀가 몸짓으로 구현된다는 사실이 현실인 한 그 몸짓의 되풀이가 관성적인 버릇의 늪에 빠진다고 하더라도 몸을 부정한 이른바 얼의 차원에서의 신비스러운 후광을 안고 일컬어지는 존재 양태의 서술보다 관성화된 몸의 현실을 이야기하는 것이 더 정직할 수 있지 않을까 하는 생각을 하게 됩니다. 성당에 들어오는 사람들에게 "먹고 사느라고 얼마나 고생이 많았냐?" 물어야 하고, 거기의 평온이 좋아 나가기 싫어하는 사람들에게 "먹고 살려면 당당히 나가 열심히 살아야 한다!"라고 이야기해야 그게 정직한 것 아니냐는 거죠. 그러나 많은 경우, 머물고 싶은 사람의 희구는 돈독한 신앙으로 기려지고, 그렇지 않은 사람들은 몸을 탐하는 게 걸스러운 사람으로 여겨집니다. 부정직한 것 아닌지요. 신과 더

148

불어 사는 삶은 몸을 떠나 영의 삶을 사는 게 아닙니다. 의례는 그런 게 아닙니다. 영의 삶을 살기 위해 몸의 삶을 지우거나 배제하는 것도 아닙니다. 의례는 그런 것도 아닙니다. 의례는 집전하고, 이에 참여하고, 이에서 비롯하는 터득이나 의미나 가치를 몸으로 사는 일입니다. 몸 없이 인간은 없습니다. 인간 없이 신도 없고요.

이러한 자리에서 보면 신과 더불어 사는 삶은 의례를 사는 것만으로 한정되지 않는다는 사실도 아울러 확인할 수 있습니다. 당연히 지나친 생각이라 하겠지만 교회에 가서 예배를 보지 않아도, 성당에 가서 미사를 드리지 않아도, 절에 가서 예불을 드리지 않아도 되는 겁니다. 몸이 있는 자리는 언제나 의례의 현장이 되기 때문입니다. 얼이나 넋만 있다면 그런 자리는 의례의 현장이 되지 못합니다. 몸을 지닌 구체적인 참사자(參祀者)가 없으니까요. 몸을 가진 인간은 언제나 어디서나 신을 모실 수 있습니다. 신과 더불어 살 수 있는 거죠. 더 이어 말한다면 언제 어디서나 신과 더불어 자신의 존재 양태를 바꿀 수 있기 때문입니다. 그런 삶을 살아가도록 스스로 자기를 '길들인 몸'이게 할 수 있으니까요. 인간이 없으면, 몸을 지닌 실재인 인간이 없으면, 신은 제장(祭場)에 이르러 거기 머물 수 없습니다.

홀로 더불어 사는 삶이란 말이 안 됩니다. 인간과 더불어 비로소 신은 그러한 삶을 삽니다.

신과 더불어 사는 것은 붕 떠서 하늘 위에서 노니는 것이 아닙니다. 점잖게 '씨암탉 이야기'를 하고는 "나는 진리를 가르쳐 주었다"라며 스스로 대견해 하면서 훌쩍 그 현장을 떠나는 게 아닙니다. 몸으로, 몸의 현실 안에서, '참새 잡기'를 하며 몸을 살리는 겁니다. 의례는 그것이 실현되는 몸짓의 현장입니다. 신과 더불어 사는 현장이죠.

✦ 여섯 번째 이야기 ✦

신은 우리를 사랑한다?

———————

"모르겠어요. 아무것도 모르겠어요.
신이 있는지도, 내가 왜 사는지도⋯."

어쩌면 인간이 있어 신이 있고, 인간이 있어 종교도 있고, 인간이 있어 신이 사람다움도 지니게 되고, 인간이 있어 신의 이야기도 듣게 되고, 인간이 있어 신과 더불어 사는 삶도 현실이게 되는 것 아닌가 하는 이야기를 이제까지 해 왔습니다. 게다가 몸인 인간이 없다면 신도 없을 거라는 데 이르기조차 했습니다.

　'신 있음'의 맥락에서 보면 이러한 생각들은 불손하고 무엄하고 무지하고 천박합니다. 신이 있어 비로소 인간은 존재하게 된 것이라는 '진리'에 반하는 주장이니까요. 그래서 그러한 주장을 하는 것은 마치 '자기가 만들어 놓은 어떤 것을 신이라 하고, 이를 통해 자기 문제를 풀려는' 어리석은 짓이어서 결국 자기기만에 빠진다고 측은해하기도 합니다. 이를 계몽하거나 교정하려는 노력도 늘 있었습니다. 심지어 이를 박멸해야 한다는 '의로운' 동기에서 힘의 구사도 마다하지 않는 일들이 벌어지기도 합니다.

하지만 달리 보면 이러한 주장은 '인간은 신의 있음을 상정할 만큼 성숙한 존재'임을 뜻하는 것이기도 합니다. '유한'을 넘어서지 않으면 안 되겠다는 절박함을 그렇게 하여 극복하는 모습을 보여 주는 것이기도 하니까요. 그러니까 그러한 태도는 모자란 인간의 건방진 태도가 아니라 '자기를 알고 자기를 온전하게 하려는' 괜찮은 인간의 겸손한 태도이기도 합니다. 일컬어 '세계종교'라는 세련된 모습에서부터 돌이나 나무 앞에서 몸을 조아리는 다듬어지지 않은 거친 모습에 이르기까지 신은, 또는 종교는, 제각기 자기가 처해 있는 실존적인 상황에 상응하는 모습으로, 또 더 넓게는 당해 역사-문화적 맥락을 그대로 반영하는 모습으로, 그러니까 인간의 삶을 총체적으로 아우르는 '문화'로, 언제 어디서나 그렇게 있었습니다. 신이 지금 여기를 넘어서는 '다름의 차원'에 실재하는 것으로 발언되고 기술된다고 할지라도 이를 사람들이 빚은 현상임을 지울 수 없는 까닭은 이런 데서 말미암습니다.

그런데 이러한 논의는 진지하지만 자칫 현실성을 놓칠 수 있습니다. 이렇다든지 저렇다든지 하면서 확연하게 끝에 이를 수 있는 물음이 아니기 때문입니다. '신 있음'은 '논리'보다 앞선 '경험'에 더 크게 의존하니까요. 이번 주제도 그렇게 다가가고 싶습니다. 신의 자리에서가 아니라 사람은 신을 어떻게 경험하느냐 하는 자리에서 '신은 우리를 사랑한다?'는 주제를 다뤄 보고 싶은 겁니다.

부러운 것이 있습니다. '신 있음'의 삶을 살아가는 사람들을 볼 때요. 살아가면서 우리는 어찌해야 할지 모르는 당혹스러움을 겪습니다. 부닥치는 삶의 마디들이 굽이쳐 요동칠 때면 정신을 차릴 수 없습니다. 그런데 일상의 조건들을 보면 도저히 웃을 수 없는데 늘 잔잔한 미소를 잃지 않는 사람이 있습니다. 성품이 그래서 그럴 수도 있습니다. 그러나 그의 말을 들으면 그렇지 않습니다. 무척 견디기 힘들었던 경험을 말하면서 그는 '신이 있다'는 사실을 승인하고부터 자기 삶의 태도가 달라졌다고 하니까요. 한두 사람이 그렇게 말하는 게 아닙니다. 그가 지칭하는 신이 어떤 신이냐 하는 것은 상관이 없습니다. 앞에서 언급한 것처럼 거룩한 신일 수도 있고, 나무나 돌일 수도 있습니다. 그런데 그들의 고백은 대체로 일치합니다. '신 있음'을 승인하고 수용한 이후로 자기는 만족스럽고 느긋한 삶을 펼칠 수 있었다고 말합니다. 그게 부럽습니다. 일상에서 얻지 못하는 평안함, 너그러움, 따듯함, 그리고 다른 사람들에게 베푸는 넉넉한 마음을 누리는 모습이요. 분명히 신은 인간을 사랑한다고 말해도 좋습니다. 사람들은 신을 통해 행복을 누리니까요. 사랑받은 사람만이 할 수 있는 모습을 보여 주니까요.

그런데 제가 사시(斜視)를 지닌 탓인지요. 그렇지는 않은데 '신은 우리를 사랑한다!'에서 멈출 수 없는 다른 사태들이 보입니다. 그래서 이 장의 주제도 '신은 우리를 사랑한다?'로 잡았습니다. 다른 게 아닙니다. 사람이 겪는 이러저러한 어려움은 '신은 우리를 사랑한다!'는 고백이 이뤄진 뒤에도 사라지질 않습니다. 누구나 알 듯 사랑은 순하게 이어져야 합니다. 끊기고 얽히고 뒤틀리는 게 사랑은 아닙니다. 그렇게 일그러질 수밖에 없다고 판단되는데도 바로 이를 넘어서는 것이 사랑입니다. 그런데 그렇다는 사랑이 바로 그러하다는 것을 회의하지 않으면 안 될 때가 없지 않습니다. 사랑에 대한 신뢰가 깊고 짙은 경우에 이러한 불안이 솟으면 그 당혹은 어떤 것으로도 잘 다스려지질 않을 만큼 큽니다. 사랑이 흔들리는 것이 아니라 사랑받고 있다고 믿었던 자신이 바탕에서부터 흔들리니까요.

"하느님도 무심하지!" 하는 탄식은 예사로운 게 아닙니다. 그것은 좀 과장하면 절망이 극에 달했을 때 발언됩니다. "신은 귀도 없고 눈도 없고 입도 없나?"라든지 "하느님은 도대체 어디 숨어 있는 거야?" 하는 것은 그래도 아직 힐문(詰問)의 수준입니다. "신이 있는데 어떻게 이런 일이 내게 일어날 수 있는 거야?" 하는 물음은 뼈저린 절규입니다. 그러다 "도대체 신이 정말 있는 거야?"라는 데 이르면 그것은 신에 대한 분노이기조차합니다. 유념할 것은 이러한 발언들이 '신 있음'의 자리에 서 있는 사람들에게서 드러난다는 사실입니다. 지속되지 않는 신의 사랑에 대한 증언이라고 해도 좋습니다. 그리고 또 하나 유념할 것은 이런 물음이 공연한 투정이 아니라는 사실입니다. 구체적이고 분명한 현실이니까요.

대학에 다닐 때 참 좋아한 선배가 있었습니다. 지금 생각해도 그 나이에 어쩌면 그리 성숙할 수 있었을까 하는 생각이 들만큼 그는 '익은' 사람이었습니다. 어느 날 그 선배가 저를 불렀습니다. 약속한 장소에 갔을 때 선배는 저도 얼굴이 익은 여학생과 함께 있었습니다. 선배의 여자 친구인 줄은 몰랐습니다. 우리는 참 많은 이야기를 나눴습니다. 당연히 꿈의 이야기였습니다. 어떻게 살고 싶다느니 무엇을 하고 싶다느니 하는 이야기들이었죠. 헤어지면서 선배는 저에게 부탁했습니다. "다음 만날 때는 네 여자 친구도 함께 와야 한다." 저는 여자 친구가 없었지만 반드시 그래야 할 것 같았습니다. 그 모임이 행복했으니까요. 그 이튿날 저녁에 저는 선배의 죽음 소식을 들었습니다. 아침에 일어난 교통사고였습니다. 장례식에서 소복을 하고 흰 꽃을 든 선배의 여자 친구가 조객들 뒷전에 숨듯이 서 있는 걸 보았습니다. 저는 저도 모르게 옛날 한 많은 할머니가 하던 탄식이 저절로 나왔습니다. "하느님도 참 무심하시지!"

삶은 예측할 수 없습니다. 누구나 그렇습니다. 상상할 수 없는 일은 언제나 일어납니다. 물론 긍정적인 일도 그렇게 일어나지만 부정적인 일도 그렇게 일어납니다. 행복한 일일 때는 신이 늘 그 자리에서 웃고 있습니다. 그러나 그것이 불행한 것일 때 우리는 그 현장에서 행방이 묘연한 신, 불러도 응답하지 않는 신, 그래서 마침내 '사라진 신'을 경험합니다. 나와 더불어 울고 있는 신이거나 나와 공감하며 화를 내는 신이 있다면 그나마 내 찢어지고 깨진 삶이 작은 위로라도 받겠는데 아예 신의 현존이 무산된 현실만을 경험합니다. 선배의 여자 친구가 그랬습니다. 교회에 열심이었던 그의 발언은 이랬습니다. "모르겠어요. 아무것도 모르겠어요. 신이 있는지도, 내가 왜 사는지도⋯." 그에게 신은 '해답'이었는데 바로 그 신이 '문제'가 된 거죠. 신이 있다고 믿은 것이 문제가 된 것이라고 해야 할는지요.

전쟁을 겪었습니다. 전쟁은 이를 설명하는 논리가 있습니다. 그래서 전쟁이 불가피하다는 당위가 제시됩니다. 정의가 일컬어지고, 승리도 구가(謳歌)됩니다. 희생자가 기려지고 영웅이 숭앙됩니다. 패배는 불의의 필연적인 귀결로 심판되고, 책임은 모두 적에게 전가됩니다. 이념은 이 모든 것을 관장하는 진리가 됩니다. 그러나 전장(戰場)은 다릅니다. 전장은 살육의 장입니다. 죽지 않기 위해서는 죽여야 하는 것이 그곳의 현실입니다. 규범이고 도덕이라고 해도 좋을지 모릅니다. 개인적으로 아무런 원한도 미움도 없는데, 한 번도 만난 적도 없는 사람인데, 그를 죽여야 자기가 삽니다. 남녀노소의 구분도 당연히 없습니다. 대량 학살은 아예 효과적인 전쟁 수행 방법입니다. 무고(無辜)한 죽음이 범람합니다. 지금 이 글을 쓰면서 우크라이나 사태를 보고 듣고 있는데 6.25의 경험과 겹쳐 환청인 듯 포 소리가 들립니다. 그 소리가 조금씩 가까워질 때의 점증하던 공포가 새삼 지금 여기에서 온몸을 휘감습니다. 그런데 신은 아무런 발언도 하지 않았습니다. 그때 전장의 현장에서도 그러했고, 지금 저곳에서의 전장에서도 그럴 겁니다. 살육의 현장에서 들리는 신의 소리는 없습니다. "신은 참으로 편한 존재다. 자기가 필요하면 등장하고 간섭하면서 사람이 신이 필요한 현장에는 도무지 나타나지를 않으니!" 하는 것은 사사로운 이야기가 아닙니다. 그때 그 현장을 경험한 사람이면 거의 느꼈을 절대자에 대한 분노를 일반화한 겁니다.

전쟁만이 아닙니다. 자연재해도 다르지 않습니다. 지진이나 화산의 폭발, 심한 가뭄이나 장마를 인간은 견뎌낼 수가 없습니다. 산불이 나고 하천이 범람해도 속수무책입니다. 초등학교 4학년 때 제가 살던 지역에서 큰물이 났습니다. 차오른 냇물에 둑이 무너지면서 떠내려가는 송아지를 잡으러 부자가 매달렸는데 송아지도 건졌고 아버지도 괜찮았는데 제 친구인 아들은 물에 휩쓸렸습니다. 사흘 뒤에 겨우 시신을 수습했습니다. 담임선생님은 다음 날 교실에서 그 친구의 자리에 그가 제출했던 국어 숙제 공책을 펴 놓고 우리에게 그 친구에 대해 묵념을 하자고 했습니다. 우리는 그의 빈자리와 공책을 보면서 모두 소리 내 울었습니다. 그 절망적인 현장에도 신은 없었습니다. 있었다면 일어난 사태가 그리도 참담할 수가 없었어야 합니다. 신이 있다고 믿고 사는 사람들에게는 더욱 그러합니다.

신의 침묵에 대한 설명이 없지 않습니다. 참으로 역설적이지만, 그리고 말도 안 되는 논리지만, "신의 침묵을 설명하기 위해 인간은 신이 있다는 주장을 해야만 했는지도 모른다"라고 해야 할 만큼 그 설명은 음조도 높고, 음량도 많고, 가락도 여럿입니다. 두드러진 우선하는 설명은 신의 침묵을 항변하기 전에 자신의 모자람과 못됨과 그릇됨을 먼저 살피라는 것입니다. 소박하게 말하면 이렇습니다. "잘못한 것은 자신이면서 무슨 염치로 감히 신에게 그 잘못의 결과로 벌어진 사태를 위로받고 싶어 하는 거야?" 하는 거죠. '무고한 죽음'이라든지 '까닭 없는 죽음'이라든지 할 때의 '무고함'이나 '까닭 없음'이 과연 현실성을 지니는가 하는 반문이죠. 더구나 서로 엮여 사는 공동체에서요. 신이 왜 침묵하는가 하는 데 대한 직접적인 설명은 아니어도 이러한 되물음은 우리가 지녔던 신에 대한 원망(怨望)을 되살피게 하는 충분한 자극입니다. 우리가 자신에게 정직하다면 이 물음에서 달아날 길이 없으니까요. 자연재해에 대한 환경론자의 주장도 같은 음조를 지닙니다.

그런데 이어지는 더 적극적인 설명이 있습니다. 신은 침묵하고 있는 게 아니라 실은 어마어마한 발언을 하는 건데 그것을 못 알아듣고 나름 자기 위주로 항변을 하고 있다는 설명이 그것입니다. 벌어지는 현상 자체가 신의 발언이라는 거죠. 이를테면 사고도, 전쟁도, 자연재해도 그것이 바로 신의 발언이라는 겁니다. 인간의 삶이 더 두고 볼 수 없을 만큼 더러워지고 낡고 황폐하게 되었는데 이를 보고 눈을 감고 있을 신은 없다는 거죠. 마침내 신은 세상을 새로 지어내지 않으면 안 되겠다는 다짐을 하고 이를 정화하려고 행동했다고 말합니다. 인간이 불가사의한 것으로, 절망적인 것으로 겪는 모든 이른바 '불행'은 그렇게 읽어야 한다는 거죠. 인간이 수용해야 할 마땅한 응징이고 징벌인 것이 다름 아닌 이른바 작은 사고에서부터 전쟁이나 자연재해에 이르는 재앙의 참모습이라는 겁니다. 새로운 주장이 아닙니다. 이미 익숙한 설명입니다. 물이나 불에 의한 세상의 소멸과 재생은 늘 듣는 이야기이기도 합니다. 이러저러한 문화권의 여러 지역 신화에서는 물론이고 제가 자란 작은 읍지(邑誌)에도 그런 이야기가 있습니다. 이에 이어 죽음 이후의 천당과 지옥의 '보상'이 마련되어 있다는 주장도 이 범주에 담을 수 있습니다. 그러고 보면 재앙은 신의 의로움의 표징이라는 설명은 인간의 불행과 고통에 대한 거의 '고전적인 정답'이기도 합니다.

하지만 이를테면 전장의 상흔이 타다 남은 부지깽이처럼 내 한쪽 삶을 아직 불태우고 있는 현장에서 이러한 설명이 발언될 때 거기에서 혈육을 잃은 사람들의 아픔이 얼마나 고통스럽게 일그러질까를 생각해 보았는지요. 홍수에 자식을 잃은 어버이도 다르지 않고요. 휴전되고 학교들이 다시 서울에서 개학할 즈음 이러한 설명을 강의실에서 교수에게서 들었습니다. 저명한, 그리고 근엄하고 독실한 신앙을 지닌 분으로 알려진 그 교수의 발언은 이랬습니다. "신은 6.25를 통해 우리나라를 싹 한 번 청소하신 거야. 쓰레기를 치운 거지. 남겨 놓을 사람들은 남겨 놓고. 중요한 것은 살아남은 자의 윤리야. 새 세상을 지을 책무를 받은 선택된 자들이니까!" 그의 발언은 거칠었지만 직설적이었습니다. 자신의 생존에 대한 진정한 감사와 살아남은 자의 의무를 절감(切感)하는 감동적이고 정직한 것이었습니다. 그 것은 그 이야기를 듣는 많은 사람에게도 그렇게 전해졌습니다. 하지만 그 자리에 있던 한 친구, 전장의 소용돌이에서 부친의 시신도 찾지 못한 그 친구의 아픔은 그 감동에 끼어들 틈이 없었습니다. 그에게는 그 발언이 자기의 불행이 마땅한 저주라고 하는 이야기와 다르지 않았습니다. 그러니 그 설명은 상처에 상처를 덧입히는 폭력이나 다름없는 거죠. 아니, 죽은 자가 들었다면 어땠을까요?

무고한 죽음만을 이야기하지 말고 그 일에 포함된 절대자의 의도를 헤아리라는 권고라고 생각할 수 있습니다. 어쩌면 '신비'라고 해야 겨우 수용될 신의 어떤 깊은 의도가 거기 불가사의한 불행에 담겨 있을지도 모른다는 생각을 해야 한다는 거겠죠. "마땅히 그래야 한다!"라는 당위적인 권고라고 해도 좋습니다. 옳은 말입니다. '신 있음'의 삶에서는 더욱 그러합니다. 하지만 당위는 이상(理想)이지 현실은 아닙니다. 희구하고 추구할 수는 있지만 실현되지는 않습니다. 그래도 그렇게 있어야 하는 게 당위입니다. 나아갈 곳을 지향할 수 있게 해 주니까요. 그렇지만 지금 여기에서 이런 당위를 전제하고 무고한 죽음을 신의 의도에 담아 정당화하는 것은, 그래서 무고한 죽음은 없다고 애써 주장하는 것은, 어쩌면 어리석은 '과불(過拂)'은 아닐는지요. 그저 일상을 살아가는 사람에게는 감당하기 힘든 '사치'는 아닐까 하는 거죠.

징계, 징벌, 심판, 보상 등으로 개념화한 이러한 '설명'은 언제나 있었습니다. 그럴 수밖에 없습니다. 재난이라고 해도 좋고 고통이라고 해도 좋은 사태는 삶에서 멎은 적이 없으니까요. 그러나 그것은 언제나 인간이 누리는 즐거움, 평온함, 넉넉함, 따듯함의 삶과 더불어 있는 것이기도 했습니다. '신 있음'의 자리에서의 언어로 바꿔 말한다면 신의 축복과 신의 질책은 분리된 적이 없습니다. 어쩌면 징계는 오히려 위로나 사랑의 한 측면으로 언제나 우리와 더불어 있는 건지도 모릅니다. 실상 삶의 현실은 이러지도 저러지도 못한 채, 옳다고도 그르다고도 하지 못한 채, 사랑을 받는 것 같은데 속이 터질 것 같은 아픔도 있고, 막 뛰쳐나가고 싶은데 머물러야 할 것 같은 그런 정황에서 흘러갑니다. 그러니 이러한 삶의 맥락에서 '신 있음'을 전제한 삶이 고이 흐르기만 할 수 없는 건 또 하나의 분명한 사실입니다. 그러므로 '신은 우리를 사랑한다!'고 믿고 살지만 이와 아울러 "신은 우리를 사랑한다?"라고 묻지 않고는 살아갈 수가 없는 거죠.

그렇다면 신이 우리를 사랑한다는 것도 우리의 경험이 발언하는 진실이고, 신이 우리를 징벌한다는 것도 우리의 경험이 발언하는 진실입니다. 신이 인간의 참다움과 아름다움을 기특하게 여겨 복을 준다고 발언하는 것도 인간의 경험에서 솟는 거고, 신이 인간의 사악함과 불순함에 화를 내며 저주하듯 고통을 준다고 발언하는 것도 인간의 경험에서 말미암습니다. 천당과 지옥을 일컬으며 최후의 보상으로 삶이 완성된다고 하는 주장도 실은 인간의 요청이 결실한 것이지 신이 미리 마련한 것은 아닐 겁니다. 그렇게 말할 수밖에 없습니다. 천당과 지옥에 대한 묘사나 그곳의 들고 남을 판단하는 준거가 문화권에 따라 다르고 시대의 흐름에 따라 다르니까요. 천당과 지옥을 저기 다른 시공에 두기도 하고 마음에 두기도 합니다. 아예 이 세상과 다름을 두지 않기도 합니다. 이 세상이 곧 천당이라거나 지옥이라거나 하니까요. 이를 살펴보면 축복이나 징벌이나 보상이나 모두가 인간의 고뇌가 절절히 담긴, 그래서 그 고뇌가 발언하는, 그래서 결국 인간이 빚은 거라는 사실을 다시 확인하지 않을 수 없습니다. 신이 마련한 것이 아니고 인간이 지은 것이라 해서 이 모든 것이 무의미한 것은 아닙니다. 그렇게라도 해서, 아니면 마침내 그렇게 해서, 인간은 자신의 유한한 삶을 조금이라도 더 온전하게 하려는 꿈을 실현해 가고 있기 때문입니다. 그것은 오히려 인간이 마련한 가장 드높은 성취이기도 합니다.

이를 더 소박하게 이렇게 이야기하면 어떨까요? 축복이든 고통이든 그것이 신에게서 비롯한다는 주장은 삶을 견디기가 벅차기 그지없는 유한한 상황에서 인간이 상상할 수 있는 최선의 경지는 아닐까 하고요. 신이 등장하면서, 신을 등장시키면서, 그 정황을 견뎌보려는 가장 정직한 몸부림이라고요. 삶을 견디기 위한 출구의 모색이 급기야 신을 동원하여 위로도 받고 상처를 받기도 하면서 겨우 숨을 쉬는 모습이라 해도 좋을 것 같습니다. 잘 다듬어지지 않는 현란한 논리를 애써 펴면서요.

신이 있든 없든 그것과 상관없이 인간은 고통을 피할 수 없습니다. 몸을 가진 존재니까요. 몸은 신비스럽게 온전한 것 같아도 처절하게 한계를 지닌 구체적인 사물입니다. 병들고 쇠약해지고 죽습니다. 인간은 스스로 그렇다는 것을 압니다. 그 까닭은 모르지만요. 그런데 그렇지 않았으면 좋겠습니다. 몸도 마음도 아프거나 괴롭지 않기를 바랍니다. 그런데 그렇지 않습니다. 그렇지 않기를 바라는 것이 고통이 될 수밖에 없음조차 압니다. 그래서 왜 하필이면 이런 존재인가를 묻습니다. 이것이 '자연'이라면 아예 물음을 묻지 않아도 괜찮도록 자연스러울 수는 없는 거냐고 묻기도 합니다. 왜 행복은 고통으로 점철된 틈새에 박힌 찰나 같으냐고 절규하기도 하고요. 그러면서도 그 찰나의 몇 마디를 이어 살아가는 것이 고통을 견디는 유일한 길인 거냐고 묻기도 합니다.

분명한 것은 '신 있음'을 일컫기 전에 고통은 이미 있었습니다. 나아가 고통이 있어 행복을 경험하게 되고, 행복이 있어 고통을 실토하게 된다는 것도 사람은 이미 압니다. 고통은 소멸되지 않습니다. 행복도 사라지지 않습니다. 그것을 아는 인간의 삶은 그래서 피곤합니다. 몰랐다면 좋았을지도 모릅니다. 갈등에서 비롯하는 긴장은 삶을 초췌하게 합니다. 사람을 사람다운 자존심을 지니고 존재하게 하지 않습니다. 그런데 바로 이 정황에서 신은 불려 온 거죠. 삶이 신을 낳을 수밖에 없었던 정황은 이러합니다. 고통과 행복이 뒤섞인 삶을 살면서 갈등하는 나를 넘어서는, 그러나 그 갈등의 마디마디에 절절하게 공감하는, 그러면서도 그것이 총체적으로 무의미한 것이 아니라는 것을 발언해 주는, '커다란 나'가 필요했던 거죠.

'신 있음'은 신이 내 편인지 아닌지를 논의하기 위해 설정한 것이 아닙니다. 축복을 담보하기 위한 바로 그 복의 원천으로서 전제된 것도 아니고, 내 불행이나 고통을 설명해 주거나 그 사태에 대한 원인을 밝혀 주는 절대적인 근원으로 전제된 것도 아닙니다. 의미와 무의미를 갈등하면서 그 까닭을 조금이라도 견딜 만한 것으로 다듬고 싶어 이야기하고 싶은 대상으로 있는 겁니다. 나를 벗어나 나와 더불어 나의 이야기를 하고 싶은 절박한 희구가 낳은 필연적인 존재니까요. 이렇게 말하면, 앞에서도 잠깐 언급한 것이지만, 감히 어떻게 창조주나 초월적인 절대자인 신을 인간이 낳은 상상의 실재로 규정하느냐는 항변이 일 것이 분명합니다. 하지만 우선 그렇다고 말할 수밖에 없습니다. 인간이 없으면 신도 없으니까요. 그것이 인간의 경험 내용입니다. '신이 있어도 인간은 없다'는 경우는 인간의 경험 내용에 들어 있지 않습니다. 거룩한 분들의 신 담론에는 들어 있어도요. 그래서 신이 인간 희구의 결실이라고 말하는 우선하는 자리에서 조금은 더 나아간 자리에까지 이르고 싶습니다. 바로 그 신이라는 실재와 더불어 우리는 사람다움을 찾아내 삶으로 하여금 다듬어진 의미를 다지며 살아가는 주체이게 한다는 자리에까지요.

'신이 있어 인간이 행복하다'는 것은 사실입니다. 신은 우리를 사랑해 줍니다. '신이 있어 인간은 고통을 겪는다'는 것도 사실이고요. 신은 우리를 사랑하지 않기도 합니다. 신을 주체로 한 언표(言表)는 어떻게도 가능합니다. 문제는 그러한 발언을 하는 현장에서의 사람의 삶입니다. 인간이 신을 요청할 수밖에 없었던 그 유한성의 경험은 여기에서 그대로 드러납니다. 인간은 사랑과 징벌, 축복과 저주를 선택적으로 살아갈 수 없기 때문입니다. 그럴 수 있다면 인간은 유한한 존재도 아니고 신을 요청하지도 않았을 겁니다. 결국 이 둘을 뒤섞어 살아가는 수밖에 달리 길이 없습니다. 아니, 그 둘을 둘로 여길 수도 없는 것이 삶이어서 그저 주어진 삶을 웃으며 울며 살아가는 거죠. 이것이 인간의 삶의 생생한 현실입니다. 마냥 행복만 골라 쥘 수도 없고 늘 고통에 시달리며 쪼그라들 수도 없으니까요.

이를 이렇게 발언할 수 있을지도 모르겠습니다. 주어진 거든 내가 빚은 거든 그윽하고 포근하고 따뜻하고 환한 사랑을 겪는 삶이 있습니다. 찰나일지라도요. 그것을 되물을 필요가 없습니다. 한껏 누리는 것 밖에요. 그래서 "우리는 사랑을 사랑하자!"라고 말하고 싶습니다. 고통이란 소멸되는 것이 아님을 우리는 겪습니다. 그 까닭을 몰라 시달리며 고통에 또 다른 고통을 첨가할 필요도 없습니다. 늘 있는 거니까요. 그래서 잘못된 어법으로 말하는 비문이지만 앞의 "우리는 사랑을 사랑하자!"라는 말과 대구를 이루어 "우리는 고통을 고통하자!"라고 말하고 싶기도 합니다. 동어 반복은 인식의 지평을 넓혀 주지 않습니다. '사랑을 사랑하자'고 해서 사랑이 더 환하게 실체를 드러내지 않습니다. '고통을 고통하자'고 해서 고통이 자기를 드러내 주는 것도 아니고요. 그러나 동어 반복은 깊이를 더 깊게 할 수는 있습니다. 덧칠이 채색을 진하게 하듯이요. 승화도 아닌, 탈출도 아닌, 사태 자체를 거듭 승인하고 확인하면서 이를 살아 내는 몸짓은 미련한 퇴행이 아닙니다. 사랑과 미움, 축복과 저주, 평온과 고통을 한데 아우르며 사는 가장 현실적인 건강한 삶에 이른 모습입니다. 사랑 안에 고통을 품게 되고, 고통 안에 사랑을 품게 되는 그런 삶을 살아가는 거니까요. 그 둘이 나누어질 까닭이 없음을 터득한 삶이기도 하고요.

그렇다면 다음과 같은 발언조차 할 수 있습니다. 신은 우리를 사랑할까요? 당연히 사랑합니다. 나도 모르게 진심으로 감사하고 싶은 계기를 마련해 주니까요. 그런데 사랑에는 고통이 담겨 있습니다. 그러므로 신이 우리를 사랑한다고 해서 달라질 현실은 실은 없습니다. 신이 우리를 사랑하지 않을까요? 당연히 사랑하지 않습니다. 신은 화를 내고 질책하고 벌을 줍니다.

나는 늘 이에서 벗어나고 싶으니까요. 절실하게요. 그런데 그 안에는 뜻밖에 의미가 서려 있습니다. 그러므로 신이 우리를 싫어한다고 해서 달라질 현실도 없습니다. 현실은 이렇습니다. 우리 삶이 그런 거죠.

그런데 그러한 두 다른 발언 때문에 비로소 달라지는 것이 있습니다. "사랑한다!"라든지 "사랑한다?" 같은 발언을 하면서 내가 그 둘을 나누어 사는 것이 아니라 한꺼번에 사는 수밖에 없다고 다짐하는 삶을 살게 되는 것이 그렇습니다. 발언 이전에는 없었는데 발언 후에 있게 된 변화입니다. '물음 이후'라고 해도 좋고요. 그러니까 그런 문제를 묻는 게 아무런 의미도 지니지 못한다는 것을, 그러한 물음을 묻는 것은 여전히 내가 철없이 구는 한심한 삶을 살고 있다는 것을 보여 주는 것에 지나지 않는다는 것을, 터득하는 변화가 있게 되는 거죠.

그렇게 사는 것이 현실임에도 불구하고 그러한 물음 투의 신에 대한 발언은 잠잠해지지 않습니다. 사라지지 않는 거죠. 그런 물음을 묻지 않고는 삶을 이어 갈 수가 없기 때문입니다. 앞에서 일컬은 터득이 신의 사랑 여부에 대한 우리의 절박한 관심을 이제는 갖지 않아도 좋다는 것을 확인하는 징표는 아닙니다. 그것이 터득임을 확인하고 이를 전하기 위해서라도 신의 사랑 여부에 대한 물음 투의 발언은 다시 읊조려져야 합니다. 그렇다면 우리는 이제까지의 이런저런 이야기에 또 다른 내용을 첨가해야 우리의 이번 주제인 '신은 우리를 사랑하나?'에 대한 발언을 끝낼 수 있습니다. 다른 게 아닙니다. "사랑을 사랑하고, 고통을 고통하자!"라는 터득 이후의 삶에서도 신의 사랑 여부에 대한 물음은 지속되어야 한다는 주장을 보태고 싶은 겁니다. 그 물음이 없으면 그 터득은 있을 수 없기 때문입니다. 신이 우리를 사랑한다는 사실은 사랑을 사랑할 적에 그것이 신이 주는 사랑이 되고, 그 사랑은 마침내 고통조차 담습니다. 신이 우리를 고통스럽게 한다는 사실은 고통을 고통할 적에 그것이 신이 주는 고통이 되면서 거기 사랑이 담깁니다.

이러한 발언들은 신이 있어 비로소 현실화합니다. 신이 없다면 이러한 발언의 주체가 없으니까요. 그런데 이러한 신의 발언들은 우리의 고뇌를 그대로 드러내 줍니다. 우리의 갈등과 당혹, 이를 통해 도달하는 풀림과 터득을 그대로 드러내 줍니다. 그럴 수밖에 없습니다. 신이 인간을 사랑하는지 아닌지는 내가 결정하는 거니까요.

일곱 번째 이야기

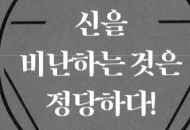

신을
비난하는 것은
정당하다!

신에 대한 '비난'의 표출은,

때로 신에 대한 미움을 담는다고 할지라도

신도 인간도 각기 신답게 인간답게 해 주는 계기를 마련해 줍니다.

그것은 신성모독일 수 없습니다.

가끔 우리는 텅 빈 이야기로 시간을 보낼 때가 있습니다. 재미도 있었고, 꽤 긴장도 했고, 뭔지 의미 있는 논의를 한 것 같은데 지나고 보면 공연(空然)한 '언어유희'에 빠졌던 것 아닌가 하는 허탈한 느낌이 들게 되는 그러한 시간을요. 그러한 이야기를요. 신을 이야기한다는 것도 그런 것 아닐까 하는 느낌을 자주 갖습니다. 앞에서 말한 여러 장의 내용이 그런 것이지 않을까 하는 생각도 들고요. 그렇게 여길 사람이 적지 않을 겁니다.

생각해 보면 '신 이야기'를 한다는 것은 무모한 일입니다. 처음부터 '신'을 비일상이라든지 초월이라든지 하는 '지금 여기를 벗어난 것'으로 전제하면서 이야기가 시작되니까요. 게다가 '거룩함'의 범주에 드는 존재로 여기면 이에 대한 반응을 하는 나 자신이 잔뜩 미리 주눅이 들 수밖에 없습니다. 그게 우리가 지닌, 나도 모르는 전승된 기억이 내게 남긴, 거룩함에 대한 '인식의 결'이니까요 그런 전제를 의식하지 않는다고 할지라도 사람들은 제각기 자기 삶의 어떤 경험에서부터 신을 일컫기 시작하기 때문에 신에 대한 자기 이해의 자리를 벗어나거나 버리거나 바꾸기가 쉽지 않습니다. 신 이야기가 그 펼침의 끝에서 모호한 불편함을 낳고 마감하는 것을 우리는 한두 번 경험한 게 아닙니다. 그러므로 이를테면 "신은 있다는 사람에게는 있고, 없다는 사람에게는 없다"라고 한 것은 이러한 까닭 때문에 궁여지책으로 한 발언이기도 하지만 그것 이상의 어떤 것도 실은 말할 수가 없어 그렇게 한 어쩌면 당연한 귀결이기도 합니다. 그런데도 '신 이야기'는 멈추질 않습니다. '신이 있다'든지 '신은 없다'든지 하는 것을 축으로 한 많은 논의는 오히려 '감행'되고 있다 할 정도로 무성합니다. 어쩌면 이러한 사태는 자연스러운 일이기도 합니다. 당해 주체들에게는 절박한 자리에서 그만큼 간절한 마음으로 이야기하지 않을 수 없는 '실존의 문제'가 걸린 일이니까요.

이와는 다른 자리에서 '신 이야기' 안으로 뛰어들기도 합니다. 우리가 이 장에서 살펴보려는 것이 바로 이것입니다. 이 자리에서는 신의 존재 여부에 대한 논의란 유치하고 무의미한 것이기 때문에 아예 치워 버려야 할 어리석은 일이라고 주장합니다. 아무리 진지해도 공허한 논쟁 이상일 수 없다는 거죠. 그 까닭을 다음과 같이 설명합니다. 사람들이 신의 존재에 관심을 가지는 것은 그것이 전통적으로 인문적 사색이 도달한 궁극적인 담론이니까 적어도 교양인이라면 이에 대한 관심을 가지는 것은 당연하다는 태도에서 말미암는다고 판단하면서 이는 신의 존재 여부에 대한 '지적 호기심'이라고 말합니다. 그런데 지적 호기심은 멈추지 않습니다. 결코 충족되지 않으니까요. 전혀 다른 쪽에서 그 까닭을 이야기하기도 합니다. 사람들이 신 담론에 관심을 가지는 것은 그것이 종교 공동체의 제도적 권위가 가장 우선하여 제시하는 주제여서 무조건 이를 따르는 태도에서 비롯하는 거라고 판단합니다. 그런데 이러한 태도는 '일방적인 학습이고 맹목적인 추종'입니다. 성숙을 저해하는 못된 '계도(啓導)'와 다르지 않다고 보는 거죠. 이러한 자리는 앞의 인문적 관심이든 뒤의 종교적 관심이든 결국 두 경우 모두 사람들이 '신 이야기'를 절박한 실존적 동기 없이 펴고 있을 뿐만 아니라 그 결과도 많은 '지식을 축적'하거나 '준비된 해답'을 승인하고 수용하는 데 이르는 것이라면 그러한 논의는 무의미하다고 판단합니다.

그런데도 이 자리는 '신 이야기'에 참여하는 것은 포기할 수 없다고 주장합니다. 신의 존재 여부에 관한 논의와 상관없이 '신 있음'을 사는 '삶'은 실재하니까요. 그렇다면 신의 존재 여부보다 '신 있음'을 살아가는 '삶'을 살펴야 하는 것이 오히려 '신 이야기'에서 펼쳐야 할 논의의 주제나 내용이어야 하지 않겠느냐고 말합니다. 이 자리에서 '신 이야기'에 선뜻 참여하는 까닭은 그런 이야기를 하자는 겁니다.

유념할 것은 이때 이 자리에서의 '신 있음'의 삶이란 '신 없음'의 삶과 대칭되는 두 개의 실재 중의 하나를 일컫는 것이 아니라는 점입니다. 이 자리가 주목하는 것은 '있음'을 주장하는 것도 인간이고, '없음'을 주장하는 것도 인간이라는 사실입니다. '신 있음'을 살아가는 종(種)이 있고, '신 없음'을 살아가는 종이 따로 있는 것이 아니라 그 '있음'과 '없음'은 '하나의 종인 인간'의 삶의 경험이 드러내는 표상의 다름일 뿐이라는 거죠. 그래서 가장 저어하는 것은 '신 있음'과 '신 없음'을 두 다른 실재처럼 구분하는 일입니다. 그 둘은 서술을 위한 편의일 뿐, 단절된 것도 아니고 고정된 것도 아니라는 겁니다. 그러므로 '신 있음'의 삶은 이러하고, '신 없음'의 삶은 저러하다고 기술하는 일은 삼가야 한다고 말합니다. 일상에다 비일상을 덧붙여 사는 '신 있음'을 서술하다 보면 여느 삶이 그대로 함께 드러나기 마련이라면서요. 그래서 신 존재 여부에 대한 담론은 '신 있음'이 아니라 '신 있음을 사는 삶'에 대한 관심을, 곧 '있음'이 아니라 '삶'을 주제로 해야 한다고 말합니다. 그렇지 않으면 '신 이야기'는 내내 비생산적인 공허한 말장난에 빠질 수밖에 없으니까요.

일반적으로 '신 있음'을 준거로 한 '신 이야기'는 환하고 따듯합니다. 그럴 수밖에 없습니다. '신 있음'을 긍정적으로 사는 사람들의 삶이 '자료'가 되니까요. 하지만 그것만으로는 신 이야기가 제대로 펼쳐지지 않는다고 판단합니다. 온갖 사물은 음지를 지니니까요. 그렇다고 해서 이 자리에서의 '신 이야기'가 '신 있음'을 사는 주체들의 삶에 막무가내로 잿빛 칠을 하는 것은 아닙니다. '신 있음'에서 비롯하는 일상에서의 긍정적인 여러 모습을 이들은 간과하지 않습니다. 얼마나 절실했으면 인간이 신을 요청했을까 하는 데 대해서도 공감을 마다하지 않습니다. '신 없음'을 사는 주체들의 삶에 대해서도 다르지 않은 태도를 지닙니다. 신이 존재하지 않는다고 해야 풀리는 삶이 실제로 경험된다는 사실을 간과하지 않습니다.

이러한 자리가 드러내려는 것은 '신 있음'의 삶이 지닌 '긍정적인 것에 가려서 보이지 않는 그늘'입니다. 사물이 지닌 그림자를 그 사물의 밝음과 더불어 살피자는 거죠. 양지가 지닌 음지 때문에 양지가 지워지거나 사라지는 것은 아니니까요. 양지만을 볼 때 못 보는 것은 무엇인지, 음지만을 볼 때 놓치는 것은 무엇인지를 '알아야' 하지 않나 하는 물음이라고 하면 더 분명해질는지요. 그렇다고 해서 그러한 앎이 빛과 어둠이 지닌 긴장이나 갈등이나 모순을 없애 준다는 것도 아닙니다. 그런 것이 없는 삶은 없습니다. 그림자의 길이가 햇빛에 따라 길어지고 짧아지고, 이리 눕고 저리 눕듯이 그러한 얽힘은 늘 동일한 것이거나 고정된 것이 아니기도 하고요. 어떤 앎도 양지와 음지의 긴장을 소멸시킬 수는 없습니다. 하지만 그런 앎의 있고 없음이 삶이 처한 역설(逆說)을 어떻게 살아가느냐 하는 데서 드러나는 차이는 분명합니다. 그 앎은 이전의 모자람을 조금은 더 채우고, 흐릿함을 조금은 더 맑게 하고, 가누지 못하는 흔들림을 조금은 더 의연하게 붙들어 주는 것임을 확연하게 보여 주니까요. 그래서 다음과 같은 물음을 '신 이야기' 안에 담습니다.

사람은 일상을 살아가면서 스스로 의미도 깨닫고, 보람도 느낍니다. 만족스럽고 행복하기도 하고요. 아무리 자기가 모자라도 그런 순간들이 있어 삶이 그 나름의 삶다움을 지닌다는 사실을 압니다. 그런데 '신 있음'을 사는 사람들은 이러한 경우에 자기가 얻은 것, 터득한 것, 뿌듯해하는 것들을 마음 놓고 누리

신 이야기

질 못합니다. 그것들이 '신의 뜻'에 맞는지 아닌지에 신경이 쓰이니까요. 처음부터 그 높은 뜻을 헤아리지 못한 채 그런 삶을 살았다면 그것은 마땅히 온전한 것일 수 없다는 회한에 빠질 거지만, 애써 거룩한 뜻을 헤아리며 했다 할지라도 자기도 모르게 잘못한 것은 없는지 바짝 긴장합니다. '신'보다 자기 위주의 삶을 사는 것은 아닌가 하고요. 그래서 '신 있음'의 삶에 회의를 지닌 사람들은 묻습니다. 이런 삶이 괜찮은 거냐고요. 건강한 거냐는 거죠. '눈치 보는 삶'은 편한 삶이 아닐 테니까요.

사람들은 일상을 살아가면서 스스로 옳음과 그름을 판단합니다. 이래서는 안 되겠다든지 이래야 하겠다든지 하는 것을 분별하면서 마음을 챙깁니다. 그리고 그러한 판단에 근거하여 행동합니다. 그러다 상황이 바뀌면 판단 준거가 달라지면서 이전의 옳고 그름을 수정하기도 합니다. 달라진 행동도 하고요. 그러면서 자기가 늘 지녀야 할 원칙과 때와 곳에 따라 바꿔도 좋을 원칙이 자기 안에서 조화롭게 기능하도록 해야겠다는 사실도 터득하며 살아갑니다. 그런데 '신 있음'을 사는 사람들은, 앞의 경우와 마찬가지로, 이때 갑자기 멈춰 섭니다. 혹시 자신의 판단이 '신'이 제시한 절대적인 규범에 어긋난 것은 아닌지 묻게 되니까요. 자신의 행동에 대해 신이 오만하다는 판단을 하면서 징벌할지도 모른다는 겁을 먹기도 하고요. 그래서 '신 있음'의 삶을 염려하는 사람들은 묻습니다. 이런 삶이 괜찮은 거냐고요. 건강한 거냐는 겁니다. 늘 주눅 들어 사는 게 편한 삶은 아닐 거니까요.

이러한 물음을 묻는 것은 우리의 '일상에서 겪는 이러저러한 일'에 마음이 쓰이기 때문입니다. 이런 겁니다. 살아 있는 것들은 모두 성장 과정을 겪습니다. 동물도 식물도 그러하고, 사람도 예외이지 않습니다. 태생적으로 온전한 개체는 없습니다. 자라고 또 자라면서 마침내 자기 모습을 지니게 됩니다. 사람의 경우에는 이를 '성장'이라고만 하지 않고 '성숙'이라고도 일렀습니다. 몸과 더불어 마음도 지닌 게 인간인데 이 둘이 함께 자라야 한다는 뜻에서 그런 차이를 둔 겁니다. 마디를 뚜렷하게 하기는 어렵지만 '양육'과 '교육'의 단계를 그 과정에서 구분한 것도 같은 맥락에서입니다. 키움과 가르침은 다르니까요. 되돌아가면 그들이 제기하는 문제는 앞에서 보여 준 '신 있음'을 사는 사람들의 그러한 삶이 과연 '잘 자란 것'일까 하는 겁니다. 그렇다면 '잘 자람'이란 무엇일까요.

어렸을 때 할머님에게서 들은 이야기입니다. 뒷마당 장독대 옆에는 해마다 봉숭아가 가득 피었습니다. 한여름이면 분홍이 짙은 꽃이 활짝 피었다가 좀 지나면 꽃 아래로 잔털에 덮인

열매가 열립니다. 그것이 점차 굳어지고 바짝 마르면 어느 순간 탁 터지면서 누런 갈색의 씨가 튀어나와 여기저기 흩어집니다. 어느 날 할머님께서 말씀하셨습니다. "너 아니? 씨가 흩어지는 것을 보고 봉숭아가 무어라고 하는지? 가장 멀리 튀어 나간 씨를 보고 '저게 내 자식이다!' 그런단다." 이 말씀을 이해하기까지 얼마나 많은 심리학, 철학, 교육학, 문학 등의 책을 읽어야 했는지요. 할머니 이야기를 알기 위해 그런 것들을 두루 섭렵한 것은 아닙니다. 그런데 사람을 알고 싶어 그런 분야를 뒤지고 읽으면서 나도 모르게 이른 종점이 할머님 이야기더란 말을 하는 겁니다.

잘 자란 자식은 어버이의 그늘에 머물지 않습니다. 서서히, 아니면 불현듯, 어버이의 품을 떠납니다. 나이 먹고 머리가 커지니, 마치 지금 자기가 제힘으로 된 줄 알고 건방져 그러는 게 아닙니다. 사람 구실을 할 만하니 보이는 게 없어 하는 짓도 아니고요. 홀로 살겠다는 우쭐함도 아닙니다. 자기 뜻대로 세상을 휘어잡고 누리겠다는 것도 아니고, 낡은 세계에 갇히기 싫어 감행한 탈출도 아닙니다. 잘 자란 자식이 부모를 떠나는 것은 어버이께 이제까지 성장하고 성숙하게 해 주신 것에 감사드리면서 이제부터는 자기가 부모님 앞에서 떳떳한 자아로 서기를 실천하기 위한 것입니다. 어차피 삶은 혼자 여물게 할 수 없습니다. 더불어 이루어야 하는 겁니다. 그러려면 '자기도 한몫을 하고 살만큼' 이러저러한 것들을 두루 갖춰야 합니다. 그래서 더불어 살기 위한 '홀로서기'를 하려 서둔 일이 어버이의 품을 떠나는 일입니다.

홀로서기가 되면 자기의 발로 서고, 자기의 날개로 납니다. 스스로 자신의 삶을 추스르고 자기 생각을 폅니다. 자신의 '집'을 마련하고, 자신의 '세계'를 구축합니다. 사물에 대한 인식의 주체가 자신이고, 판단하고 행동하는 주체도 자기입니다. 이 세상에 자기를 대신해 줄 누구도 없다는 것을 압니다. 탓하거나 핑계 대거나 변명하거나 게으를 수 없습니다. 처음부터 끝까지, 하나에서 열까지, 자기가 자기를 가꿔야 한다는 것을 알고 그렇게 살아갑니다. 그럴 수 있으려면 기대고, 안기고, 이래라저래라 하는 가르침이나 조언이나 충고나 명령을 기다리거나 그것만을 따를 수 없습니다. 그것은 타율적인 삶이지 자율적인 삶은 아닙니다. 잘 자란 자식은 자유를 누리는 주체입니다. 더불어 살기 위한 자유죠. 그래서 스스로 책임 주체이기도 합니다. 어버이의 그늘에서 벗어나면 가능합니다. 그렇잖으면 불가능합니다.

잘 자란 자식이 되기 위해서는 자식이 해야 할 몫이 있습니다. 그런데 먼저 어버이가 어버이 노릇을 잘해야 합니다. 너무 자주 들어 무감각해지지 않았나 싶은데도 여전히 부모에게 하는 이야기가 있습니다. "자식은 부모의 소유물이 아니다"라는 말이 그렇습니다. 부모는 자식을 사랑합니다. 자기의 생명을 내어 주어도 모자랄 만큼요. 자기네가 없었으면 있지 않았을 존재니까요. 그래서 무한책임을 지려 합니다. 생각도 판단도 심지어 행동도 대신 해 주려 합니다. 스스로 자식이 서지 못할 때까지는 그렇게 할 수밖에 없습니다. 젖먹이를 혼자 살라고 내놓을 수는 없으니까요. 그런데 이 일이 자식이 청년이기를 넘어 중년에 이르기까지 이어진다면 그 자식이 어떤 인간이 될까요. 불안합니다. 몸은 자랐지만 사람이 덜된 것은 분명합니다. 책임 주체인 자유로운 인간이 되지 않았으니까요. 그렇다면 그것은 부모가 사랑이라는 이름으로 자식을 버리게 한 거나 다름없습니다. 그러면서도 자식이 사람 구실을 하지 못하는 것을 보면 화가 나고 속이 상합니다. 자신의 희생이 새삼 처참해지고 모든 것에 배신당한 것 같은 절망에 빠집니다. 보상을 기대하지 않는 것이 사랑이지만 자기가 베푼 사랑에 메아리가 없는 것처럼 아픈 일은 없으니까요. 그런데 이러한 일들이 부모인 자기로부터 말미암은 것일지도 모른다고 생각하는 경우는 흔하지 않습니다.

문제는 자식을 하나의 인격으로 보지 않고 자기가 지닌, 자기에게 속한, 자기가 있어 비로소 존재하는 '물건'처럼 여기는 데 있습니다. 자기와의 절대적인 일치, 곧 순종과 공감과 동조와 감사와 보답을 사랑이라는 이름으로 '강요'하는 일은 그런 판단에서 비롯합니다. 그것도 '나 없으면 너 없다'는 것을 전제하면서 어쩔 수 없이 그렇게 되도록 하면서요. 부모와 자식 간만의 문제가 아닙니다. 부부 간에도, 스승과 제자 간에도, 선후배 간에도, 집단 간에도, 국가 간에도, 문화 간에도, 서로 '성숙'을 도모해야 하는 모든 관계 정황에서라면 어디에서도 다르지 않습니다. 서로 자기 몫을 지니고, 자유로운 개체로, 그래서 책임 주체로 만나야 합니다. 그렇지 않으면 그 관계는 성숙이 아니라 지배나 예속, 강압이나 굴종의 틀이지 상호적일 수 없습니다. 그렇게라도 함께 있어야 한다면 그것은 먹이사슬로 얽힌 주인과 노예의 관계에 지나지 않습니다. 거기에는 사람이 없습니다. 인간이라는 이름의 '주인'과 인간이라는 이름의 '노예'가 있을 뿐입니다. 마치 '반려견(伴侶犬) 현상' 같이요.

반려견 문화는 아름답고 따뜻한 이야기로 가득 차 있습니다. 그런데도 고개를 기우뚱하게 하는 게 있어 물어보고 싶습니다. "개가 말을 한다면 지금처럼 사랑할 수 있을까요?" 하는 물음과 "개가 당신을 정말 좋아할까요?" 하는 물음을요. 개가 말을 한다면, 그러니까 자기의 생각과 의지를 주장할 수 있다면, 반려견은 이 세상에 거의 없을 겁니다. 주인과 내내 다툴 테니까요. 마찬가지로 두 번째 물음에 대한 답변도 뚜렷합니다. 개는 개를 더 좋아하지 사람을 개보다 더 좋아할 까닭이 없습니다. 개끼리 좋아할 기회를 사람이 효과적으로 차단하여 개의 좋아함을 내게 향하도록 길들이고는 개가 사람을 좋아한다는 건 아닐까요? 그렇다면 왜 '반려견 현상'이 있게 된 걸까요? 사람과 개의 이기적인 욕구가 서로 충족되기 때문입니다. 애정이든 지배 본능이든 사람은 그 결핍을 반려견을 통해 채웁니다. 개는 먹이와 잠자리와 돌봄을 염려 없이 받을 수 있고요. 그게 안 되면 사람은 개를 버립니다. 개는 버림을 받고요. 유기견(遺棄犬) 현상이 이를 실증합니다.

에두름이 너무 길었습니다. '신 있음'의 삶이 불안한 사람이 그들에게 묻는 것은 다른 게 아닙니다. "너희들 정말 자유로우니? 진심으로 책임 주체로 살아가니? 아니, 더 정확히 물을게. '신 있음' 안에 자유라는 것이 도대체 있기나 한 거니? 책임 주체일 수 있는 여지나 있는 거니?" 이어 말한다면 그가 주장하는 것은 다음과 같은 것입니다.

'신 있음'을 사는 사람은 유치함을 벗어날 길이 없다. 거기가 안락하고 좋으니까. 그 단계를 벗어난다 해도 이어지는 것은 '떨쳐버리려 해도 떨어지지 않는 나를 억누르는 어떤 것에 대한 생각'이다. 나를 안고 있는, 나를 뒤덮고 있는, 어떤 어마어마하고 엄청난 것, 그런 것에 대한 생각에 시달리는 한, 미성숙함은 바로 그의 현실일 수밖에 없다. 그러다 보면 그런 것이 실은 하나의 '억압 체제'인데 그렇다는 것조차 인식하지 못한다. 더 나아가 바로 그러한 상태가 축복이고 자유라고 여긴다. 순종만이 미덕이어서 옳고 그름을 판단하는 일조차 자기 일이지 않게 된다. 결과적으로 스스로 책임질 일도 없다. 포상과 징벌의 어떤 것을 자기가 감수하거나 감내할 뿐이다.

이러한 우려는 '길든 삶'의 비극을 지적하는 것과 다르지 않습니다. 스스로 자신이 주인이 되어 자신의 삶을 의연한 것이게 하는 몸의 길들임은 의례의 요체라는 사실을 우리는 이미 다른 장에서 '몸의 현실'을 주목하면서 살펴본 바 있습니다. 그러나 이때 일컫는 길들임은 이와 다릅니다. 온전히 타율적이기 때문입니다. 타율적인 길들임은 자기를 잃어버리는 거죠. 자기를 스스로 버리는 것이 아닙니다. 나를 버리는 나조차 없는 거니까요. 타율적인 삶의 실상은 이러합니다. 자기가 자기도 모르게 무화(無化)되는 것과 다르지 않은 거죠. 비극은 그렇습니다. 자기를 자기도 모르게 잃었는데 그것을 오히려 자기를 지니는 것으로 착각하며 이를 행복으로 여기는 것, 그것이 비극이니까요.

　그런데 이 주장은 스스로 '신 있음'이 자기네 관심사가 아니라 '신 있음을 사는 사람들의 삶'이라고 했음에도 결국 '사람'을 초점으로 하는 데서 '신'을 초점으로 하는 데로 돌아갑니다. '신 있음'을 믿는 '사람'이 아니라 '신 있음' 안에 있는 '신'을 주목하는 겁니다. 이제까지 일컬어 온 에두름의 내용에 다시 이어 말한다면 신에게 이런 질문을 합니다. "인간은 모자라니까 그렇다 칩시다. 오죽하면 당신의 현존을 그리도 안타깝게 희구했겠습니까? 그래서 마침내 당신이 자기네를 낳았다고 믿고 당신을 기리고 찬양하고 우러르는데, 당신은 과연 진정한 그들의 어버이 노릇을 하고 있는지요? 당신은 자식을 잘 키운다고 생각하고 있는 겁니까? 아니, 그보다 더 근원적으로 당신은 자식을 키울 준비나 하고 자식을 낳은 건지요? 자식이 자라 제 나름으로 둥우리도 마련하고, 스스로 먹이도 찾고, 짝을 짓고 새끼 낳고 살면 잘 컸다고 칭찬은 못 할망정 건방지고, 못됐고, 배은 망덕하다고 화를 내는 건 아닙니까? 그러면서 살아가는 마디마디에서 이런저런 잔소리로 숨 한번 편하게 쉬지 못하도록 간섭하고 있는 건 아닙니까? 그렇지 않다면 어떻게 자식들이 저리도 왜소하고 초라하고 놀란 토끼처럼 한시도 눈동자를 지긋이 하고 있지를 못하고 두리번거리겠습니까? 그래서 어떻게 자식을 제법 어른 노릇 하게 키우겠습니까? 아니 그런데 그렇게 잘 키웠는데 불안하기 짝이 없다고 지금 말하고 있지 않습니까? 당신은 조금도 자기가 한 일에 오불관언(吾不關焉)이고, 무지하고, 무능력하고, 무책임한 분은 아닌지요. 그것을 알고나 있는 겁니까? 당신의 울 밖에서는 당신이 그렇다는 게 다 보이는데요!"

이러한 물음은 '신의 오만함'을 지적하는 것으로 귀결됩니다. 그리고 그 까닭은 신에게 귀속되는 온갖 비일상적인 개념들 때문이라는 데 이릅니다. 거룩함, 초월, 신성(神性), 절대, 영원, 불변 등이 신을 수식하는 한 그 오만이 덜어질 까닭이 없다는 거죠. 그러한 '속성'들은 다시 말하면 "감히 나를 범할 수는 없어!"라든지, "여기와 거기는 질적으로 달라. 연속이 아니라 단절이야, 우리 관계라는 것은!"이라든지, "너는 유한한 존재인 사람이야. 신이 아니야. 그걸 알아야 해!"라든지, "너는 산만해. 하지만 나는 오롯해!"라든지, "나는 처음과 끝이 없어. 너는 그 안에 있지만!"이라든지, "너는 늙어 스러지지만 나는 그런 걸 아예 몰라!"라든지 하는 것이기 때문입니다. 실제로 이보다 더한 오만은 없습니다. 이러한 오만함 아래에서 이에 대한 순종과 믿음만을 삶의 격률로 삼아 살아왔다면 그렇게 자란 어

190   신 이야기

떤 누구도 '병적인 존재'일 수밖에 없다는 게 이 주장의 귀결입니다. '신 있음'을 사는 삶은 치유받아야 할 환자임을 벗어날 수 없다는 거죠. 그러므로 그러한 오만한 존재는 "그가 제대로 된 존재일까?" 하는 근원적인 회의와 더불어 이윽고 그런 존재는 "없어야 마땅하다"라는 주장에 이를 수밖에 없다는 것을 말하고 싶으면서도 이를 애써 억제합니다. '신 있음'의 '삶'이 지니는 현장성 때문입니다.

그러나 이들의 초점의 바뀜은 오히려 '신 있음'의 자리에서 차지하는 사람의 몫을 새롭게 되살펴 보게 합니다. '신 있음'은 관념의 소산이 아닙니다. 사색의 유희가 아닙니다. 몸의 현실에서 비롯한 절박한 필요의 결실입니다. 신의 오만함을 지적하면서 그러한 태도가 말미암게 된 까닭으로 예거된 비일상적인 개념들도 실은 인간이 그러한 것을 요청하고 이를 경험한 데서 비롯한 것입니다. 그러므로 인간이 없다면, 지금 여기 인간의 삶이 지닌 당혹과 절망이 없었다면, 그런 것도 '마련'되지 않았을 겁니다. 그렇다면 신을 오만하게 한 것도 실은 인간입니다. 그 오만함을 오만함이 아니라 거룩함과 초월과 절대와 영원으로 여겨 순종하고 동조하면서 자신을 봉헌한 것도 인간입니다. '신에게 예속된 노예 같은 삶'을 원한 것도, 그런 줄도 모르고 행복을 누린 것도 인간입니다. 그러므로 오만한 신의 제거를 주장하기에 앞서 그러한 신을 낳은 인간을 되살펴야 합니다. 오만한 신을 일컫는 일을 통해 인간의 '신 있음'을 사는 삶의 진정한 모습을 드러내는 계기를 확보하자는 거죠. 그러한 의미에서 그들의 물음은 적절합니다. "신에 대한 비판은 정당하다!"라고 발언할 수 있게 해 줍니다. 그래야 하는 데 게을렀음을 질책하는 것이기 때문입니다.

순종과 신뢰는 더할 수 없는 귀한 덕입니다. 그것은 갖은 장애를 모두 넘어선 지극한 성취입니다. 신에 대한 순종과 신뢰도 그러합니다. 게다가 그러한 태도는 그러한 행위의 대상과의 동조나 모방을 거쳐 일치를 주장하는 데 이릅니다. '신 있음'의 삶은 신을 닮는 것과 다르지 않습니다. 이는 사람다움의 완성이기도 합니다. '문제가 없는 인간'이 되는 거니까요. 그런데 바로 이 계기에서 신에 대한 회의가 일었습니다. 신에 대한 비방이 견딜 수 없는 참람함을 무릅쓰고 발언되었습니다. 신의 오만이 드러나면서 분노가 치밀었습니다. 그 분노는 순종과 신뢰가 오만한 신에서 비롯하는 오만한 순종이고 오만한 신뢰라는 판단을 낳았습니다. 마침내 이러한 판단은 '신 있음' 안에 있는 '신'과 이를 일컫는 '인간'을 모두 지탄하지 않으면 '신 이야기'는 정직하게 펼쳐지지 않고 인식을 왜곡하는 데서 끝날 거라는 데 대한 책임감마저 지니게 했습니다.

'신 있음'의 삶을 살아가는 사람들, 곧 종교인들은 신에 대한 절대적인 믿음과 순종을 통해 자신이 온전해진다고 주장합니다. 그러나 사람은 느끼기도 하고 사색도 합니다. 의도하기도 하고 상상하기도 합니다. 마음의 결은 하나가 아닙니다. 믿음은 그 여러 결 중의 하나입니다. 모든 마음의 결은 서로 도와줍니다. 어느 것을 위해 어느 것을 희생하지 않습니다. 믿음을 위해 생각을 버리는 것도 아니고, 느낌을 지워야 상상이 솟는 것도 아닙니다. 우선순위가 정해져야 하는 때도 있습니다. 그러나 그렇다 해도 먼저가 나중을 없애면서 이뤄지는 것은 아닙니다. 그 결들은 다르지만 함께 있습니다. 마음은 그 모든 결을 함께 아우르면서 하나로 움직입니다. 그렇다면 이런 이야기를 할 수 있습니다. "'신 있음'의 삶을 이루는 데서 우선하는 중요한 것은 믿음이지만 그것만으로는 모자랍니다. 아니, 그 믿음은 이미 그 안에 믿음 아닌 다른 마음의 결들과 함께 있어야 온전한 믿음이 되는 겁니다"라고요.

따라서 '신 있음'을 사는 삶에 회의가 들 경우, 또는 이와 더불어 신이 오만하다고 일컬어질 때 이를 그러한 삶의 흠이라고 여겨 서둘러 이를 믿음이 옅거나 짙거나 한 탓이라고 할 것이 아니라 그 믿음이 본디 성하지 않은 일그러진 구석을 가지고 있는데 이를 알지 못한 채 믿음만을 주장하는 게 아닌가 하는 냉정한 태도를 보일 수 있어야 합니다. 이를 느낄 수 있는 감성이 작동해야 하고, 이를 물을 수 있는 이성이 움직여야 하는 거죠. 느낌을 사유에 이르도록 확장해야 하고, 그렇게 해야 한다는 의지도, 이를 어떻게 살펴 무엇을 지향해야 할까 하는 상상력도 아울러 작동하게 해야 하고요. '신 있음'을 사는 삶은 믿음만으로, 그 믿음이 뒷받침하는 순종만으로, 이루어지는 것이 아닙니다. 온갖 마음의 결이 함께 깃들이는 믿음이 아니면 그 믿음은 이미 일그러진 믿음입니다. 병든 거죠. "이성을 넘어 영성으로"라는 표제는 감동적이지만 그것은 자칫 '신의 오만'을 품습니다. '신 있음'을 사는 '삶'은 그렇지 않아야 합니다. 굳이 그 표제에 이어 말한다면 '신 있음'의 삶은 '이성과 더불어 영성으로'가 되어야 합니다.

신의 오만을 일컬으면서 신을 제거해야 하지 않겠느냐는, 그래야 겨우 사람이 사람답게 되지 않겠느냐는 신에 대한 '비난'의 표출은, 때로 신에 대한 미움을 담는다고 할지라도 신도 인간도 각기 신답게 인간답게 해 주는 계기를 마련해 줍니다. 그것은 신성모독일 수 없습니다. 역설적으로 말하면 그것은 오히려 '신의 발언'이기도 합니다. '신 있음'을 살아가는 사람이 앓는 '성장 장애'를 치료할 수 있는 길은 '신을 비판하거나 미워하는 발언'을 '신의 발언'으로 여겨 그 역설을 온 마음을 다해, 그러니까 느낌에서 생각과 의지와 상상력을 거쳐 믿음까지 아우르는 모든 결을 한꺼번에 모아 거기에서 살아갈 때 가능한 거니까요.

시간이 없다느니, 세월이 짧다느니 하면서도 의외로 한담(閑談)을 하며 지낼 때가 참 많습니다. 신이 있느냐 없느냐 하는 주제도 그러한 한담에서 단단히 한몫합니다. 그러나 어쩌면 그보다 더 아쉬운 이야기는 '신 있음'의 '삶'이 과연 건강할까 하는 물음입니다. 이 물음은 '신 있음'의 '삶'을 사는 인간이, 그러니까 내가 얼마나, 내 공동체가 얼마나 일그러지지 않았는가를 확인하는 계기를 마련해 주기 때문입니다. 그런데 이는 '신을 신답게' 해 주는 계기도 마련해 줍니다. 어버이가 훌륭해지는 것은 자식이 그렇게 될 때입니다. 자식이 없으면 어버이가 훌륭해질 까닭이 없습니다. 자식이 없으면 부모도 없습니다. 인간이 없는데 스스로 있는 신은 없습니다. 있다 해도 아무런 존재 의미가 없습니다. 신을 비판하는 발언은 이 모든 것을 새로 보고 일컫게 합니다. 고마운 일입니다.

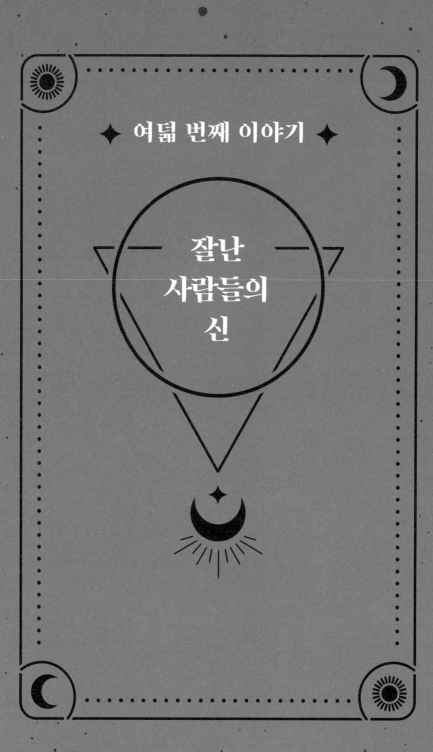

여덟 번째 이야기

잘난
사람들의
신

———————

‘훌륭한 사람’의 범람은 ‘잘난 사람’을 넘치게 했고,
그 결과는 무수한 신의 탄생으로 귀결하면서
세상을 신들의 싸움터로 만들었으니까요.

어렸을 적에 부모님에게서 자주 들은 말은 "훌륭한 사람이 되어라!" 하는 것이었습니다. 아침에 늦잠을 자지 않고 일찍 일어나 칭찬을 받을 때면 "너 아주 훌륭한 아이구나!"라고 하셨고, 저녁에 손발을 씻지 않아 꾸중을 들을 때는 "그건 훌륭한 아이면 할 짓이 아니야!"라고 하셨습니다. 저는 훌륭한 사람이 되는 것은 어른처럼 부지런하고 깨끗한 사람이 되는 거로 생각했습니다. 선생님도 늘 훌륭한 사람이 되라는 말씀을 하셨습니다. 그런데 성적이 좋으면 "너는 훌륭한 학생이다"라는 말씀을 하시곤 해서 저는 우등생은 훌륭하고 성적이 시원찮으면 훌륭한 사람이 아니라는 생각을 했습니다. 훌륭함이란 우열을 견주어 높은 자리에 서는 것이라고 이해한 거죠. 지금 세대에게는 친근하지 않은 표현이지만 훌륭함을 '출세(出世)'라든지 '입신양명(立身揚名)'으로 일컫는 것을 안 것은 꽤 뒤의 일입니다. 사적(私的)인 울을 벗어나 공적(公的)인 자리에서 지위가 올라 '높은 사람'이 되는 것, 그래서 누구나 그의 이름을 들으면 그가 누군지 아는 그런 사람이 되는 것이 훌륭한 사람이 되는 것으로 생각했습니다.

그러나 훌륭한 사람은 이를테면 기능적으로 성공한 사람만을 일컫는 것이 아니라 사람됨, 곧 성숙한 사람다움의 인격을 갖추었을 때 비로소 진정으로 그리 불릴 수 있다는 것을 안 것은 그보다 더 뒤의 일입니다. 훌륭한 미술 선생님이 계셨습니다. 그런데 미술 시간이면 학생들에게 얼마나 손찌검을 하셨는지요. 매를 맞지 않은 아이들이 없었는데 까닭은 알 수 없습니다. 그림이 당신 '마음에 들고 안 들고'가 아마도 기준이었을 겁니다. 저는 그분의 그림을 좋아합니다. 그런데 그분은 싫습니다. 저는 그 선생님을 '훌륭한 화가'라고 인정하지만 '훌륭한 분'이라고 하지는 못합니다. 제게서 '훌륭함'이 분화되기 시작한 거죠.

힘들고 어려운 세월을 잘 견딘 선배 한 분은 어려운 시험에 합격하고 높은 지위에 올랐습니다. 저는 그 선배를 참 훌륭한 사람이라 여겼습니다. 그러나 '출세한 뒤'의 그 선배는 그 전과 달랐습니다. 아무래도 그는 출세가 사적 공간을 벗어나 공적 공간으로 옮겨 간 새로운 자아로 살아야 할 계기라고 여기기보다 사적 공간의 확장으로 안 것 같습니다. 공익보다 사익을 탐했으니까요. 그의 출세는 오히려 그의 생애를 망치는 계기가 되었습니다. 한동안의 훌륭함이 이어지지 못한 채 그는 아주 훌륭하지 못한 사람이 되고 말았습니다. 저는 훌륭함은 분화될 뿐만 아니라 무상하다는 것을 깨달았습니다.

훌륭함을 그대로 훌륭함으로 이어 간 분들이 많다는 것을 알게 된 것은 참 다행한 일이었습니다. 남보다 우월해서가 아니라, 아니면 그렇다 해도 그래서가 아니라, 무엇을 하든, 어떤 처지에 있든, 스스로 바르기를 바라고, 그렇기 위해 애쓰고, 자기의 장단점을 살펴 이를 잘 활용하고 보완하면서 의연하게 살아가는 사람들을 주위에서 만날 수 있었기 때문입니다. 이런 사람은 대체로 남의 신세를 지지 않으려 합니다. 다른 사람에게 자기를 짐 지우게 할 수는 없다는 거죠. 당연하게 비굴하게 살지 않습니다. 변명하거나 구실을 찾거나 그러지 않습니다. 자기의 삶을 스스로 잘 건사합니다. 그렇다고 자기만 알고 챙기는 것은 아닙니다. 다른 사람에 대한 배려를 넉넉하게 덕스럽게 하며 삽니다. 그렇다면 훌륭함이란 바로 이러한 덕목을 두루 갖춘 품성(品性)을 일컫는 게 아닐는지요. 그렇게 생각하고 싶습니다.

그런 분들은 세상과 사람을 무척 걱정한다는 사실도 알았습니다. 세상이 바르지 않게 흘러간다든지 사람들이 사람다운 자존(自尊)을 지키지 못하고 살아간다든지 하는 일에 무척 속상해합니다. 훌륭한 분들은 여느 사람들이 덤덤하게 지날 일들도 그냥 지나치지 않습니다. 이에 대해 옳고 그름을 따집니다. 그러면서 세상이 잘못되었다고 판단합니다. 나아가 이를 지적하고 질책합니다. 그럴 수 있는 것은 잘잘못에 대한 판단 기준이 분명하기 때문입니다. 잘잘못을 선과 악이라고 해도 좋고, 정의와 불의라고 해도 좋습니다. 아무튼 훌륭한 분들은 이 둘을 확연하게 구분합니다. 신문의 논설이나 칼럼을 읽을 때면 늘 훌륭한 분들이 많아 참 다행이다 하는 느낌이 듭니다.

그들은 잘못된 세상과 사람을 진단하고 판단하고 선언하는 것에 멈추지 않습니다. 이를 시정하고 바꾸지 않으면 안 되겠다는 책임감을 지닙니다. 현존하는 모든 것을 지탱하게 한 드러난 질서, 규범은 물론 그 밑에 깔린 사물에 대한 인식틀이나 의미나 가치에 대한 판단 준거를 모두 뒤바꿔야 하는 책무를 자신들이 지니고 있다고 스스로 다짐하는 거죠. 그리고 그러한 소명감은 자기들의 주장에 공감하거나 동의하지 않는 사람들, 자기들에 의해 계몽되지 않는 사람들, 옳음과 그름의 양자 중에서 옳음을 선택하기를 유예하는 사람들을 '고쳐 다잡아야'

겠다는 다짐도 포함합니다. 온전한 삶은 사람과 그가 속한 공동체와 이제까지 전승된 기억 등을 모두 바꾸지 않으면 이뤄질 수 없다는 것을 아는 분들이니까요. 이런 분들을 뵈면 훌륭함을 넘어 이를 실천하는 분들이라는 생각이 들어 그분들을 진심으로 존경하게 됩니다. 이분들은 이러한 책무의 실천이 비현실적이거나 불가능하지 않다는 신념을 가지고 있습니다. 그 신념의 기반은 대체로 두 가지로 요약할 수 있습니다.

하나는 '온전한 세상에 대한 기억'입니다. 세상은 이렇지 않았다는 거죠. 특별히 '처음'은요. 세상의 '처음'은 지금 같지 않았다는 사실이 없었다면 지금이 잘못된 것인지도 몰랐을 겁니다. 그들은 그것을 '기억'합니다. 전승되는 이야기를 통해서요. 그 이야기의 하나가 '신 이야기'입니다. '신 이야기'의 맥락에서 드러나는 '태초'가 그러한 기억의 내용입니다. '그때 거기'는, 이를테면 '낙원'입니다. 처음 온전함의 공간이죠. '요순시대 (堯舜時代)'도 그렇습니다. 비록 그것이 역사에 편입되어 기술되었다 하더라도 이는 오히려 '역사가 스스로 지은 시(詩)'나 다르지 않습니다. 아니면 그것 자체가 '거룩한 이야기'죠. 인간이 상상할 수 있는 최상의 삶이 그려져 있으니까요. 그런 시대가 실제로 있었느냐고 묻는 것은 무의미합니다. 그것은 초월이나 거룩함이나 신비로 일컬어지는 비일상성의 차원에서 논의되어야 하는 것이기 때문입니다. 중요한 것은 훌륭한 사람의 책무는 '끝을 처음이게 하는 일'과 다르지 않다는 사실입니다. 우리의 내일을 요순시대이게 하고자 하는 거죠.

또 다른 하나는 이 맥락에서의 '기억 주체의 자의식', 곧 훌륭한 분들이 자기를 어떤 존재로 알고 있느냐 하는 겁니다. 인식주체가 인식객체와 일치한다면, 또는 주체가 객체에 함몰된다면, 인식은 불가능합니다. 그 둘 사이에 일정한 거리를 두지 않으면 안 됩니다. 익숙함을 되살피기 위해서는 바로 그 익숙함을 낯설게 해야 한다는 주장도 이러한 거리 두기가 인식의 틀임을 보여 줍니다. '우물 안 개구리'도 다르지 않습니다. 개구리는 우물 안에서 빠끔히 보이는 먼 하늘을 보면서 "하늘은 동전만 하다!"라고 자신의 인식을 정직하게 말했습니다. 그러나 개구리가 우물 밖으로 나와 바라본 하늘은 동전 크기만 하지 않았습니다. 그것은 넓고 넓어 끝이 없이 컸습니다. 아무리 자기가 본 바를 정직하게 발언했어도 그 정직이 자기의 인식의 과오를 정당화해 주지는 않습니다. 인식을 위한 거리 두기란 결국 자기 울 안에서 벗어나는 일입니다.

세상을 알고, 판단하고, 이를 바꿔야 한다는 책무를 느끼려면 우선해야 하는 일은 이 세상을 벗어나야 합니다. 이 세상에 속해 있으면 할 수 없는 일이니까요. 훌륭한 분들의 훌륭함은 바로 여기에 있습니다. 자신을 알고, 자신이 속한 세상을 알기 위해서는 지금 여기의 자기와 자기의 세상에서 벗어나야 함을 알뿐만 아니라 이를 실천합니다. 그러므로 훌륭한 분들의 자의식은 이미 지금 여기에 있지 않습니다. 일상을 벗어난 비일상의 자리에 가 있습니다. "비록 내가 이 세상에 속해 있다 할지라도 너희와는 달라! 나는 이 세상을 벗어나 이 세상 안에 있는 거니까!"라는 데 이릅니다. 그러한 자의식은 그들로 하여금 세상을 질타할 수 있는 권리를 스스로 지니고 있다는 과감함을 발휘하게 합니다. 우리에게 익숙한 '어둠을 밝히는 촛불, 더러운 물에서 고고히 피어오르는 연꽃'은 그러한 자의식을 묘사합니다. 정치인들, 특별히 이념을 지닌 깨인 정치적 비저나리(visionary)들을 보면 이분들은 이러한 훌륭함으로 꽉 차 있는 분들이라는 생각이 듭니다.

이렇듯 훌륭한 사람들은 신은 완전한 존재여서 그가 지은 세상과 인간이 온전하지 않을 수 없고, 그런 때와 곳이 분명하게 있었다는 데에 대한 확신이 있습니다. 그리고 이 기억은 이와 아울러 그러한 온전한 세상과 인간이 다시 현실이 되어야 한다는 기대를 품습니다. 그래서 '처음의 재현'이 현실화하도록 하는 게 바로 자기들이 지금 여기에서 해야 할 과제라고 말합니다. 그 일은 과거와 미래가 현재에서 어우러지게 해야 하는 일이기도 합니다. 기억과 기대를 지금 여기에서 현실화하는 거니까요. 훌륭한 분들은 이러한 모습으로 우리 안에 현존합니다. 줄여 말한다면 훌륭한 사람들은 역사를 '온전함의 퇴락 과정이면서 그것은 동시에 그것의 회복 과정'이라고 이해하는 거죠. 나아가 퇴락의 책임은 인간에게 있고, 따라서 이를 회복할 책임도 인간에게 있다고 이해합니다. 그러나 여느 인간이 아니라 '인간이기를 벗어난 인간'만이 그 책임 주체일 수 있다고 말합니다. 훌륭한 분들은 자기들이 그러한 존재라는 자의식을 지닙니다. 그러나 이를 '회복'하는 일이 쉽지 않음도 그들은 압니다. '전제된 온전함'에 대한 기억은 이를 수행하게 하는 힘입니다. 이를 기억하지 않은 채, 그러니까 그것이 실재라는 사실에 대한 확인이 없는 채, 그러한 기대를 수행하는 일은 실천적 차원에서는 맥이 빠지는 일입니다. '성취'를 미리 도안하지 못하니까요. 그렇다고 해서 그것이 처음의 온전함으로 되돌아가려는 것은 아닙니다. 그것을 되살려 성취해야겠다는 거죠. 그래서 이 일은 '회귀'가 아니라 '회복'입니다.

훌륭한 분들은 자기들의 기억이 지닌 '처음의 온전함'과 지금 여기에 속해 있지만 바로 그 지금 여기를 벗어나 있다는 '자의식'을 지니고 우물쭈물하는 여느 사람에게 더욱 세차게 '달라지기'를 요구합니다. 정직하게 세상이 잘못된 것을 승인하라고 말합니다. 온전한 세상이 보이는데 그것을 향해 나아가지 못하고 머뭇거리는 것은 자기 무덤을 파는 일이라고 꾸짖습니다. 이를 순하게 따라 하지 못하면 '너희 세상을 뒤엎겠다'고 경고합니다. "하늘과 땅을 새로 짓겠다!"라는 말로 이를 묘사합니다. "물로 쓸어버리겠다!"라는 묘사도 낯설지 않고요. "불로 사르리라!"라는 선언도 다르지 않습니다. 온갖 소멸을 묘사하는 수사가 넘칩니다. 종교인들에게서 우리는 이러한 말을 아주 많이 듣습니다. 그분들은 훌륭한 분들임이 틀림없습니다.

훌륭한 분들은 어느 틈에 모두 하늘에 올라가 있습니다. 그곳의 눈으로, 그곳의 잣대로, 그곳의 의도로 세상을 바라보고 판단하고 재단합니다. 직설적으로 말한다면 훌륭한 분들은 모두 '신'입니다. 누가 추앙해서 그렇게 된 것이 아닙니다. 누가 선출한 것도 아닙니다. 스스로 신다움을 발휘해야 한다는 자의식으로 말미암아 그러한 존재가 된 것입니다. 신은 그렇습니다. 신은 스스로 태어납니다. 신을 낳은 그 이전의 존재가 있다면 그는 이미 신일 수 없습니다. 때로 그들은 이러한 서술에 강한 거부감을 드러냅니다. 자기들은 '신의 대행자'일 뿐이라고 말합니다. 하지만 그들의 자의식은, 그리고 그들의 행위는 '그들이 곧 신이다'로 이해할 때만 설명될 수 있습니다. 그들은 자신을 비롯한 자신이 하는 모든 것을 절대의 범주에 넣습니다. 초월과 신성(神聖)과 영원과 신비의 범주 안에서만 자신의 현존을 설명합니다. 그들이 하는 판단은 인간의 판단이 아닙니다. 신의 판단입니다. 결정은 흔들릴 수 없습니다. 영원한 거니까요. 그가 하는 모든 것에 대한 어떤 물음도 할 수 없습니다. 고백적 공감과 실천적 순종만이 가능합니다. 그들이 신의 대행자가 아니라 신 자신임을 보여 주는 구체적인 실증은 자신들의 판단과 행위를 신에게 되묻지 않는 데서 확연해집니다. 후회는 없습니다. 설명 불가능한 어떤 것도 없습니다. 문제는 신도 후회할지 모른다는 못된 세상의 착각이고, 숨겨진 신비한 의도를 헤아리지 못하는 세상의 어리석음입니다. 분노는 언제나 정당화됩니다. 세상의 참상은 신의 인내를 늘 시험하고 있기 때문입니다.

그런데 훌륭한 분들은 한 분만이지 않습니다. 삶의 현실 속에서 우리는 수많은 훌륭한 분들을 만납니다. 스스로 훌륭하다는 자의식을 지니고 하늘로 올라간 분들이 하나둘이 아닙니다. 이는 '무수한 신의 출현'과 다르지 않습니다. 신은 '스스로 있는 존재'이어서 누구나 '스스로 신으로서의 자의식'만으로도 신이 됩니다. '신 노릇'도 다르지 않습니다. 누구나 자신이 절대자이고, 초월적인 존재이고, 거룩한 존재이며, 영원하고 신비한 존재라는 자의식을 지니고 행세하면 그는 이미 신입니다. 그런데 그러한 존재가 하나가 아니라 여럿입니다. '절대의 산재(散在) 현상'은 더는 절대를 절대이지 않게 합니다. 그런데 그것을 인정하면 이는 자기를 부정하는 데 이릅니다. 당연히 이러한 사실을 인정할 수 없습니다. 무수한 신의 출현은 이로부터 비롯하는 무수한 신들 간의 갈등을 낳습니다. 그 갈등은 상대방의 존재를 배제하기를 넘어 소거(消去)할 때 비로소 풀립니다. 결국 훌륭한 분들이 많다는 것은 그 상황이 '신들의 전쟁'에 휘말리고 있는 것과 다르지 않습니다. 훌륭함의 현존은 이러합니다.

정치적 혁명은 이를 구체적으로 드러내 줍니다. 혁명의 발단은 유치한 권력욕이 아닙니다. 그렇게 기술된다면 이미 그것은 혁명과는 거리가 멉니다. 혁명은 현실에 대한 비장한 혁정감(革正感)과 혁명을 통해 도래할 이상향을 품지 않고는 일어날 수 없습니다. 그리고 그것은 동조하지 않는, 또는 이견을 가진 상대방을 현실적으로 '제거'해야 완성됩니다. 죽임은 가장 효과적인 수단입니다. 동원된 어떤 수단도 혁명의 당위를 위해 정당화됩니다. 절대만이 감행할 수 있고 설명할 수 있는 일입니다. 신만이 할 수 있는 일이죠. 훌륭한 분들은 바야흐로 스스로 신이 됩니다. 신이 되는 데서 훌륭함은 완성됩니다.

그런데 이상향은 먼 채 세상은 엉망진창이어도 훌륭한 사람들의 갈등은 멈추지 않습니다. 신들의 싸움이니까요. 정치판이 그러합니다. 훌륭한 분들이 모인 자리니까요. 신들이 모인 자리니까요. 종교 판도 그렇습니다. 아니, 인간이 그렇습니다. 결과는 어떤 훌륭함의 전개도 그것이 신들이 펼치는 것인 한 비극으로 이어집니다. 그 비극은 끝나지 않습니다. 훌륭한 사람들이 빚은 일이어서요. 다른 신들의 전쟁으로 상황이 교체되면서 또 이어집니다. '신 이야기'는 이러한 신들의 전쟁에 관한 이야기, 신이 된 훌륭한 사람들의 이야기를 간과하는 한, 그것은 정직한 이야기일 수 없습니다. 그 전쟁이 훌륭하지 못함에서 비롯한 것이 아니라 훌륭함에서 말미암은 것이라는 사실도 선명하게 포함해야 그 이야기의 정직성은 온전해집니다. 옳은 발언을 하는 지성인들도, 정의를 실현하려는 운동가들도, 세상을 좋은 세상으로 만들겠다는 정치인들도, 아예 세상을 구원하고 제도(濟度)하겠다는 종교인도 서로 싸우지 않는 경우를 찾기는 거의 불가능합니다. 당연합니다. 모두 신이니까요.

여느 사람들이 이 소용돌이에서 그저 죽은 듯 휩쓸리기만 하는 것은 아닙니다. 더구나 훌륭한 분들의 혁정의 대상도 이 사람들이고, 이용하는 도구도 이 사람들이고, 이상향에 이르게 해야 할 대상도 이들입니다. 그렇다면 그들은 어떤 모습으로 이 상황을 겪는지 살펴볼 필요가 있습니다. 훌륭하지 못한 사람들도 그들 나름의 고뇌에 시달립니다. 잘잘못에 대한 느낌도 있고 억울하고 분한 일들도 있습니다. 이러한 일들이 스스로 감당하기에는 넘치는 일이라는 사실도 압니다. 그래서 훌륭한 분들을 만나면 마음속 깊은 데서부터 존경의 염을 지니게 됩니다. 내가 감히 하지 못하는, 하고 싶은데도 되지 않는 삶을 살고 있으니까요. 그래서 그들의 질책을 거역할 수 없습니다. 누가 보아도 훌륭한 분들의 발언은 옳으니까요.

삶이 번거롭기 짝이 없는 여느 사람들은 세상을 통째로 바라볼 기회가 별로 없습니다. 눈앞에 보이고 피부에 닿는 일들, 그리고 의식주를 해결하는 일들에 여념이 없으니까요. 그러므로 훌륭한 분들 앞에서 여느 사람들은 언제나 몸 둘 곳이 없습니다. 부끄럽고, 송구스럽습니다. 내 부족함을 절감하니까요. 게다가 게으름이라고 욕을 먹을 일이지만 훌륭한 사람들이 이를 잘 다스려 주리라는 믿음을 지니기도 합니다. 못난 사람이 훌륭한 사람에게 의존하는 것은 자연스러우니까요.

그렇다고 해서 그들의 고뇌가 그리 가벼운 것만은 아닙니다. 워낙 엉망진창인 삶을 살아가니 그렇잖으냐고 할 테지만 절대적인 판단 준거가 있다는 것을 인정한다고 할지라도 그것을 삶의 현장에 적용하려면 그게 그대로 있질 않다는 데 대한 그들의 고뇌는 예사롭지 않습니다. 때로는 그 준거가 휘기도 하고, 때로는 꺾이기도 합니다. 어느 때는 절대적인 준거를 아예 적용할 수 없을 때도 있습니다. 까닭인즉 분명합니다. 제시된, 그리고 승인할 수밖에 없는 옳은 준거가 너무 훌륭하고 드높은 것이어서 그렇습니다. 참 좋은 건데 너무 좋아서 사용하려면 불편한 귀물(貴物) 같은 거라고나 할까요. 여느 사람들은 이 둘이 때에 따라 뒤엉키는 경우가 너무 잦다고 느낍니다. 가성비(價性比) 때문에 고민하게 된다고 해도 될는지요. 절대적 판단 준거를 적용하려면 희생해야 할 삶의 몫이 너무 큽니다. 그래서 판단이 헷갈리는 거죠. 부도덕해서가 아닙니다. 도덕적이기를 기하려는데 되지 않는 겁니다.

이들은 삶의 현장이란 이른바 '진리의 실현'을 고민하게 하는 매 순간이 첩 쌓인 더미라고 여깁니다. 이래저래 훌륭한 분들의 이런저런 발언을 듣게 되면, 그러한 선언과 어떤 형태로든 만나게 되면, 일상을 살아가는 사람들에게는 훌륭함이 왠지 낯설어지기 시작합니다. 옳은데, 그야말로 훌륭한데, 그 옳은 훌륭함이 그분들에 대한 존경과 신뢰에 조금은 금을 가게 한다고 해도 좋을지 모르겠습니다. 그들의 염려를 좇아 사는 것에 영 자신이 없으니까요. 너무 훌륭해서요. 어쩌면 두려워진다 해도 좋을지 모르겠습니다. 그 앞에 서면 나는 변명할 수 없이 잘못과 그름과 불의에 속한 인간이 되니까요. 그래서 피하고 싶을 때도 없지 않습니다. 현실적으로 겁이 나는 겁니다. 그 염려를 다 승인하고 수용하면 내 삶을 포기해야만 할 테니까요.

훌륭함과의 어색한 틈이 아예 온통 공포로 물드는 것은 바로 이 계기에서입니다. 여느 사람들은 훌륭한 사람들이 제시하는 '임박한 종말의 두려움'에서 벗어날 길이 없습니다. 아니, 훌륭한 분들은 '나보다 나은 훌륭한 사람'이 아니라 '나와는 다른 사람이어서 훌륭한 사람'이기 때문에 이제는 '훌륭한'이라는 수식조차 가능하지 않습니다. 그들은 '다른 존재'입니다. 그들이 '옳다/그르다, 좋다/나쁘다, 아름답다/추하다' 하는 판단, 그 판단으로 행해지는 그들의 행동은 아무래도 내가 알 수 있는 일도, 할 수 있는 일도 아닙니다. 그것은 '하늘에서나 가능한 현실'입니다. '이 땅의 현실'은 아닙니다. 그들은 하늘에 속해 있습니다. 하늘에서만 할 수 있는 판단, 그곳에서만 가능한 이야기, 거기서는 당연한 일상의 실천입니다. 그렇지 않다면 이렇게 공감적 고뇌가 가신 지엄한 질책만 철철 넘칠 수가 없습니다. "땅을 벗어나 땅에 있다"라는 그들의 발언을 애써 짐작하고 감격했는데 그것은 나의 메아리 없는 독백이었는지도 모릅니다.

그들은 실은 완전히 땅에서 발을 떼고 하늘로 올라 거기서 둥둥 떠 있는지도 모릅니다. 아니면, 땅을 벗어나면서 서서히 사람의 탈을 벗었고, 땅으로 돌아올 때는 '인간이 아닌 인간'이 되었는지도 모릅니다. 만약 여전히 인간이라면, 인간의 현실을 진실로 알고 있다면, 그래서 인간을 위해 무언지 하고 싶다면, 인간을 진멸하는 일로 그것을 성취하겠다고 할 수는 없는 일입니다. 인간은 악한 존재가 아닙니다. 악해질 수 있는 존재일 뿐입니다. 그래서 악해지기도 하고 그렇지 않기도 합니다. 그런데 악을 제거해야 한다는 것은 어떻게 그것이 실천되더라도 인간을 제거하는 일과 다르지 않습니다. 그렇다면 훌륭한 분들의 발언, 곧 신이 된 인간의 말인즉 옳은데 현실인즉 옳지 않습니다. 마땅한데 마땅하지 않습니다. 그들은 너무 훌륭해 '몰라도 너무 모르기 때문'입니다.

궁경에 처하면 훌륭하지 않은 사람들도 고개를 쳐드는 경우가 없지 않습니다. "왜 나를 이해해 주지 않느냐? 당신도 삶의 한복판에서 살기 위한 몸부림의 현실에 처해 봐라. 당신은 실은 이 상황에서 견디지 못해 땅을 떠나 하늘로 도피한 것 아니냐? 그런데 이를 감추려 짐짓 더 큰 소리로 우리에게 저주를 퍼붓고 있는 거 아니냐? 내가 악하다고? 그것은 당신이 스스로 만족하는 당신만의 고고한 판단일 뿐이야! 진정한 출구는 이

고비에서 오직 악과 선, 정의와 불의, 옳음과 그름 간의 간극을 메우기 위한 고통을 우리가 함께 지는 일이야! 그렇지 않아?" 하고 절규합니다. 훌륭한 분, 신이 된 훌륭한 분들 앞에서 노출되는 여느 사람들의 모습은 이러합니다.

이제까지의 산만한 이야기를, 되풀이되지만, 좀 다듬어 보죠. '신 있음'은 인간의 고뇌가 낳은 현실입니다. 그러므로 그 고뇌의 절정에서 삶의 현실에 대한 아픔이 '신 있음'의 승인을 넘어 '신이 되어야' 한다는 필연성에 이른 것은 어쩌면 자연스러운 일일지도 모릅니다. 삶이 이래서는 안 되겠다는 정직한 아픔은 기다림이나 유예를 허용할 만큼 한가한 것이지 않기 때문입니다. 또한 그러한 자의식이 지금 여기를 버리는 용기와 지금 여기를 바라보는 정확한 인식에서 비롯하는 것이라는 사실도 진실입니다. 하늘에 오르지 않으면 땅이 보이지 않으니까요. 또한 처음의 온전함을 그리지 못하면 내일의 완결성도 그릴 수 없다는 증언도 절실하기는 다르지 않습니다. 훌륭한 분들의 자의식에서 말미암는 새로운 하늘과 땅에의 꿈과 이를 위한 실천은 삶을 함몰의 경지에서 끌어내 주는 분명한 힘입니다. 이상(理想)을 지니는 것보다 아름다운 일은 없습니다. 그것은 막힌 현실을 뚫어 주는 가장 구체적인 꿈이기   때문입니다.

훌륭한 사람은 이를 지닙니다. '넘어섬의 현실'을 상상할 수 있으니까요. 게다가 그 현실이 실현되리라는 신념조차 지닙니다. 그리고 바로 그 '실현된 온전함'의 자리에서 세상과 관계를 맺습니다. 신념은 이루어지지 않은 미래를 이루어진 오늘로 사는 일이니까요. 결국 신이 되어 인간을 만나는 거죠.

그러나 훌륭한 분들, 곧 신이 된 인간을 겪는 현장에서의 여느 사람들의 그들에 대한 느낌과 인식은 아름답지만은 않습니다. 그분들의 삶은 오히려 신을 참칭한 자기 패배나 도피나 좌절의 정당화, 아니면 이와 이어진 배제나 제거나 소거의 합리화, 아니면 이를 충동하는 경멸과 증오와 저주의 승화라고밖에 볼 수 없는 모자람이 어마어마한 현란하고 거룩한 언어로 치장되고 있는 것은 아닌가 하는 생각이 들기 때문입니다. 나아가 자신의 옳음을 위해, 자기의 정의로움을 위해, 자기의 선함을 위해, 그름이 요청되고, 불의가 필요하고, 악함을 전제하는 일이 일상화되어 있는 것이 그 훌륭한 분들의 삶이 아닌가 하는 생각도 듭니다. 자기의 '신다움'을 유지하기 위해서는 무수한 '신과의 전쟁'도 마다하지 않으면서요.

어둠이 사라지면 촛불은 아무런 의미도 가지지 못합니다. 촛불이 지녀야 할 윤리는 이렇다는 것을 스스로 아는 겁니다. 그러므로 촛불은 어둠과 더불어 밝음을 실현하면서 촛불을 지워버리기 위해 '어둠의 아픔을' 공유해야 합니다. 촛불은 언젠가는 자기가 꺼져야 비로소 자기의 역할이 완성되는 거라는 생각을 하면서 늘 겸손해야 합니다. 그렇지 않다면 그것은 '훌륭함'이 일컬을 은유이지 않습니다. 건방진, 아니면 거만한 '잘남'의 은유죠. 연꽃도 다르지 않습니다. 자기 뿌리가 담긴 물을 향해 "너는 더럽고 썩었지만 나는 너에게 발을 담그고 있으면서도 이렇게 맑고 향기로운 자태를 유지하고 있지 않니?"라고 말한다면 그것은 '훌륭함'의 발언이 아닙니다. 무척 교만한 '잘남'의 발언인데 아마도 물은 이렇게 반응했을지도 모릅니다. "그렇군요. 참 잘나셨습니다. 당신의 아름다움에 경의를 표합니다. 하지만 물이 마르고 더러움이 모두 햇빛에 말라 가셨다면 당신도 없었을 겁니다. 당신이 자랑하는 아름다움은 당신이 경멸하는 이 물이 있어 비로소 존재하는 겁니다. 그것도 썩은 물이요. 그러니 이 사실을 승인하고, 그런 다음에 우리의 공존을 이야기하면 어떻겠습니까?"

'신 이야기'는 신이 인간이 되었다는 이야기로 가득합니다. 그리고 이러한 이야기는 모두 신비한 이야기의 범주에 담겨 전해졌습니다. 그리고 그 이야기는 감동을 낳았습니다. 인간의 고뇌가 비로소 신으로부터 메아리쳤다는 사실을 확인하는 계기를 마련했으니까요. 그러나 인간은 많이 조급한지도 모릅니다. 신이 인간이 되기를 기다릴 수 없었는지, 아니면 스스로 신이 되어야겠다는 욕심이 너무 많아 그랬는지 몰라도 인간은, 그것도 훌륭한 사람은, 스스로 신이 되어 나서서 신의 일을 실행합니다. 얼마나 간절했으면 그랬겠냐는 설명도 그르지는 않습니다. 더구나 문제를 심각하게 인식하는 훌륭한 분들이라면 그 서두름은 이해되고도 남습니다. 잘못됨에 대한 자비이고 사랑이니까요. 그러나 '신의 인간됨'은 겸손이어도 '인간의 신 됨'은 교만이라고 일컬어졌습니다. 그럴 수밖에 없습니다. '훌륭한 사람'의 범람은 '잘난 사람'을 넘치게 했고, 그 결과는 무수한 신의 탄생으로 귀결하면서 세상을 신들의 싸움터로 만들었으니까요. 훌륭한 사람, 잘난 사람이 많으면 신도 범람합니다.

이 모든 현상은 '신 있음'의 이야기에 담긴 인간의 증언입니다. 우리는 '신이 인간이 되는 현실'도 겪었습니다. 그렇다고 발언하지 않으면 내 삶이 풀리질 않습니다. 그러므로 그 이야기를 '신 이야기'에 담아야 합니다. 이와 아울러 '신이 되는 인간의 현실'에 대한 증언도 담겨야 합니다. 그것은 인간이 기대할 수 있는 최선의 이상이니까요. 그것이 초래하는 비극적 현실도 함께요. 이 두 이야기를 배제한 '신 이야기'는 정직하지 않습니다. 지금 여기 우리의 이야기니까요. 그러므로 '잘난 사람들이 신이 된 이야기'를 간과하거나 삭제하는 어떤 '신 이야기'도 현실성이 없습니다, 완전하지 않은 거죠.

아홉 번째 이야기

못난 사람들의 신

모자란 못난 사람에게 필요한 것은 '신'입니다.
내 필요를 충족해 줄 뿐만 아니라 이를 넘어
내게 '넉넉함'을 마련해 주는 신입니다.
신은 내게 '절대적인 필요'가 됩니다.

살아가면서 견줌을 피할 수는 없습니다. 어떤 일에서나 어떤 경우에나 그렇습니다. 그래서 '다름'도 일컫고 '비슷함'도 말합니다. 견줌은 이에서 멈추지 않습니다. '아름답다'든지 '추하다'든지 하는 다름도 이야기합니다. 이것은 드러난 것을 묘사하는 다름이 아니라 가치나 의미를 살펴 판단하는 다름입니다. 어쩔 수 없이 이러한 다름은 우열을 결정합니다. 이를테면 앞장에서 말한 훌륭함이 그러합니다. 세상에는 훌륭한 사람이 있는가 하면 그렇지 않은 사람도 있습니다. 자기를 넘어 세상을 걱정하는 사람이 있는가 하면 오로지 자기만을 생각하기에도 벅찬 훌륭하지 못한 사람들이 있습니다. 견주어 그렇게 말합니다. 나음과 못함을 지적하는 거죠. 이런 견줌이 때로는 '차별'로 인식되기도 하고, 실제로 차별을 부추기기도 합니다. 하지만 그러한 위험이 있다 하더라도 우열을 마냥 피할 수는 없습니다. 무척 조심해야 하는 것은 당연합니다. 사람을 차별해서는 안 되니까요. 하지만 우열은 현실입니다.

분명하게 사람은 훌륭한 사람도, 그렇지 않은 사람도 있습니다. 잘난 사람도 못난 사람도 있고요. 누구나 인정하는 사실이기도 하고, 스스로 짓는 느낌에서 사실이 되기도 하지만 그 다름을 부정할 수는 없습니다. 그렇다고 차별적인 발언을 하겠다는 것은 아닙니다. 아예 저를 들어 이야기하죠. 저는 제가 참 못났다고 생각합니다. 직접적으로 말한다면 저는 많이 모자랍니다. 겸손해서가 아닙니다. 실제로 그렇습니다. 남들 모두 못하는데 나만 잘하는 일이 없습니다. 나도 남도 다하는데 내가 남보다 더 잘하는 일도 별로 없습니다. 엇비슷하게 이러저러한 나 나름의 일을 하면서 지내기는 하는데 그것만으로는 내 삶이 삶다워지질 않습니다. 스스로 만족할 만한 보람이 없으니까요. 과장한다면 내 존재 의미가 나 자신에게 뚜렷하질 않은 거죠. 늘 그런 느낌에서 벗어나지 못합니다. 못남은 제 현실입니다. 잘하고 싶은 의욕이 없는 것은 아닙니다. 그런데도 잘해야 할 일이 무언지도 막연하고, 겨우 어떤 목표가 생겨 이거다 싶어 이를 잘하려 해도 막상 해 보면 잘 되질 않습니다. 그런데 둘러보면 저 같은 사람은 없습니다. 저 말고는 모두 저보다 나은 사람들입니다. 사실이 그러하고, 제 느낌도 그러합니다.

그렇다고 제가 열등감에 빠져 허덕이지는 않습니다. 외로운 자학에 폭 꺼져 있지도 않습니다. 그럴 수 있는 까닭인즉 이러합니다. 더불어 산다는 것은 참 묘합니다. 홀로 있으면 견줌이 있을 까닭이 없습니다. 그러면 열등감도 없을 겁니다. 그렇다면 열등감은 더불어 사는 데서 말미암는다고 할 수 있습니다. 그런데 열등감이 가라앉는 것도 더불어 사는 삶에서 일어납니다. 홀로 할 수 없습니다. 더불어 살다 보면 나도 너도 허한 구석을 지닌 것이 보입니다. 각기 자기가 지닌 '못남', 곧 빈 구석이 드러나는 거죠. 그런데 그러다 보면 제각기 지닌 '나음'도 드러납니다. 서로 어울려 있으니까요. 그래서 홀로 열등감에 빠져 있지 않아도 괜찮게 됩니다. 더불어 사는 삶은 내 모자람도 드러내지만 내 나음도 아울러 드러냅니다. 그래서 더불어 사는 삶에서는 내 못남과 나음이 서로 얽힙니다. 내 못함이 너의 나음으로 채워지고, 내 나음이 너의 못함을 채워 주면서요. 거듭 말하지만 더불어 사니까요. 느낌을 애써 추스르면 이런 사실이 보입니다. 아마도 이것이 진정한 사실일 겁니다. 사람은 못나 더불어 살고, 그러다 보니 내 나은 점도 드러나는 게요.

모든 것을 갖춘 완벽한 사람이 없다고 단정하면서 마음이 놓인다면 이건 말도 안 되는 치사하고 유치한 태도입니다. 그런데도 그러한 생각을 하면 '다행이다!' 하는 느낌조차 들게 됩니다. '못나 더불어 사는' 이러한 제 경우를 일반화하는 것은 무모한 일입니다. 한데 그러고 싶습니다. '온전한 사람'은 정말 없기 때문입니다. 재능을 이야기하는 것도 아니고 운명을 이야기하는 것도 아닙니다. 그것들을 포함한 인간의 삶 자체가 충분하지 않음을 이야기하는 겁니다. 사람이 못났다는 것은, 사람이 모자란다는 것은 '어떤 이'의 이야기가 아닙니다. 인간 본연의 모습입니다. 그렇지 않았다면 인간이 굳이 '신'을 이야기했을 까닭이 없습니다. '신 있음'은 모자라고 못난 사람의 자기 고백의 결실이니까요. 오죽 온전함이 아쉬웠으면 그런 존재를 상정했겠습니까.

이래저래 모자란다는 자의식을 지닌 사람, 스스로 못났다고 자인하는 사람은 홀로 살 수 없다는 것을 저리게 아는 사람이기도 합니다. 그래서 그렇게 삽니다. 남하고 어울려 더불어 사는 거죠. 이를테면 이렇습니다. 아이는 어머니가 봄에서부터 한여름을 땀 흘려 지어 거둔 참깨 한 되를 들고 닷새에 한 번씩 열리는 장에 가서 검정 고무신과 맞바꾸고 돌아온 일을 평생 잊지 못합니다. 모자란 사람들의 삶은 그런 거라는 것을, 그래야 한다는 것을, 처음으로 경험한 일이기 때문입니다. 장터, 장마당, 시장(市場), 어떻게 불러도 좋습니다. 그곳은 자기가 할 수 있는 일과 할 수 없는 일이 드러나는 자리입니다. 남을 도와줄 수 있는 일과 남으로부터 도움을 받을 수 있는 일이 드러나는 자리이기도 합니다. 이런저런 사람들이 모여 북적거리는 장터는 모자라고 못난 사람들의 삶의 터전입니다. 어떤 모자람도 다 인정을 받는 곳이 그곳입니다. 재간이 없어도 좋고, 가진 물건이 없어도 괜찮습니다. 몸만 성하면 지게로, 아니면 맨 등으로 짐을 날라 주는 것만으로도 충분합니다. 몸이 성하지 않아도 상관없습니다. 아무것도 하지 못해도 됩니다. 하다못해 '빌어먹어도' 그럴 수 있는 자리가 거기 장터니까요. 더불어 삶은 어떤 것도 다 채워 줍니다. 서로 그렇게 살아갑니다.

아이에게는 늘 닷새가 길었습니다. '모자라도 생존의 욕구가 충족되는 날'이 기다려지는 거죠. 아니, 모자라서 더 그랬다고 해도 좋습니다. 이번에는 송진이 많이 엉킨 가지나 옹이만을 잘라 장터 국밥 할머니에게 한 자루 가득 건네주고 아이는 배부르게 장국을 얻어먹었습니다. 관솔을 따는 일만이 아니었습니다. 다음에는 벼를 갓 베고 난 논바닥에서 우렁이도 잡았습니다. 그 힘듦은 반드시 보상을 가져다주었습니다. 내가 갖지 못한 것을 갖게 해 주었습니다. 아이는 힘이 났습니다. 살아야 한다는 본능과 의지, 모자란다는 자의식이 한꺼번에 채워지기 때문이죠. 채워질 뿐만 아니라 생존에의 의지와 모자란다는 자의식은 못난 사람을 끌고 가는 힘이기도 했습니다. 아이는 그것을 터득했습니다.

이런 일이 고이 그대로 이어지지만은 않았습니다. 그 힘이 모자람을 채워 주는 데서 머물지 않은 거죠. 그 힘이 필요의 충족을 넘어서는 더한 의욕을 충동하기 때문입니다. 생의 욕구는 실은 무한합니다. 역설적이지만 그 무한함이 없었다면 자신이 유한하다는 사실조차 인식하지 못했을 겁니다. 참깨 한 되로 바꾼 검정 고무신에 더해 무언가 더 받고 싶습니다. 장국 한 그릇이 아니라 두 그릇이었으면 더 좋겠다는 아쉬움을 지닙니다. '공정한 교환'만으로는 모자랍니다. 바꾸고도 내게 남는 것이 있으면 좋겠는 거죠. 그래서 내 소유가 '더 많기'를 추구합니다. 거래의 끝에서 '여유의 축적'이 가능하다면 더할 나위가 없겠습니다. 주고받음이 '넉넉함'을 늘 누리게 해 주면 좋겠고요. 그래서 못난 채 못남을 간과하는 못남이 발휘됩니다. 기교를 부리게 되고 흥정을 하게 합니다. 수단 방법을 다 동원하여 '여유의 축적'을 향해 매진합니다. 그런데 그게 이뤄집니다.

그러나 그러한 자기에 만족하는 사이 장터에서는 자기도 모르는 사이에 '서로 채움'의 균형이 깨집니다, 덧쌓이는 보탬의

많고 적음이 벌어지고 그 틈이 커집니다. 마침내 얻음을 누리는 사람과 잃음을 감내해야 하는 사람이 갈립니다. 시장이 흔들립니다. 나는 이쪽에 들기도 하고 저쪽에 들기도 하면서 시장과 더불어 출렁입니다. 이윽고 '더 많은 필요'를 설명하는 논리가 등장합니다. 일상의 흐름이 넘치거나 끊길 때를 예상하는 '우연에 대한 대처'의 논리도 펼쳐집니다. 전에 없던 '능력의 우열'과 이에 대한 '보상의 공정성'에 대한 논의도 현란해집니다. '게으름과 근면'에 대한 질책과 칭찬도 이에 첨가됩니다. 어느 틈에 모자라는 사람들의 공존의 장이었던 시장은 못난 사람들의 욕구 충족 겨룸의 장이 됩니다. 그것이 극에 달해 살벌해지면 장터는 아귀다툼의 진흙탕과 조금도 다르지 않습니다. 못난 사람의 삶의 모습이 이러합니다.

'신 있음'을 준거로 한 '신 이야기'를 이 맥락에서 해 보면 어떨까요. 인간은 어차피 모자란다는 자의식, 자신이 유한한 못난 존재라는 자의식에서 비롯한 것이 비일상성, 초월, 거룩함, 신비, 절대 등이었습니다. 그리고 그것이 사람다움으로 일컬어지면서 '신 있음'은 그와 나와의 만남이 이루어지는 사실이게 되었고요. 그런데 장터가 살벌한 아귀다툼의 늪이 되면서 '신'은 이전 어느 때보다 더 절대적으로 필요하고, 반드시 있어야 하며, 결코 놓쳐서는 안 되는 존재가 됩니다. 신의 절대성, 곧 그는 못 만드는 것이 없고, 못 하는 일이 없으며, 언제 어디에나 있어 장소와 때를 가리지 않고 이를 발휘할 수 있다는 사실이 절실하게 요청되는 자리가 장터이기 때문이죠. 못남은, 모자람은 다른 것이 아닙니다. 바로 그런 것들을 갖추지 못한 것입니다. 사람이 못날 수밖에 없는 것도 바로 그런 탓입니다. 그러므로 모자란 못난 사람에게 필요한 것은 '신'입니다. 내 필요를 충족해 줄 뿐만 아니라 이를 넘어 내게 '넉넉함'을 마련해 주는 신입니다. 신은 내게 '절대적인 필요'가 됩니다. 아귀다툼이 이는 장바닥에서는요.

이러한 필요가 '신 이후'의 현상은 아닙니다. 실은 '신 이전'의 현상입니다. 그러한 필요가 신을 낳았으니까요. 그러나 신은 필요 여부를 넘어선 존재로 저 높이 있었습니다. 당연한 거룩한 존재로요. 그런데 살벌해진 장터가 그 신을 새삼 '필요'로 불러온 거죠. '신 이전'의 자의식을 되불러냈다고 해도 좋을지 모르겠습니다. 갑자기 신은 직접적으로 내 욕구를 충족시켜 주기 위한 존재, 이를 위해 필요한 존재가 된 거니까요. 아니면 신을 있게 했던 본래의 자의식이 되돌아와 '신 있음'과 '신의 필요'를 생생하게 다시 이어 준 거라고 해도 좋습니다.

그러나 이 계기에서의 신의 출현은 이전과 꽤 다릅니다. 이전의 신은 '있음'으로 전제된 절대자였던데 반해 지금 다시 불린 신은 그 있음이 필요를 준거로 하여 지워질 수도 있는 신이기 때문입니다. 이 자리에서는 만약 신이 내 필요를 충족시켜 주지 않는다면, 그럴 수 없다면, 이미 그는 내게 신일 수가 없습니다. 신은 아무 소용도 없고, 의미도 없고, 무가치합니다. 없어도 상관없는 존재입니다. 그러니 실제로는 없는 거나 다름이 없죠. 어이없는 말일지 몰라도 '신 있음'은 이리도 초라하게 취약합니다. 이를 달리 이렇게 말할 수도 있습니다. 못나고 모자란 사람이 신을 선택하는 기준은 내게 그가 필요한지 불필요한지 하는 거라고요. 신은 그렇게 선택되어 비로소 있게 되는 존재입니다. 적어도 못난 사람에게는요.

그렇다면 누구나 짐작할 수 있듯 필요 여부로 일컬어지는 신은 하늘에 있지 않아야 합니다. 이 땅에 있어야 하죠. 지금 여기에요. 하늘은 너무 멉니다. 그러나 이는 공연한 염려입니다. 실제로 '필요가 요청한 신'은 처음부터 하늘에 있지 않습니다. 이미, 또는 아예, 땅에 속해 있습니다. 못난 사람은 신을 이렇게 겪고 있으니까요. 더 정확하게 묘사한다면 신은 인간의 '손에 들린 장대'처럼 우리 안에 있습니다. 이를테면 이러합니다. 아이는 키가 크지 않았습니다. 아이니까요. 모자란 게 많죠. 가을

이면 뒷마당 감나무에 주렁주렁 감이 열렸습니다. 그런데 어느 것은 까치가 쪼아 일찍 제풀에 홍시가 되기도 했습니다. 아이는 그것을 먹고 싶었습니다. 다른 감은 떫으니까요. 하지만 한껏 팔을 뻗어도 손이 익은 감에 가 닿지 않았습니다. 나무를 타고 오르려 해도 어른들이 감나무 가지는 여려 쉽게 찢기니 위험하다면서 말렸습니다. 아이가 어떻게 해서 긴 장대를 사용하게 되었는지는 모릅니다. 홍시를 먹고 싶은 의지가 이를 충동했을 겁니다. "찾아봐! 너를 보완해 줄 수단을!" 이렇게요. 긴 장대는 아이의 팔을 나무 끝까지 뻗게 했습니다. 짧은 팔이 길어진 거죠. 모자람이 채워진 거고요. 도구는 필요를 충족시켜 줍니다. 아이는 홍시를 먹을 수 있었습니다. 시행착오도 했습니다. 감이 땅에 떨어져 먹지 못한 일도 있었고, 초가지붕에 떨어져 깨지지 않은 감을 거둘 수도 있었죠. 가을이 깊어 감을 떨어 홍시를 기다리지 않아도 떫은맛을 우려 마음껏 먹어도 되자, 겨우내 감을 익혀 홍시로 먹을 때가 되자, 아이는 장대를 사용한 일은 물론이고 장대조차 잊어버렸습니다.

'장대가 된 신'을 살아가는 것이 못난 사람의 '신 있음'의 현실임을 일컬으면 그 무엄함에 속상할 분들이 없지 않을 겁니다. 그러나 이는 '현실'입니다. 못난 사람의 '신 있음'의 삶 안에서의 신은 철저하게 도구화되어 있습니다. 그것도 지금 여기에

232

신 이야기

서의 나의, 그리고 우리의 소원을 성취해 주는 도구로요. 너무 짧아 더 긴 것이 필요하면 긴 것을 찾아 짧은 것은 주저 없이 버리듯 신을 그렇게 다룹니다. 더는 필요하지 않다고 판단이 되면 아예 거들떠보지도 않듯이 신을 그렇게 대합니다. 그러다 필요하면 다시 주섬주섬 장대를 거두듯 신을 그렇게 사용합니다. 차마 함부로 말하기도 두려운 귀한 언어들, 곧 신을 일컫는 초월, 절대, 거룩함, 영원 등은 실은 신이라는 도구의 효율성을 설명하는 소박한 언어일 뿐입니다.

모자란 사람들의 '신 있음'의 삶에서 신이 철저하게 인간의 도구로 있다는 사실을 확인하는 일은 무척 쉽습니다. 기도를 살펴보면 되니까요. 인간은 늘 기도하면서 삽니다. 절대자에게 드리는 희구의 발언이죠. 용서를 빌기도 합니다. 살아가는 삶이 온통 엉망진창이니까요. 단순하게 기리는 발언도 합니다. 어마어마한 존재 앞에서 이는 외경의 염 때문이죠. 이렇게 참회와 찬양이 늘 함께 기도의 내용을 이룹니다. '신 있음'을 살아가는 모자란 사람의 삶에서 이를 결한 기도는 없습니다. 홀로 하는 기도에서도 그러하고, 공동체가 하는 경우도 다르지 않습니다. 신 앞에서 자신을 살피고, 그 신의 닿을 수 없는 권위를 새삼 신뢰하는 것은 삶을 삶답게 하는 요체니까요.

그러나 삶은 매우 구체적입니다. 삶의 구석구석은, 삶의 흐름의 굽이들은 모두 인간의 모자람 탓에 생긴 멍들고 찢긴 상처들로 가득합니다. 모자라고 못났기 때문에 겪는 아픔들이죠. 그것을 치유하고 넘어서려는 갖은 소원들이 속 깊은 데서부터 늘 터져 나옵니다. 그것을 담은 절규가 기도입니다. 참회에 담아, 기림에 실어, 이 소원들이 하늘을 찌릅니다. 결국 기도는 소원의 아룀입니다. 바라는 것이 이루어지기를 부탁하는 거죠. 몸의 아픔에서 벗어나게 해 달라는 것은 당연합니다. 진학, 취업, 승진, 사업의 번영도 그렇습니다. 이런 것만이 아닙니다. 사회가 정의롭기를, 전쟁이 없는 평화가 지속하기를 빌기도 합니다. 실은 기도의 내용을 나열하는 것은 무의미하기 짝이 없는 일입니다. 스스로 모자라고 못났다는 자의식을 가진 인간이 하는 모든 삶이 기도에 포함되어야 하고, 그렇기에 삶의 구석구석에서 벌어지는 크고 작은 모든 일도 기도에 담기지 않을 수 없으니까요. 현실적으로 말하면 시시콜콜한 모든 것을 다 내놓고 "내가 바라는 것은 이겁니다. 이걸 꼭 해 주세요!" 하는 겁니다. 그게 기도입니다. 거기에 들지 않는 것은 아무것도 없습니다. 달리 말하면 이를 우리는 '복을 비는 일'이라고 말합니다. 복은 결핍에 대한 충족이고, 아쉬움에 대한 채움이고, 바라는 일을 현실화하는 겁니다. 그러므로 복을 비는 일은 인간의 일상입니다. 복을 빌지 않는 인간은 실은 인간이 아닙니다. 어쩌면 그는 신일지도 모릅니다. 못난 사람이 이미 아닐 거니까요. 복을 빌고, 복을 누리는 것이 삶의 모두입니다. 기도는 바로 이 모두를 담습니다. 이를 신에게 부탁하는 거죠. 결국 삶 모두를 신에게 부탁하는 겁니다. 그런데 이는 달리 보면 내 삶을 치다꺼리하는 것이 신이라는 것과 조금도 다르지 않습니다. 신은 인간이 바라는 것을 이루어 주어야 하는 심부름꾼인 거죠. 못난 사람들은 신을 이렇게 '거느려야' 비로소 지탱합니다.

이에 대한 비판적 반론이나 이견도 무성합니다. 기도가 담은 내용과 그때 이뤄지는 신과 인간의 관계를 냉정하고 기계적인 구조로 여겨 살핀다면 기능적으로 그렇게 신이 인간의 도구이게 된다는 것으로 다듬을 수도 있지만, 그것은 '신 있음'을 사는 삶의 진실을 간과한 천박한 묘사라고 말합니다. 이를테면 그 관계는 일방적일 수 없다는 것이 우선하는 반론입니다. 소원을 아뢰지만 신의 뜻을 헤아리는 것이 인간이고, 필요의 충족을 바라는 그 내용을 알지만 인간의 형편을 헤아려 선택적으로 반응하는 것이 신이라는 겁니다. 기계적인 구조가 아니라 인격적인 만남인데 어찌 그리 무엄하냐고 말합니다. 그렇습니다. 복을 비는 것은 인간이고 복을 주는 것은 신입니다. 이미 그 관계는 상호적임을 넘어선 관계입니다. 주고받는 관계가 아닌 거죠. 인간은 신에 간여할 수 없습니다. 아뢰되 기다리고 순응하는 길밖에 없는 거죠. 이것을 바랐지만 저것을 받을 수도 있고, 아예 아무런 것도 받지 못하기도 하죠. 그러므로 신 앞에서의 신뢰와 겸손을 결한 기도는 기도가 아닙니다. 그렇잖은 인간의 기도는 모자란 인간의 아쉬움의 절규나 고백이기보다 절대를 넘보려는 헤아림 없고 어쭙잖은 건방진 태도에 지나지 않습니다.

이와 궤를 같이하면서도 좀 다른 의견도 있습니다. '신의 도구화'라는 언표 자체가 신의 거룩함에 대한 훼손이라는 판단이 그렇습니다. 일상을 넘어선 우러름의 대상을 일상 안의 효율적 기능으로 여긴다는 것은 참람한 일이라는 거죠. 이들은 그렇게 된 까닭을 못난 사람들이 자기가 가지고 싶다든지 이루고 싶다든지 하는 욕망의 대상을 이미 있는 신보다 더 위에 놓기 때문이라고 말합니다. 이는 자기의 욕망을 '신의 절대성을 넘어서는 절대성을 지닌 것'으로 여긴 탓이라는 겁니다. 신과 인간의 도치 현상이 벌어진 거죠. 그들은 이를 신 아닌 것이 신의 자리를 차지하고 신 노릇을 하는 데서 말미암은 현상이라고 설명하면서 우상숭배라고 말합니다. 이렇듯 잘못된 신을 섬기면서 그것이 잘못된 신인 줄 모르는 것이 신의 도구화를 낳았다고 주장합니다. 진정한 신을 믿었다면 그런 참람한 일은 상상조차 불가능했을 거라고 거죠. 겸손하고 신의 뜻을 헤아려 살려는 사람은 그러한 과오를 범하지 않는다고 주장합니다. 그러한 과오를 범하는 것은 미련하고 유치한 사람들입니다.

이러한 반론들은 옳습니다. 그러나 이러한 주장의 '옳음이 지닌 모자람'도 있습니다. '신의 도구화'를 가장 잘 드러낸다는 기도가 '신을 거느리는 철없이 건방진 모습'으로 보이기도 하지만 그것은 '신에게 매달리는 극도로 안타까운 모습'이기도 합니다. '신의 도구화'는 잘못된 신의 설정에서 비롯한다지만 모자람이 채워지기를 바라는 모습은 현실적으로 다를 수 있어도 이를 위해 기도하는 대상이 '신'인 것만은 다르지 않습니다. 그 신이 물음에 따라 다른 모습으로 드러나는 것도 현실이고요. 그렇다면 신과 우상을 구분하는 것은 "내가 믿는 신은 신이지만 네가 믿는 신은 신이 아닌 신이다"라는 '배제의 논리'에 의거한 판단일 뿐입니다. 그러나 이러한 반론이나 이견도 '신 있음'을 전제한 거라면, 그런데 '신 있음'이 인간의 필요가 낳은 거라면, 이러한 견해도 그것 나름으로 절대적이거나 그것 자체로 거룩하여 감히 건드려서는 안 되는 그런 것은 아닙니다. 반론에 대한 비판도 얼마든지 가능한 거니까요. 독선적인 분위기를 감지하지 못하는 것은 아니지만 이러한 반론은 '아쉬움을 아뢰는 태도'에 대한 성찰을 채근하는 따뜻한 발언들인 것은 분명합니다. 이 또한 그들의 경험에서 비롯한 거니까요.

주목할 것은 기도가 실현되지 않을 적의 사람들의 반응입니다. 소원 성취에 대한 도구적인 반응을 기다리다 지쳤거나 아예 신의 침묵만이 지속되는 과정에서 기도하는 사람의 안에서 꿈틀거리는 절망이 '신 있음'의 틀 안에서 어떤 모습으로 드러나는가 하는 겁니다. '굶어 죽는 신' 이야기는 이 맥락에서 못난 사람이 신과 맺는 관계를 가장 희화적으로 드러내 줍니다. 기능적으로 효율적이지 못하다고 판단된 신을 사람들은 견디지 못합니다. 그런데 신이 지닌 절대적인 능력은 여전히 신뢰합니다. 불신과 신뢰가 한꺼번에 소용돌이치는 거죠. 그러나 이에서 머물 수는 없습니다. 어떻게든 이에서 벗어나야 합니다. 신뢰를 강화하여 불신을 소거하는 길도 있습니다. 불신을 극단화하여 판을 깨트리는 방법도 있습니다. 그러나 내 안에서 불신이든 신뢰든 선택할 수 있었다면 그런 갈등에 시달리지 않았을 겁니다. 문제는 내 소원을 이뤄 주는 것은 내 밖에 있는 신입니다. 나는 모자라니까요. 그렇다면 불신이든 신뢰든 그것과는 상관없이 그 둘 모두의 어느 자리에서든 해야 하는 일은 신을 어떻게라도 해서 내 편으로 만들어야 합니다. 내게 복을 주도록요.

뜻밖에도 모자란 사람의 모자람에서 솟은 선택된 가장 효율적인 방법은 '협박'입니다. 신을 위협하는 거죠. 위협의 내용은 간단합니다. '신의 존재'를 협박하는 일입니다. 신이 두려워하는 것은 인간이 그를 부정하는 일이라고 사람들은 생각합니다. 인간이 자기를 제거하면 신도 없다는 사실을 그도 안다고 여기는 거죠. 신은 인간으로부터 비롯했으니까요. 마찬가지로 인간도 그러합니다. 신이 나를 배제하면 나는 설 수가 없습니다. '신 있음' 안에서요. 신과 인간은 이렇게 있습니다. 이 관계 구조 안에서 이루어지는 강제가 협박입니다.

그 내용은 무척 소탈합니다. 사람이 신에게 "내게 복을 주지 않으면 나는 네게 제사를 지내지 않을 거야!"라고 말합니다. 신에게는 이보다 더 큰 위험이 있을 수 없습니다. 신도 '먹어야' 사니까요. 신의 사람다움이 그렇습니다. '제상(祭床)의 철거'는 신에게 인간이 할 수 있는 극단의 위협입니다. 이는 "나는 너를 버리겠어. 더는 너를 신으로 여길 수가 없어!" 하는 선언이기도 합니다. 굳이 먹음과 연결하지 않아도 좋습니다. 관계의 단절이라고 하면 더 분명합니다. 신의 두려움은 인간과의 관계의 단절입니다. 제사를 받지 못하는 신은 배회하는 불안에 머뭅니다. 이에 이르면 신은 스스로 존재할 수 없습니다. 실제로 그렇게 해서 수많은 신이 사라지기도 했습니다. 의학의 발전이 얼마나 많은 치병의 신을 더 있지 못하게 했는지는 다 아는 일입니다.

종두(種痘)가 시행되면서 마마 귀신은 더는 생존할 수 없게 되었습니다. 마마 배송굿이 사라졌으니까요. 제사를 받지 못하는 신은, 제사가 필요 없다고 판단된 신은 사라집니다. 새 신으로의 교체이기도 하고 더 나은 신에 의한 못한 신의 소멸이기도 합니다. 모자란다는 자의식을 지닌 못난 사람은 이렇게라도 해서 신의 복을 받아 내야 합니다.

그러나 현실은 훨씬 모호하고 복잡합니다. 복을 받지 못하는 것은 '기능을 잃은 도구' 탓만이 아닙니다. 인간의 소원이 모두 충족되지 못하는 것은 신이 들어주지 않아서만이 아닙니다. 인간의 욕망 때문이기도 합니다. 그 욕망이 한계를 넘어서기 때문인 거죠. 더불어 사는 장터에서 드러난 못난 사람들의 삶을 반추해 보면 압니다. 어떻게 왜 서로 채워 사는 삶의 자리가 아귀다툼의 진흙탕으로 바뀌었는지 기억한다면 누구도 변명할 말이 없습니다. 서로 채움이 아니라 서로 뺏음이 넘쳤기 때문이죠. 못난 모자란 사람들의 모자람이 빚은 참상이 이러했습니다. 그래서 모자란 사람은 그렇게 살아갈 수밖에 없는지도 모릅니다. 그래서 못났고 모자란 걸 겁니다. 그런데도 이들은 '신 있음'의 맥락에서 기도하는 몸짓의 효용을 잊지 않고 기억합니다. 그러나 그 기억이 참회와 기림, 그리고 이와 더불어 삶을 완

신 이야기

성하려는 마디마디에 대한 성찰을 의도하기보다 더함과 넉넉한 누림을 위한 기도의 효용에만 집착하여 더불어 사는 틀을 깨트려 버린 거죠. 못남의 실상이 이러합니다.

제의에서도 다르지 않습니다. 기도에서와 마찬가지로 참회와 기림의 몸짓이 제의입니다. '신 있음'의 맥락에서는 그가 어떤 신이든 그에 대한 의례는 이렇게 구조화되어 있습니다. 용서를 빌고, 새 삶을 다짐하고, 그러한 삶의 근원이 신으로부터 말미암는다는 사실을 기림을 통해 스스로 확인하기 위해 제물을 마련합니다. 소를 잡아도 좋고, 양을 잡아도 좋습니다. 촛불이어도 좋고, 맑은 물이어도 좋습니다. 그윽한 향을 피우는 것만으로도 충분합니다. 그 다양성은 역사-문화적 전승의 다양성과 병행합니다. 무엇보다 중요한 것은 집전자가 제물과 자기를 동일시한다는 겁니다. "나는 이제 나를 죽여 이제는 나를 지속하려는 모든 욕망에서 벗어난다"라는 것을 실증적으로 제시하는 거죠. 못난 사람도 이를 압니다. 제의는 이래서 신으로부터의 복을 초래하는 매개라는 사실을 아는 거죠. 모자란다는 자의식 때문에 못난 사람들은 더 이러한 사실에 민감할 수밖에 없습니다, 그래서 그들도 그렇게 제의를 집전합니다.

그러나 욕망의 성취에 지나치게 서둔 탓일까요. 아니면 못남이 다함이 없기 때문인지요. '도구화된 신'에 대한 배신감 때문일까요. 못난 사람들은 신을 제물 삼아 신에게 제사를 지냅니다. 말도 되지 않는 이야기지만 그렇게 묘사할 수밖에 없습니다. '도구화된 신'을 제의 구조의 틀에서 기술한다면 신은 인간을 위해 '신에게 제물로 바쳐진 신'이라고밖에 달리 서술할 길이 없기 때문입니다. 못남의 지극함은 이에 이릅니다.

오늘 우리가 직면하는 '신의 실태'는 이러합니다. 무릇 온갖 종교의 실상이 그러하다고 말해도 좋을 듯합니다. 종교들은 하나같이 말합니다. 여기 사람 되는 길이 있고, 여기 사람으로 잘 사는 길이 있고, 여기 바라는 소원을 이룰 수 있는 길이 있다고 말합니다. 기도하면 된다고 말합니다. 의례의 집전에 참여하면 그럴 수 있다고 말합니다. 사람들은 솔깃합니다. 모자라니까요. 그래서 그렇게 합니다. 그래서 누리는 새 삶도 있습니다. 그래서 겪는 절망의 늪도 있습니다. 그러나 그렇게 하지 않으면 어떤 삶도 견디지 못하는 한계를 절감하기 때문에 어떤 처지에서든 다시 그 선언을 좇을 수밖에 없습니다. 기도하고 제의에 참여하면서요.

그런데 종교의 선언은 이에서 멈추지 않습니다. 신을 도구화하며 살아가는 못난 사람들의 성정(性情)을 잘 아는 까닭이겠지요. 기능성과 효율성에 따라 신에게 값을 매깁니다. 그리고 이

신 이야기

를 팝니다. 종교의 장은 거대한 시장입니다. 더불어 사는 삶을 위한 서로 모자람을 채워 주는 장이 아닙니다. 인간의 무한한 욕구를 충동하면서 이를 이용하여 '구매할 수 있는 신, 소유할 수 있는 신'을 널어놓습니다. 일컬어 신을 위한다는 구실로, 일컬어 인간을 위한다는 구실로, 신은 신 앞에서 제물이 되어 팔리고 있는 겁니다. 소원이 이뤄지지 않았다고 불평하면 "그러니 더 나은 신을 사야 했지 않았느냐!"라는 질책조차 돌아옵니다. '신 있음' 의 현실을 묘사하는 '신 이야기'에서 장터에 널린 상품화된 신의 이야기를 제외한다면 그것은 정직할 수 없습니다.

잘난 사람들은 세상을 걱정하면서 어느 틈에 신이 되어 버렸습니다. 그래서 잘난 사람들의 세상은 신들의 전쟁으로 편할 날이 없습니다. 그런데 못난 사람들은 서로 도와주면서 못남을 이겨 살다 어느 틈에 서로 더 많이 빼앗으려는 자기 욕망을 채우려 신을 제물로 삼는 데 이르렀습니다. 그래서 못난 사람들의 세상은 신을 매매하느라 엉망인 장바닥이 되었습니다.

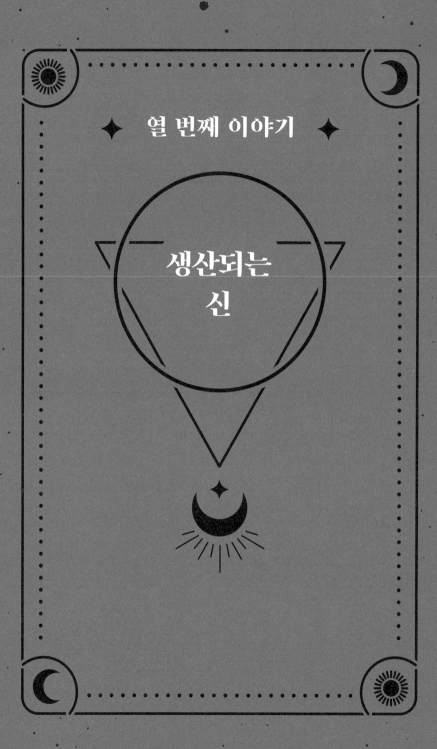

열 번째 이야기

생산되는
신

신의 변모, 또는 변화도 불가피합니다.
시간을 살아가는 인간의 '삶의 틀'이 바뀌기 때문이죠.
신은 이렇듯 지어지죠. 생산됩니다.

인간은 신을 요청할 수밖에 없는 존재라는 이야기, 그 까닭
인즉 인간은 스스로 모든 것이 유한하다는 것을 지각하면서 지
금 여기를 넘어서는 비일상적인 실재를 희구하기 때문이라는
것, 그리고 그렇게 등장한 실재는 초월, 거룩함, 절대, 영원 등
으로 채색되고 마침내 사람다움의 모습으로 이를 묘사하면서
신이 태어난다는 이야기, 우리는 이러한 이야기를 첫 장에서부
터 이어 왔습니다. 몸을 가진 마음이 신의 고향이라면서요. 그
래야 '신 이야기'가 겨우 펼쳐질 수 있다고 생각한 거죠. 그렇지
않은 다른 이야기가 있다면 그것은 어떻게 하면 더 잘 믿고, 더
진정으로 자신을 봉헌하고, 신으로부터 비롯하는 규범을 잘 좇
아 살 것인가 하는 이야기가 될 겁니다. 신앙을 돈독히 하려는

거죠. 하지만 우리가 지금 여기에서 의도하는 것은 신념의 강화가 아니라 '신 있음'의 현상이란 어떤 것인지를 알고 싶은 겁니다. 몹시 부적절한 묘사라고 질책을 받을 게 분명한 '생산되는 신'이란 표제도 이러한 앎을 의도한 데서 말미암은 의도적인 선택입니다.

도식적인 접근이기는 하지만 다음의 사실들을 살피는 데서부터 위의 주제, 곧 '신이, 또는 신도 생산된다'는 사실에 다가가고 싶습니다.

사람들은 제각기 다른 지역에서 삽니다. 아주 크게 지구를 단위로 한다면 각기 처한 지리적 조건이 다른 거죠. 당연히 기후가 다릅니다. 그 다름은 생존의 조건을 결정합니다. 우리가 다 아는 사실입니다. 자연과의 순응과 극복을 겪으며 생각의 방법도 내용도 그 나름의 독특한 모습을 지니게 되고, 판단의 준거도, 가치의 경중(輕重)도 그렇게 자기 색깔을 지니게 됩니다. 그래서 지역에 따라 각기 특유의 생존 양식을 지니고 살아갑니다. 지리적 조건은 가장 커다란 의미에서의 '삶의 틀'입니다. 그것이 일정한 삶의 틀을 짓는다고 해도 좋고요. 게다가 국가든 더 낮은 단계의 지방이든 다스림의 권역(圈域)이 분할되면서 이에 속한 특정한 공동체의 '삶의 틀'도 생깁니다. 앞의 틀과 뒤의 틀이 겹쳐지면서 삶은 그만큼 다양해지죠.

이에 더해 우리는 시간의 흐름에 예속되어 있습니다. 시간 안에 들면서 존재하게 되고, 이에서 벗어나면서 더는 존재하지 않게 되니까요. 그런데 시간은 존재하는 것을 그대로 두지 않습니다. 시간 안에서는 변모와 변화, 생성과 소멸이 일어납니다. 우리가 일컫는 '역사적 사실'이란 시간의 범주 안에서 일어나는 존재의 변화를 기술한 겁니다. 그렇다는 것을 늘 염두에 두고 사는 사람의 자의식을 '역사의식'이라고 부르고, 시간 안에서 전승된 기억과 만나면서 지금 여기를 인식하고 판단하며 나아가 내일을 예상하는 것을 한꺼번에 '역사'라고 말합니다. 이런 것들을 통해 시간은 당대의 '삶의 틀'을 짓습니다. 당연히 시대에 따라 다른 삶의 모습이 표출됩니다. 시대 간의 단절과 연속, 낡음과 새로움의 상당한 정도의 겹침, 과거에의 향수와 미래에의 기대가 낳는 긴장들이 그 다양한 모습입니다. 고이 이어지는 것은 없습니다. 시간은 그것 자체가 무상(無常)을 겪게 하니까요.

'신 있음'은 이러한 '정황'에서 일어난 일입니다. 신은 역사-문화적인 실재인 거죠. 신은 지리적이고 공동체적인 여러 틀의 중복 및 교차 안에 사는 사람들의 경험이 드러낸 거니까요. 문화권에 따라 신의 이름이나 모습이 다른 것은 이 때문입니다.

또한 사람들은 '당대의 요청이나 필요'에 따라 지난 삶의 틀을 버리거나 답습하거나, 강화하거나 다시 짓거나 하면서 새로운 것을 보탭니다. 신의 변모, 또는 변화도 불가피합니다. 시간을 살아가는 인간의 '삶의 틀'이 바뀌기 때문이죠. 신은 이렇듯 지어지죠. 생산됩니다.

위의 이야기를 더 부연해 보죠. 흔히 신은 명확하게 정의되는 존재로 여깁니다. 자명한 존재라고 생각하는 거죠. 누가 이렇다 저렇다 말할 수 있는 그런 존재가 아니라는 겁니다. 비록 역사–문화적 실재라 할지라도 신의 본디 모습을 그리는 초월, 거룩함, 절대, 영원, 신비 등의 개념은 그 실재가 역사나 문화를 넘어서는 것임을 보여 주는 거니까요. 그런데 주목할 것은 그 개념들이 이미 역사–문화적 조건에 따라 지어진 거라는 사실입니다. 그래서 그러한 개념들이 수식한다 해서 그 수식된 실재가 갑자기 역사–문화적인 맥락을 벗어나는 것은 아닙니다. 그러한 개념들이 어떤 실재를 비일상성의 범주에 들게 하는 것은 분명한데 그 실재의 실제 모습은 한결같지 않은 거죠. 역사–문화적 맥락에 따라 신은 달라도 참 많이 서로 다릅니다. 지역에 따라, 시대에 따라 그렇습니다. 그런데 가까이 이 현상에 다가가면 그 다름을 드러내고 결정하는 주역들이 보입니다. 자연스럽게 된다기보다 상당히 의도적으로 이러한 다름이 마련되는 거죠. 문화는 자연에 인간의 의도가 곁들여 이루어지는 거니까요. 공동체가 그렇습니다.

인간이 더불어 산다는 것은 '신 있음'의 삶에서도 다르지 않습니다. 이를 준거로 한 공동체의 형성은 자연스럽습니다. 그리고 그 공동체가 일정한 조직을 마련하면서 이에 곁들여 이념과 규범을 짓는 것도 다르지 않습니다. 직제를 두어 이를 관장하게 하는 것도 당연하고요. 그래서 성직자들이 생기고 때에 따라 일단의 학자들도 이에 깃들입니다. 기능의 분화, 힘의 배분이 축을 이루는 거죠. 공동체 구성원인 신도들의 돈독한 신앙을 위한 의례의 집전이 성직자가 할 몫이라면 학자들은 이들 비일상의 개념들을 현실에 적합한 일상의 개념으로, 비일상적인 언어를 일상의 언어로 '번역'하여 이를테면 '신을 터득하도록' 가르치는 일을 합니다. 그 두 기능은 하나로 모이기도 하고 나뉘기도 합니다. 그것도 역사-문화적 요인에 따라 그렇게 됩니다. 그러니까 이들은 신을 사람들에게 알맞도록 빚고 다듬는 일을 하는 사람들이죠. 주목할 것은 이때의 '번역' 또는 더 일반화해서 말한다면 '설명'입니다. '신 있음'의 맥락에서 말한다면 이는 '하늘의 언어'를 '땅의 언어'로 바꾸는 일이기도 하고, 보이지 않는 것을 보이게 하는 것이기도 하며, 추상적인 것을 구체적이게 하는 것이기도 합니다. 신의 신다움도, 신의 사람다움도 모두 이 설명으로 지어집니다. 설명이 신을 '낳는' 거죠. 달리 말하면 '짓는'다 해도 좋습니다. 신을 '생산하는' 거죠.

설명의 준거는 사람들의 경험, 즉 삶을 겪은 내용입니다. 그 경험은 한결같지 않습니다. 생존의 조건에 따라, 시대의 추이를 좇아 달라집니다. 이를 간과하면 설명은 허공에서 메아리 없이 흩어집니다. 기존의 설명을 유지하려 억지로 그것에 메아리치게도 합니다. 제도의 힘은 자기가 위축되는 것을 못 견디니까요. 하지만 그런 짓은 늘 굉음과 파열음을 일으켜 '신 있음'의 현실을 기우뚱거릴 정도로 흔듭니다. 제도의 힘은 스스로 자기 안에 이미 한계를 내장하고 있는데 그걸 모르니까요. 알고도 모른 체하든가요. 아무튼 이미 있는 설명의 변화는 불가피합니다. 변화를 통해 기존의 설명이 강화되기도 합니다. 더 굳건히 하려는 방법으로 변화를 꾀하는 경우가 그렇습니다. 하지만 기존의 설명이 쇠퇴하고 새로운 설명이 출현하는 것은 거의 필연적입니다. 그래서 이 어간(於間)에서 서로 다른 신이 병존하기도 하고 이전의 '신'이 새로운 '신'으로 바뀌기도 합니다. 신은 이렇게 생산됩니다.

더 풀어 보죠. 죽은 다음에 사람은 '천당'을 가든 '지옥'을 가

신 이야기

든 한다고 '설명'합니다. 이는 천당을 설명하는 것이기도 하고, 인간의 죽음 이후를 일컫는 것이기도 합니다. 현실을 향한 윤리적 함축을 지닌 것이기도 하고요. 그러나 이러한 것들을 배제하는 것은 아니지만 이러한 설명은 실은 그런 곳을 마련하고 그렇게 인간을 판단하여 이리저리 보내는 '신'에 대한 것입니다. 그런데 천당이나 지옥에 대한 다른 설명도 있습니다. 그 두 곳뿐만 아니라 죽은 다음에 머무르는 제3의 공간이 있다는 주장이 그렇습니다. 그런데 마찬가지로 그러한 공간이 있느냐 없느냐 하는 논의가 이 주장의 내용은 아닙니다. 표면적으로는 그렇지만 그 논의는 신이 그러한 공간을 마련하여 이원적인 택일적 심판을 하는 분이 아니라는 '신'에 대한 설명입니다. 그런데 신은 자기에 대한 이러한 설명에 아무 말도 하지 않습니다. 서로 다른 주장에 대해 옳고 그름을 판단하지 않습니다. 이러한 주장을 하든, 이에 대한 비판적 판단을 하든, 그것은 당해 종교의 제도적 권위입니다. 사람이 하는 일이죠. 그런데 서로 다른 설명은 결국 서로 다른 두 신을 태어나게 합니다. 이렇게 하는 신, 저렇게 하는 신으로 나뉘니까요. 설명이 신을 생산하는 거죠. 서로 갈등이 벌어질 만큼 두 신은 뚜렷하게 다른 실재로 등장합니다.

깨달음이 일정한 과정을 거치지 않고 '단번에' 이루어지는 것이냐, 아니면 그러한 과정을 거쳐 '서서히' 마침내 이르게 되는 것이냐 하는 논의도 다르지 않습니다. 깨달음의 실체는 건드리지 않고 그에 이르는 방법만을 논의하는 것 같지만 그렇지 않습니다. 그 논의는 본디 그 깨달음의 실체가 어떤 실재인가를 이야기하는 거나 다르지 않습니다. 그래서 그 논의도 결과적으로 두 다른 깨달음의 실재를 낳습니다. 그 실재 자체는 아무 말이 없습니다. 그러나 자기도 모르게 그 실재는 하나가 아닌 둘이 되어 갈등의 주체가 됩니다. 게다가 사람의 심성에 따라 그 둘 중의 어떤 하나를 택할 수도 있고, 그렇지 않을 수도 있으며, 그 선택조차 바뀔 수 있다는 설명까지 보태지면 온전한 실재는 둘이 아니라 셋이 됩니다. 절대자의 '분기(分岐) 현상'이죠. 어쩌면 절대자의 '생산 현상'이라고 기술하는 것이 더 정확할 듯싶습니다.

어느 설명이, 그러니까 어느 신이 옳은 신이냐 하는 문제가 이어집니다. 답은 논의 이전의 절대적인 것으로 주어져 있지 않습니다. 여러 설명 중에서 더 많은 공감을 얻는 설명이 당대에서 '진리'로 인정됩니다. 신은 그렇게 '설명에 담긴 자기 모습'을 지니고 그때 거기에 현존합니다. 그런데 사람들의 삶이 달라지면 설명도 달라집니다. 설명은 현실 적합성을 확보하지 못하면 무의미하니까요. 설명의 바뀜을 따라 자연히 신의 현존도 달라집니다. 다른 신이 되는 거죠. 이전의 신이 사라지기도 합니다. 그러나 반드시 그렇진 않습니다. 새로운 설명으로 있게 된 신과 이전의 설명으로 있게 된 신은 공존하면서 결과적으로 하나의 신이 두 신이 되는 예도 있습니다. 그러나 어떤 쪽 신에게 주어지는 신뢰의 폭이 줄면서 아예 어떤 공감도 일지 않을 수도 있습니다. 그렇게 되면 그 신은 완전히 없어집니다. 이러한 여러 현상은 신이란 스스로 자신의 현존을 지탱하지 못하는 존재라는 것을 보여 주는 것이기도 합니다. 진리는 어쩌면 설명에 대한 공감이 낳는 거라고 할 수 있습니다. 그것이 '신 있음'을 지탱하게 하고요. 그렇다면 신은 '설명 의존적인 존재'라고 해야 옳습니다. 종교사는 '신 있음'이 이러한 현상임을 밝혀 주고 있습니다. 종교사는 아득할 때부터 지금까지 성직자나 당해 종교를 설명하는 주체들 때문에 이루어진 '생산된 신'을 기술한 것과 다르지 않으니까요. '신의 소멸과 출현'을 그 안에 아우르면서요.

그러나 '신 있음'의 범주 안에서 이뤄지는 이러한 설명을 그 맥락 안의 사람들은 결코 인간의 경험을 준거로 한 것이라고 말하지 않습니다. "신이 그렇게 말했다. 그러므로~"라고 하든가 "나는 이처럼 들었다. 그러므로~"라고 합니다. 어떤 주장이든 그렇게 설명은 비롯합니다. 그래야 자신의 설명이 지니는 정당성, 더 나아가 '참'이 지지를 받을 거니까요. '신 있음'의 맥락에서 이루어지는 설명이 신을 낳을 수 있는 것은 이처럼 그 설명이 절대자의 속성으로 일컫은 비일상적 범주에서 발언되기 때문입니다. 그래야 개개 설명은 절대적이게 되고, 비로소 그 설명은 비일상적인 존재를 드러내는 기능을 수행하게 되니까요. 신을 생산하는 기능을요. 그러나 그것은 명분입니다. 신이나 절대적인 실재를 빙자한 거죠. 그 설명은 사람이 한 일입니다.

흔히 이러한 주장은 '신 있음'의 맥락에서 살펴본 '설명의 신 생산 현상'을 특이한 일, 곧 신비한 사건으로 여깁니다. 이를테면 '받은 계시의 구체화'처럼요. 그러나 실은 별난 일이 아닙니다. 이른바 '설명'이란 무엇인지 그 일반성을 유념하면 '설명'은 '신 있음'의 맥락에서만 드러나는 현상이지 않음을 짐작하게 되니까요. 사람들은 모든 현존하는 사물에 대한 설명을 의도합니다. 알고 싶으니까요. 그럴 수밖에 없습니다. 삶은 온통 설명할 수 없는, 그래서 설명이 필요한 것들로 꽉 차 있기 때문입니다. 삶 자체가 설명을 요청하는 거죠. 인간이 하는 일은 이렇듯 '요청된 설명과 수용된 설명'으로 채워져 있습니다. 하루하루 살아가는 일상의 마디들에서 일어나는 온갖 일들도 설명할 수 있어야 비로소 그것이 보람이나 의미나 가치로 일컫게 되니까

신 이야기

요. 이러한 일상의 설명이 있어 '신 있음'의 경우에도 설명이 구조적으로 정착될 수 있던 거라고 할 수 있습니다.

이를 다시 뒤집어 서술하면 다음과 같은 사실을 이야기할 수 있습니다. '일상에서 이루어지는 설명'을 잘 살펴보면 그것이 '신 있음'을 의식하지 않고 이루어진 것인데도 그 경우의 구조와 같은 틀을 지니고 있음을 확인할 수 있습니다. '신 있음'의 경우를 도치(倒置)한 역(逆) 구조이기는 하지만요. '신이 요청되지 않는 설명'도 그 책무는 번역하는 일입니다. 그런데 모르던 것을 설명하여 알게 되면 그것은 '땅의 것'이 '하늘의 것'이 되는 거와 다르지 않습니다. 모름의 한계가 깨진 거죠. 개별적이고 직접적인 어떤 일이 실은 누구에게나 타당한 보편적인 것이 개체화되었던 것이라고 설명되면 이는 구체적인 것을 추상적인 것으로 승화시켜 초월의 영역을 현실화하는 것이나 마찬가지입니다. 두루 막힘이 없게 되니까요. 온갖 다름의 여울에 실려 멍해질 수밖에 없는 무상함을 겪는 일이 그것 자체로 실은 보이지 않는 현묘함의 표상이라고 설명되면 그것은 보이는 것을 보이지 않는 신비에 이르게 하는 것이기도 합니다. 삶이 깊어지고 넓어지면서 유한의 세계가 그 한계를 스스로 지우는 거니까요. 설명은 땅의 언어를 하늘의 언어로, 구체적인 것을 추상적인 것으로, 보이는 것을 보이지 않는 것으로 바꿉니다.

'신이 불필요한 설명'의 실상이 이러합니다. '신 없음'을 전제한 설명이 아닙니다. '신 있음 여부'와는 상관이 없이 일상에서 우리가 이해하고 사용하는 '설명'이 그러합니다. 이러한 뒤척임은 우리에게 뜻밖의 사실을 짐작하게 합니다. 이러한 설명을 경험하는 인간의 일상이 '신 있음'을 설명하는 데로 그대로 이어진다는 사실이 그것입니다. 설명이 다다르는 곳은 땅을 떠난 하늘이고, 보편을 담은 초월이고, 그윽함을 품은 신비니까요. 설명은 마침내 스스로 절대의 옷을 입는다고 해도 좋습니다. 하늘이나 초월이나 신비 등은 모두 '신 있음'의 설명에서 필수적이었던 개념들이니까요. '신 있음'과 무관한 사물에 대한 어떤 설명도 이처럼 '신 있음'에 이른다는 것은, 논리적으로는 말이 안 되지만, 우리의 '경험'에서는 그대로 부닥치는 삶의 내용입니다. 어떤 설명이든 그것은 신을 생산하는 데 이릅니다. 설명은 절대성을 지니니까요. 잠정적이라는 단서를 단 설명의 경우에도요. 이를테면 다음과 같습니다.

다스림을 행사하는 정치를 유념해 보죠. 정치는 이념을 지닙니다. 그것이 삶을 설명합니다. 그리고 그 설명은 지금 여기를 벗어나 꿈의 실현을 약속하는 것으로 귀결합니다. '낙원의 실현'을 약속하는 거죠. 이를 이루지 못하게 했던 온갖 과오가 설명됩니다. 그것의 제거를 실천적 과제로 설명합니다. 설명의 주체들은 자기들이 잘못된 인식이나 판단을 하지 않는다는 사실조차 자기 설명에 담습니다. 따라서 자기네 설명에 대해 이의를 제기하지 않는 것을 공동체의 도덕으로 주장합니다. 이념적 체제의 주장에서부터 소박한 개인적 정치 신념에 이르기까지 설명은 이미 그 모든 주체를 신이게 합니다. 그래서 정치적 권력의 갈등은 신들의 겨룸이나 다름없이 극단적입니다. 정치 현실에 대한 이러한 이해를 전제하지 않으면 우리는 정치 행태는 물론 그 판에서 벌어지는 행티를 제대로 묘사하거나 읽을 수 없습니다. 거기에서 읽히는 경전, 거기에서 제시하는 온갖 상징과 기표들, 교조(敎祖)와 성지(聖地)와 성자(聖者)와 순교자에 이르는 산재하는 거룩함의 실재들을 간과하면요. 이는 모두 '삶을 설명하는 데'서 말미암습니다. 그리고 설명의 주체는 이미 신입니다. 정치는 신을 생산하는, 또는 신이 되는 현장일 수밖에 없습니다.

학문도 그러합니다. 미지의 것이나 무지한 것에 대한 물음인, 또는 그러한 한계에 대한 겸허한 승인이면서 극복을 시도하는 의지인 학문은 스스로 완전하지 않다는 것을 아는 것이 자신의 정체임을 확인하면서도 그 한계 안에서 이룬 앎으로 끊임없이 그 물음에 대한 해답, 곧 설명을 펴는 것을 책무로 여깁니다. 물음은 자유로워야 하고 해답은 어떤 것이라도 지적 정직성을 유지하는 한, 잠정적인 정당성을 지닌다고 주장합니다. 그런데 '신 있음'은 이를 보장하지 않는다고 판단하면서 학문의 '신 있음'에의 귀속은 정직한 학문을 낳을 수 없다는 자의식을 지닙니다. 그런데도 학문이 펴는 설명은 그것이 가장 진지하게 구축되었을 때 '신 있음'의 울 안에서 이루어지는 '신'을 묘사하는 온갖 개념들을 그대로 후광으로 지닙니다. 자신의 새로운 인식에 더한 새로운 세계 이해를 규범적인 비전으로 제시하는 일, 비타협적인 '참의 전유 의식', 이견에 대한 자기 입장의 정당함을 전제한 논쟁, 학계(學界)라는 배타적 '이질 공간'을 확보하여 그 안에서 안주하는 태도 등이 그렇습니다. 모두 '신 다움'의 표징들이죠. '신 있음'을 의도적으로 저어한 학계가 스스로 신이 되어 그곳이 신을 양산하는 자리이게 하는 거죠.

현대에 이르러 더 심화되었다 할 수도 있지만 우선 지적할 수 있는 전통적인 의미에서의 언론도 다르지 않습니다. 언론에서의 '사실의 전달'은 실은 없습니다. 있는 것은 '설명된 사실'입니다. '사실 보도'란 불가능합니다. 일정한 논설 등은 아예 다양한 형식으로 이루어진 직접적인 '설명'입니다. 그 설명은 특정한 사실을 지목하고, 이에 대한 비판적 인식을 통해 그 사실의 실체를 드러내면서 그것을 둘러싸고 벌어지는 지금 여기의 사태와 그것이 초래할 미래를 위한 규범적 권고를 담습니다. 그렇다고 스스로 주장합니다. 이는 사실을 '짓는 일'과 조금도 다르지 않습니다. '신다움'의 권위로 '사실의 출현'을 '선포'하는 것이나 마찬가지죠. 제각기 다른 언론들이 그러할 때 이는 '절대의 산재(散在) 현상'이기도 합니다. 매일 발언되는 논설은 매일 태어나는 새로운 신의 모습으로 묘사될 때 비로소 우리는 이들이 우리 공동체 안에서 무슨 일을 하는지 짐작할 수 있습니다. 옳음과 옳음의 겨룸은 그대로 신들의 전쟁입니다.

정치나 학문이나 언론만이 아닙니다. 개개인이 지닌 신념은 그것이 '신 있음'과 이어진 것이 아니어도 사물에 대한, 그리고 자신에 대한 일정한 설명입니다. 인생관이란 그런 거죠. 돈, 명예, 권력, 성공, 아니면 아름다움, 사랑 등이 설명 가능한 지고한 가치가 되면 그것은 모두 신을 수식하는 개념들로 그대로 치장됩니다. 이를테면 돈이 그렇게 되면 그것은 어떤 다른 것과 견주어 교체되거나 파기될 수 없는 절대적인 가치가 됩니다. 삶은 돈으로부터 비롯되고 그것으로 귀결됩니다. 돈은 추구해야 할 의미이고, 그 앞에서 겸손해야 할 존엄이기도 합니다. 행복을 담보하는 것이기도 하고, 두려운 것이기도 합니다. 인간의 삶 어떤 경우도, '신 있음'조차도, 돈은 설명할 수 있으니까요. '신의 탄생'은 낯설지 않습니다. 누구나 자기가 낳은 신을 모시고 산다고 해도 좋습니다. 그것이 옳은 신이냐 그른 신이냐 하는 것은 '신 있음'의 맥락에서는 심각해도 일상에서는 그렇지 않습니다. '신 있음'을 준거로 하지 않더라도 '돈 있음'의 맥락에서 스스로 지니는 옳고 그름의 판단 기준을 마련하니까요. 개개인의 신념은 그렇게 스스로 신을 지닙니다. 누구나 그렇게 자기의 신을 생산하는 거죠.

'설명 주체'가 드러나지 않으면서 설명이 필요한 상황이 제시되어 이를 경험하는 경험 주체가 스스로 설명을 짓도록 하는 일도 있습니다. 예술 일반의 경우가 그러합니다. 그것이 어떤 것이든 예술 행위는 이미 설명입니다. 그러나 그 주체들은 앞에 나서기보다 자기의 작품 뒤에 머물면서 자기네 설명에 대한 설명을 예술 향유자에게 맡깁니다. 향유자는 작품에 응축된 설명에 대한 공감과 감동을 통해 이를 체화하고 스스로 설명하면서 자기의 삶에 대한 새로운 '영감(靈感)'을 얻습니다. 지금 여기를 넘어서는 경험이죠. 나아가 그 경험은 주어진 설명조차 넘어서는 자유로움마저 향유자가 누리게 합니다. 작가의 설명은 향유자의 설명을 위한 것일 뿐입니다. 작품은 하늘과 땅을 잇는 매개로 향유자에게 현존하는 거죠. 그 매개의 확보는 지금 여기를 벗어나는 출구이고, 비일상을 수용하는 통로입니다.

신 이야기

'신 있음'의 구조가 현실화하는 거죠. 예술은 '신 있음의 맥락을 벗어나 이루어지는 신 있음'입니다. 무대도 캔버스도, 악보나 무보(舞譜)도, 거기 담기는 이야기도 거룩한 공간이거나 계시거나 '인간 아닌 인간'의 이야기입니다. 향유자는 작품을 호흡하는 것이 아니라 자신의 삶을 작품을 통해 숨 쉽니다. '신'을 지니는 거죠. 예술은 신을 양산합니다. 신을 낳지 못하는 예술은 이미 예술이 아닙니다. 상상임신의 불모성과 같은 거죠.

다른 '설명의 체계'도 있습니다. 제각기 미묘한 차이가 있음을 간과해서는 안 되겠지만 기술의 발전에 따른 새로운 '매체의 진화'가 짓는 점증하는 현상인 '스타(star)', '아이콘(icon)', '셀럽(celebrity)' '아이돌(idol)' 등의 출현이 그러합니다. 이렇게 일컬어지는 대상은 지금 여기에 우리와 함께 있는 사람들입니다. 그러나 '다른 사람'들입니다. '내 희구'를 실현한 사람들, '나를 넘어서는 나를 실현한' 존재, 그래서 그들을 선망하는 것만으로도 '나는 나를 누릴 수 있게 되는' 사람들, 그래서 그들은 나를 땅에서 하늘로, 일상에서 비일상으로, 갇힌 공간에서 열린 공간으로, 지금 여기를 벗어나게 하는 존재들입니다. '신다움의 실체'인 거죠. 현대의 문화는 이런 존재들을 끊임없이 생산합니다. 새로운 옷을 입히고, 새로운 몸짓을 하게 합니다. 새로운 발언을 하게 하고 새로운 사유를 자극합니다. 마침내 보이는 세계가 달라지고, 가치나 의미가 이제까지와는 다르게 다듬어집니다. 이들을 통해 내가 '달라지는' 거죠. 그들의 공동체가 형성됩니다. '팬덤(fandom)'이 그렇습니다. 그 '나라'에는 믿음의 대상도 있고 기림의 의례도 있습니다. 전통적인 '신 있음'을 유념하지 않은 채 이 공동체는 이전의 '신 있음'을 어느새 대체하면서 새로운 '신의 나라'를 구축합니다. 지금 여기의 논리에 담을 수 없는 그 나름의 생존 법칙을 가지고 현존하는데, 이는 '신 있음'의 경험으로 서술해야 겨우 그 묘사가 가능합니다. 이런 '신다움의 실체'의 출현은 이른바 연예계의 현상만이 아닙니다. 점차 정치계에서도, 학계에서도, 예술계에서도, 삶의 어느 장에서도 이러한 경향은 높아지고 있습니다. 새로운 신의 출현이죠. 팬들에게서 광적(狂的)인 흔적이 역력하다는 부정적인 묘사나 특정한 사물에 대한 비정상적인 집착이라는 판단이 없지 않지만, 그것이 크게 이들의 문화를 흩어버리지는 못합니다. 의외의 '순수'가 이들의 몸짓과 이에 부수되는 마음짓을 지지하기 때문입니다. 이 새로운 '설명의 체계'는 당해 문화가 낳은 겁니다. 거기에는 설명 주체도, 그것을 좇아야 하는 주체도, 따로 있지 않습니다. 당대를 살아가는 누구나 이 거대한 설명의 체계 안에서 스스로 자신을 찾고 이해하고 구축하는 설명을 발견하고 누릴 뿐입니다. 이에 이어 이윽고 자신의 설명을 여기에

추가합니다. 신은 이렇듯 양산됩니다. 어쩌면 이를 압축해 보여주는 또 다른 양상을 우리는 광고를 생활화하면서 경험합니다. 마치 특정한 이념을 전파하기 위한 예술처럼 광고는 특정한 사물의 소모가 행복을 보장한다는 유토피아를 선포합니다. 이는 주술적인 힘을 지닙니다. 행복의 갈구가 삶의 현실이니까요. 그것이 반복의 사슬에 묶여 펼쳐지니까요. 게다가 사물의 소모와 그것이 보장하던 행복이 소멸할 즈음이면 어김없이 새로운 행복을 보장하는 사물이 등장합니다. 신은 끊임없이 생산됩니다.

'실재에 대한 새로운 설명'이라고 할 또 다른 현상도 주목하고 싶습니다. 이도 신을 생산하는 기제(機制)에 속한다고 판단되기 때문입니다. 가상현실(Virtual Reality), 증강(增强) 현실(Augmented Reality), 메타버스(Metaverse) 등은 '실재하지 않는 실재'죠. '없는데 있는 것'이기도 하고요. 달리 말하면 기존의 유한이 확장된 것이기도 하고, 그것이 자기 영역을 벗어난 것이기도 합니다. 지금 여기의 '넘어섬'이고 무한에의 진입이며, 초월의 현실화라고 묘사할 수 있습니다. 하늘에의 스며듦이기도 하고, 땅이 하늘을 수용하는 것이기도 합니다. 이전에 없던 그런 공간에서 지금 여기의 내가 아닌 다른 나의 현존이 일컬어지는 것도 '나의 한계에 균열이 일고 있음'을 드러냅니다. 초월의 현실화가 바야흐로 이루어지는 낌새이기도 하고요. 나의 분신(分身)을 일컫는 아바타(avatar)나 다른 우주에 사는 다른 나인 제페토(zepeto)의 출현이 그러합니다. 공간이나 시간, 존재 자체에 대한 새로운 설명이 요청되는 현상이면서 이미 새로운 설명이 출현했음을 보여 주는 거죠. 세계관이나 인생관의 변화는 불가피해 보입니다. 없던 신이 생산되고 있는 거와 다르지 않으니까요.

   '신 있음'의 자리에서는 이러한 신의 출현은 진정한 것이 아니며 곧 더 깊은 자리에 이르면서 마침내 진정한 신과 만나게 될 거라든지, 아니면 그러한 신은 쳇바퀴 돌 듯하는 무의미한 연속 안에서 스스로 자진(自盡)하고 말 거라고 주장하기도 합니다. 하지만 주목할 것은 이미 있어 온 '신 있음'조차 이 달라진 '신 출현의 기제(機制)'에 이미 충분히 실려 현존한다는 사실입니다. 성직자들은 자신이 스타이기를 지향합니다. 열광의 대상이기를 바라는 거죠. 그래서 공고한 팬덤이 형성되기를 바랍니다. 그 저력이 절대적으로 필요하다는 것을 압니다. 그런 여건들이 조성되지 않으면 스스로 의도하는 '신 있음'의 현실화가 불가능하다는 것을 아는 거죠. 마침내 전통적인 종교들이 가장 지극한 관심을 가지는 것은 현대의 소통 매체의 장에서 성공적으로 '자리를 차지하는 일'입니다. 그렇지 않으면 스스로 지닌 어떤 '설명'도 펼 수 없으니까요. 기존의 신들은 '신 있음'의 울 안에서 '신들과의 겨룸'만을 견디면 됐습니다. 하지만 이제는 '신 있음'을 벗어난, 그것과는 상관없다는 그 울 밖의 자리에서 생산되는 다양한 신들과 겨루지 않으면 안 되게 되었습니다. '신 아님이 없는 자리'에서 '신 있음'을 일컬어야 하는 게 된 거죠.

이제까지 해 온 우리의 주제와 발언에 대한 전형적인 반응은 '성(聖)의 속화(俗化) 현상'이라거나 '속의 성화 현상'이라는 겁니다. 지금도 이러한 진단은 이어집니다. 하지만 우리가 주목한 것은 '신 있음'을 준거로 한 그러한 판단이 아닙니다. '신 있음' 안에서나 그 밖에서나 신은 언제나 생산되고 있다는 사실을 그리려 한 거니까요. 그리고 그것을 '설명'의 필요가 충동한 필연적인 사실이라고 주장했습니다. 설명은 '신 있음'의 풍토를 숨쉬기 마련입니다.

아프리카 소년 샤카가 할아버지한테 물었습니다. "할아버지, 할아버지. 아프리카는 무슨 색깔이에요?" 할아버지가 대답했습니다. "아프리카는 우리 피부처럼 검고, 여기 땅처럼 붉지. 한낮의 태양처럼 하얗고, 해 질 무렵 그림자처럼 파랗기도 해." 샤카가 물음을 이어 갔습니다. "할아버지가 태어났을 때 이야기해 주세요. … 할아버지 엄마 아빠 이야기해 주세요. … 할아버지 친구 이야기도 해 주세요. … 살던 마을은 어땠어요? … 뭐 하고 놀았어요? … 물고기 잡던 이야기해 주세요. … 가뭄 끝에 비가 오면 그렇게 좋아요? … 언제 어른이 되었어요? …" 그리고 마지막으로 이렇게 말합니다. "할아버지! 할아버지 죽으면 싫어요." 그러자 할아버지가 답했습니다. "죽음은 모든 사람이 언젠가는 갈아입게 되는 옷이란다. …"* 할아버지의 사실에 대한 설명은 '설명답지 않은 설명'에 이르러 그쳤습니다.

'설명'은 누가 뭐라 해도 마침내 '신 있음'의 범주에 듭니다. '신 있음'의 맥락과 아무 상관이 없어도요. 사람은 신을 낳지 않고는 살지 못합니다. 신을 생산하는 일은 축복입니다. 그렇다고 해야 합니다. 그렇지 않다면 그것은 인간을 배반하는 인간의 가장 심각한 부끄러움이죠. 신을 생산하는 윤리는 인간이 신을 생산하는 삶을 살아간다는 사실을 승인할 때 마련해도 늦지 않습니다.

*글, 마리 셸리에. 그림, 마리옹 르사주. 옮김 이정민. 《아프리카 소년 샤카》 2005. 웅진주니어

신 이야기

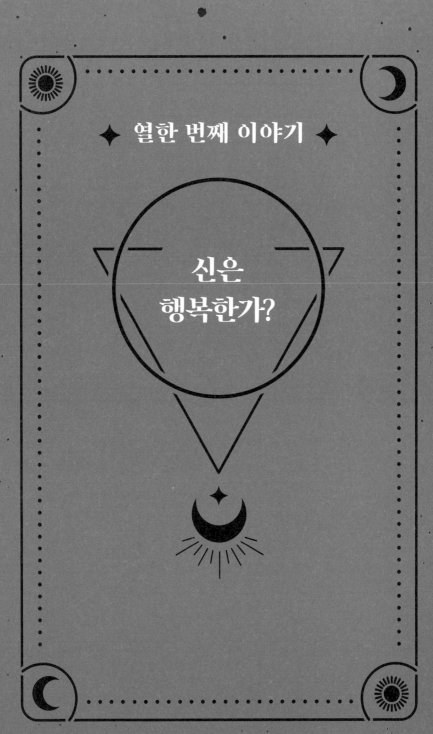

열한 번째 이야기

신은
행복한가?

───────────

신에게 안부를 물어야 합니다. 신의 안위를 걱정해야 합니다.
신은 행복한지를 끊임없이 살펴야 합니다.
그것이 인간의 책무입니다.

"신은 행복한가?" 하는 물음은 달리 표현하면 "신은 안녕한가?" 하는 물음이기도 합니다. "별고 없이 잘 지내느냐?" 하는 거죠. 표현이 어떻든 이러한 물음을 신에게 하는 것은 아무래도 오지랖이 넓은 짓인 것 같습니다. '신의 안부'를 묻다니요. 사람 사이라면 그런 인사를 주고받는 게 당연합니다. 늘 하는 의례적 인사니까요. 무언지 마음이 놓이지 않고 조심스럽고 궁금하고 걱정이 되면 별일 없느냐고 진지하게 안부를 물을 때도 있지만요.

　신에게 이런 안부를 한다는 건 쓸데없는 일입니다. 신은 '온전(穩全)'한 존재니까요. 필요가 충족되어 결함이 없는 '완전한' 존재라기보다 본바탕 그대로 고스란히 완벽한 존재인 거죠. 이러한 존재를 '자존적(自存的)인 존재'라든지 '자족적(自足的)인 존재'라고 합니다. '홀로 있을 수 있는 존재'라고 해도 좋고, 아니면 '홀로이어서 비로소 있는 존재'라고 달리 표현해도 좋습니다. '신 이야기'에서의 '신 있음'은 이렇게 묘사됩니다. '스스로 있게 된, 스스로 있는 존재'인 거죠. 그렇지 않으면 초월, 신비, 거룩함, 절대 등의 개념으로 그를 수식할 리가 없습니다. 그러한 개념들은 모두 타율적인 어떤 요소도 깃들 수 없는, 그러한 요소들이 배제될 때만 가능한 것들이기 때문입니다. '온전함'과 '홀로 있음'은 이렇게 사람들이 신을 '일상을 지워 버린, 그래서 남은, 아니면 일상을 넘어선, 그래서 처음부터 일상을 낳은' 실재로 여기는 토대가 되고 있습니다.

그런데 '신은 홀로임'을 전하는 '신 이야기'의 펼침을 살펴보면 흥미로운 사실을 발견합니다. '홀로'를 '수(數)'로 읽는 일이 그렇습니다. 이를 '신의 수격(數格)화 현상'이라고 해야 할는지요. "신을 수로 바꾸다니? 그러면 수가 신이 된다는 거야?" 하면서 이게 웬 어깃장이냐고 불쾌해할 수도 있습니다. 그런데 막상 '신 있음'의 현장을 들여다보든가 그것이 현존해 왔던 역사를 훑어보면 '신의 수격화'는 '신 이야기'의 축이라 해도 괜찮을 만큼 두드러집니다. 이를테면 신은 '유일한' 존재라는 자리가 있습니다. 신은 '하나'라는 주장이죠. 신을 조물주로 이해할 경우 그러한 주장이 두드러집니다. 이때 '하나'는 '온전함'을 설명하기도 합니다. "온전한 존재는 하나다. 그래서 신은 하나다"라는 거죠. 신은 '여럿'이라는 자리도 있습니다. 기능적으로 분화된 신을 일컫거나 위계 체계를 갖춘 존재로 신을 이해하는 주장이 이에 속합니다. 이 경우에도 온전함이 수를 수반합니다. 기능적으로 분화된 하나하나의 신은 그 나름의 온전함을 지닌다고 주장하니까요. "유일한 존재로 여겨지는 신이 이 세상에는 하나가 아니라 여럿이다"라는 주장도 이에 보탤 수 있습니다. '온전한 존재인 홀로인 신'이 하나가 아니라는 겁니다. 유일신을 주장하는 것과 사뭇 다릅니다. 바로 그러한 유일신이 여럿이라는 주장이니까요. 실제로 그러한 현상은 낯설지 않습니다. 늘 겪는 현상이니까요.

그런데 이러한 각기의 입장은 서로 조화롭지 않습니다. '신은 하나'라는 자리에서는 신이 여럿이라는 주장을 승인하지 않습니다. 그렇게 되면 신은 이미 신이 아니라고 말합니다. 초월성도 절대성도 다 놓치니까요. '신이 여럿'이라는 자리에서는 신은 하나라는 주장이 무척 관념적이어서 현실 적합성을 갖지 못한다고 말합니다. 삶의 현장에서는 '하나'라고 전제된 신조차도 분화된 구체성을 지니고 수용되기 때문이라는 거죠. 이 자리에서는 '신은 하나'라는 입장이 오죽해야 신은 '하나이면서 셋이고 셋이면서 하나'라는 설명조차 하겠냐는, 비판적인 의문을 담은 공감조차 드러냅니다. '하나의 신을 주장하는 신이 실은 여럿'이라는 자리에서는 "신은 하나다. 아니다. 여럿이다" 하는 논의 자체를 되살피자고 주장하기도 합니다. 신의 수격화 현상을 비판적으로 인식하고 이를 '신 이야기'의 기반으로 삼자는 거죠. 하나다 여럿이다 하는 문제가 다듬어져야 그때 비로소 '신 있음'이 초래하는 갈등이 해소될 거니까요. 되풀이하는 이야기지만, 위의 어떤 자리에서든 이때 일컫는 수는 신의 온전함과 함께 있습니다. '신이 하나냐 여럿이냐' 하는 것은 '온전한 존재가 하나냐 여럿이냐' 하는 거와 다르지 않다고 여기니까요. 이러한 논의들은 '신 있음'의 논의의 출발과 귀결을 그의 '수격'에 두고 있음을 보여 줍니다. 이렇듯 이 문제는 뜻밖에 진지합니다. 예를 들면 우리나라의 개신교는 우리의 전통적인 신을 지칭하는 보통명사 '하느님'을 버리고 신은 '하나'뿐이라는 사실을 강조하여 당해 종교의 신을 올연하게 하려고 '하나님' 곧 '하나-님'이라는 호칭을 선택했습니다. "신은 한 분뿐이다"가 개신교 신앙의 처음이고 마감이라는 것을 드러낸 것과 다르지 않습니다. 신의 수격화는 우리 옆에 있는 현상입니다.

바로 온전함과 홀로임 때문에 '신'은 이처럼 지금 여기를 벗어난 실재(實在)로 있습니다. 절대적이고 초월적인 존재로요. 그런데 이러한 존재는 '관계'가 필요 없는 존재이기도 합니다. '타자의 현존'이란 그에게는 사실이지 않을 뿐만 아니라 그런 서술이 아예 불가능합니다. 만약 관계를 일컬을 수 있다면 그것은 자신과 자신과의 관계뿐입니다. 신은, 또는 궁극적 실재는 대체로 "나는 나야!"라고 자신을 말합니다. 절대적인 존재의 언어는 재귀적(再歸的)입니다. 나로부터 출발해서 나에게 되돌아옵니다. 그래서 동어 반복은 가능해도 논리적 서술은 불가능합니다. 모자라서 그런 것이 아니라 온전하기 때문입니다. 설명은 불필요합니다. 설명할 대상도 실은 없습니다. 만약 있다 해도 그러한 설명, 곧 신의 발언에 대한 반응은 납득이거나 이해거나 논리적 귀결에의 승인이 아니라 조건 없는 공감과 감동과 순종이어야 하는 그러한 것일 수밖에 없을 겁니다. 그러나 이런 가정(假定)은 철저하게 현실적이지 않습니다. 불가능하니까요. '홀로 온전한 존재'에게는 그러합니다. 그렇다면 그의 안부를 묻는 것도 있을 수 없습니다. '관계가 없는 현실에의 참여'는 불가능하니까요. 그것은 허상과의 만남을 실제 만남으로 여기는 것 이상일 수가 없습니다. 어리석은 일이죠.

그런데도 신의 안부가 궁금합니다. 그 궁금함을 살아가고 있습니다. 거역할 수 없는 것은 바로 이러한 우리의 경험입니다. 그렇다면 신의 온전함과 홀로임이 마련하는 '신과 우리와의 관계없음'에도 아랑곳없이 여전히 "신은 행복한가?" 하는 물음이 도대체 왜 말미암는지를 살필 필요가 있습니다. 이러한 살핌에서 우리는 두 가지 사실을 발견합니다. 하나는 '온전하고 홀로인 신'을 요청한 것은 우리라는 사실이고, 또 다른 하나는 그렇게 요청되어 '온전하고 홀로이게 된 신'이라 할지라도 그 신이 '온전하고 홀로일 수만은 없어야 한다'는 또 다른 인간의 요청이 우리의 삶 속에 현존하고 있다는 사실입니다. 무척 역설적인 정황인데, 이 둘이 우리의 '신 있음'의 경험에 담겨 있습니다.

　　첫 번째 일부터 살펴보죠. 거듭 앞에서 언급한 바 있지만, 인간은 자신이 유한하다는 것을 아는 존재입니다. 아무리 못났어도 그만큼의 자기 인식은 지니고 있습니다. 이를 벗어나야겠다는 판단과 의지조차 갖추고 있고요. 그래서 비일상적인 온갖 것, 그러니까 무한도 초월도 상상합니다. 절대도, 인간 아닌 신적인 존재도 형상화합니다. 그러한 실재가 지금 여기가 아닌 자리에 현존한다고 믿는 거죠. 그렇게 믿을 수밖에 없습니다. 절박한 필요니까요. 그런데 그렇게 살면 어느 틈에 그러한 실재가 내 삶에 스며듭니다. 이를테면 '신 있음'을 말하고, 그 있

음을 살아갑니다. 그 신이 '사람다움'으로 묘사되는 것은 당연
합니다. 내 희구가 낳은 존재이고, 더불어 이야기할 수 있는 존
재니까요. 그래야 유한함 안에서 부닥치는 온갖 좌절에도 불구
하고 사람은 겨우 숨을 쉬게 됩니다. 유한을 극복할 수 있는 유
일한 출구는 이미 유한에 머물지 않는 존재가 있다는 것을 전
제할 때 가능해지니까요. 그러므로 그러한 존재는 '관계를 배
제하는 존재'가 아닙니다. 유한 안에 머무는 존재가 '새로운 관
계', 곧 '땅과 하늘과의 관계를 맺기 위해' 설정한 '온전하고 유
일한 존재'입니다. 온전하고 홀로인 존재는 그렇게 있게 된 것
입니다. 그러므로 '유일함과 온전함' 자체를 설명한다면 그것이
논리적으로는 관계를 벗어난 존재로 기술될 수밖에 없다 할지
라도 그렇게 기술되는 존재가 어떻게 실재하게 되었는지를 살
펴보면 이미 그는 '관계 안에서 태어난' 존재입니다. 아무런 관
계도 필요 없는 그런 존재와의 관계를 인간은 자기의 유한함
안에서 의도하고 있는 겁니다.

　신은 마치 '하늘에서 뚝 떨어지듯' 그렇게 스스로 있는 존재
라면서 이러한 기술을 용납하지 않는 게 일반적인 '종교적인
태도'입니다. 절대적인 존재는 우리의 현존 여부와 상관없이
언제나 존재하는 분이니까요. 인간은 신이 있어 비롯한 존재고
요. 그러나 유념해야 할 것은 신이 온전하고 홀로인 실재라는

서술이 인간에 의해 이루어지지 않았다면 그 실재가 신으로 불리면서 그가 온전하고 홀로인 존재라는 인식의 대상일 수조차 없었을 거라는 사실입니다. 온전하고 홀로인 존재는 관계를 배제하거나 타자의 현존을 아예 없는 것으로 여겨 있게 된 것이 아닙니다. 인간과의 '관계에서' 그러한 존재로 있게 된 거죠. 신은 '관계의 산물'입니다. 이러한 맥락에서 보면 '홀로 있음'이나 '온전함'은 사실 기술이 아닙니다. 그런 현상은 없습니다. '관계 내 실존'을 일컫기 위한 전제된, 또는 희구된 실재이기는 하지만요.

신이라는 개체는 없다든지 절대적인 실재는 존재하지 않는다든지 하는 주장을 하는 게 아닙니다. 실제로 우리가 만나는 것은 개체로서의 신이고 절대자입니다. 개체는 있습니다. 한 그루의 나무가 나무다움을 지니고 홀로 하나의 나무로 있듯이요. 하지만 그 나무가 하나의 개체이게 되는 것은 다른 나무나 나무 아닌 다른 실재들과의 관계가 서술될 때입니다. 관계의 배제는 어떤 존재도 실재화하지 못합니다. 그러므로 어떤 개체가 그것 나름으로 온전하거나 홀로라고 서술한다면 그것은 의도적인 기만이거나 아니면 이미 훼손된 인식입니다. 신도, 절대적인 실재도 예외이지 않습니다. 인간이 없으면 어떤 초월도 절대도 없습니다. 사람이 '고독한 실존'을 절규하는 때도 마찬가지입니다. 이러한 절규는 인간이 얼마나 저리게 '홀로'인가를, 그래서 얼마나 철저하게 '온전한 홀로'인가를 드러내 준다고 말합니다. 그러나 이는 실은 붕괴된 관계를 경험한 주체의 외침입니다. 그러므로 이 경우, 주목할 것은 개인의 실존이 드러내는 고독이 아니라 그것을 낳는 관계입니다.

그렇다면 신이 자존하고 자족하는 존재인데도 안부를 묻는 것은, 그가 행복한가를 묻는 것은, 결국 그를 설정하지 않고는 못 견디는, 그런 존재와의 만남을 의도하지 않으면 살 수 없는 인간이 자신에 대한 안위를 묻는 것과 다르지 않습니다. 내 불안이 공감되기를 바라는 초조함이 신에게 "당신은 불안하지 않습니까?" 하고 묻는 거고, 내 절망을 위로받기 위한 안타까움이 신에게 "당신은 절망해 본 적이 없습니까? 그때 절실한 것이 절대자의 격려라는 것을 아십니까? 당신은 늘 행복하기만 합니까?" 하고 묻는 겁니다.

이에 이르면 두 번째, "왜 우리는 신의 안부를 묻는가?" 하는데 대한 까닭으로 제시한 '신은 온전하고 홀로일 수만은 없다'는 또 다른 필요 때문이라는 사실을 쉽게 짐작할 수 있습니다. 유한을 절감하는 우리의 의식이 온전하고 홀로인 존재를 실재하게 했음에도 그 존재가 아직은 '온전하되 온전하지 않고, 홀로이되 홀로이지 않기'를 바라는 까닭은 다른 게 아닙니다. 소통하고 싶은 거죠. 이야기하고 싶은 겁니다. 늘 이야기를 할 수 있는 사람과 더불어 소통한다는 것은 공감을 짙게 할 수는 있어도 출구의 모색이 현실화하는 것은 아닙니다. 그러나 감히 만날 수 없는, 조금도 유한을 겪지 않은 존재와의 대화는 내 삶의 차원을 높여 주거나 내 삶의 지평을 훨씬 넓혀 주어 '다른 삶'이 펼쳐지게 해 주리라 기대하는 거죠. 그러나 두려운 것이 있습니다. 내 호소나 절규를 그러한 존재는 전혀 알지 못할 수도 있다는 두려움입니다. 그는 온전하고 홀로인 존재니까요. 그래서 묻습니다. "당신은 행복하냐?"라고요. 내게 공감할 수 있느냐는 물음이 그렇게 발언되는 거죠.

'신의 사람다움'은 이 두려움을 가시게 해 줍니다. 신도 사람처럼 슬픔과 분노와 우울함과 즐거움을 드러낸다고 믿기 때문입니다. 신이 온전하다면 그럴 수가 없죠. 그런 정서를 표출하는 것은 모자란 사람이나 하는 짓이니까요. 하지만 그런데도 신이 그럴 수 있다는 기대, 또는 신뢰는, 인간이 바라는 절대자로부터의 격려나 위로를 몸으로 느끼게 합니다. 공감을 전제한 것이기 때문입니다. 공감 없이 주어지는 격려나 위로는 실은 역겨운 배신의 상처를 남깁니다. 공감을 배제한 관계는 지배나 예속이지 '관계'가 아니니까요. 그때의 격려는 순응을 강제하는 것이고, 그때의 위로는 달콤한 길들임입니다. 사람은 이를 눈치 챕니다. 아무리 못나도 그렇습니다. 정당한 관계란 어떤 것인지를 짐작하는 거죠. 정당한 관계를 유지하고 있는지를 채근하는 것은 인간의 기본적인 책무입니다. 신과의 관계에서도 다르지 않습니다. '신의 사람다움'은 이를 가능하게 합니다.

'신의 안부'를 묻는 일이 황당한 짓이 아니라는 이러한 설명이 가지는 모호함도 없지 않습니다. 온전하고 홀로인 절대자의 위엄에서 벗어나고 싶은 또 다른 감춰진 희구를 이렇게 드러내고 있는 것은 아닌가 하는 회의가 그것입니다. 인간이 초월적이고 절대적인 실재를 '낳았다' 할지라도 그래서 실재이게 된 초월이나 절대는 실은 인간을 억죄는 사슬이기도 합니다. 때로 그러한 존재는 역사-문화적 구체성을 지니고 내 실존의 영역 안에 지속해서 현존하면서 내 생각은 물론 상상조차 마음대로 펼 수 없게 합니다. 이러한 경험 때문에 인간은 신을 우러르지만은 않습니다. 까닭이야 이러저러하게 펼쳐지겠지만 결과적으로 우리는 때로 신을 가두기도 하고, 희롱하기도 하고, 간과하기도 하고, 침묵하게도 하고, 지워버리기도 합니다. 그러면서도 그렇게 할 수밖에 없는 것은 신이 '온전하고 홀로'인 존재이기 때문에 소통할 수 없기 때문이라고 말합니다. 신의 온전함과 홀로임이 신을 배제하는 구실로 등장하는 거죠. 신에게서 벗어나고 싶은 잠재된 희구는 신의 안위를 염려하는 일이 오히려 신에의 예속을 강화하는 것에 불과하다고 판단합니다. 신은 신대로 스스로 온전하고 홀로인 채로 있고, 인간은 인간대로 스스로 유한하고 이를 넘어서려는 희구를 자기 나름으로 살아가는 채로 있는 것이 가장 좋은 '관계'라고 여기는 거죠.

인간이 감추고 있는 이와 다른 또 하나의 희구가 신의 안위를 묻는 태도 안에 담기기도 합니다. 소통이란 이름으로, 관계라는 구실로, 그것도 정당한 관계라는 핑계로, 초월이나 절대가 내 요청에 '즉각적으로, 기계적으로' 반응하기를 바라는 희구가 그렇습니다. "나 이렇게 아프다. 너 내 아픔 알잖니? 어떻게 좀 해 봐. 너도 아프지 않을 까닭이 없지 않니? 우리는 관계 속에 있고, 너는 온전한 존재니까!" 신의 안부를 묻는 것은 "너도 아프지 않니? 나처럼!" 하는 물음인 거죠. 앞의 경우가 신을 떨쳐내려는 것이라면 이 경우는 신을 오히려 자기에게 길들이려 하는 거나 다르지 않습니다. 어떤 편도 '건강한 관계'는 아닙니다. 여기에서 주목하고 싶은 것은 '바른 관계' 이전에 관계 주체가 '주체다운 주체, 곧 건강한 주체'이어야 하리라는 판단입니다. 건강한 주체가 이룬 건강한 관계가 바른 관계일 거니까요.

신 이야기

이제까지 우리는 '신 있음'의 맥락에서 드러나는 신을 '온전함과 홀로임'으로 묘사했습니다. 그것은 하나의 존재가 스스로 존재이기 위한 조건입니다. 주체이기 위한 조건이라고 해도 좋습니다. '일그러지고 기대기만 하는' 존재는 이미 주체이지 않습니다. 신일 수 없는 거죠. 그러나 인간은 어떨까요. 그는 무한하지 않습니다. 자기 한계를 압니다. 그래서 무한을 꿈꿀 수 있을 뿐입니다. 불가불 그는 온전하지 않고 홀로일 수 없습니다. 이미 충분히 모자라고, 홀로이기는커녕 기대어 살아도 부족합니다. 여기 지금이 아닌 다른 실재가 절실하게 요청되는 존재니까요. 그러나 그는 그 '다른 실재'를 있게 한 존재입니다. 그 실재의 사람다움을 일컬으면서 자신의 '문제'가 풀릴 해답을 찾습니다. 그런 문화를 빚은 게 인간입니다. 그런 한, 인간은 신과 더불어 만날 수 있는 유일한 존재로서의 주체임을 갖추고 있습니다. 모자라지만 그것은 온전한 자와 만날 수 있는 준비가 된 모자람이고, 홀로이지 않지만 절대자와 만나 홀로이기 위한 물음을 물을 만큼 홀로입니다. 인간이 없으면 신도 없는 정황일 수밖에 없는 그러한 관계 구조를 지어낸 주체입니다. 신과 인간은 서로 관계를 건강하게, 그래서 바르게 잇고, 이를 이어 갈 수 있는 건강한 주체들입니다. 신은 인간이 필요하고, 인간은 신을 요청할 수밖에 없는 관계를 유지하는 거죠.

그렇다면 신의 안부를 묻는 것은 황당한 일도 아니고, 별난 일도 아니며, 신성모독적인 이야기는 더더욱 아닙니다. 서로 지켜야 하는 당연한 예의입니다. 안부를 물을 수 없는 신이 있다면 그는 이미 신이 아닙니다. 안부를 물을 수 없는 인간이 있다면 그는 이미 사람이 아닙니다. 신과 인간의 만남에서요. 그 관계에서요.

스스로 자신이 철저히 '공돌이'여서 집 짓는 일밖에 아는 일도, 할 줄 아는 일도 없다는 친구의 이야기입니다. 해외에서 오랫동안 일을 했습니다. 하필이면 온갖 종교들이 다 있는 데여서 어느 날 그곳을 방문한 반가운 친구들이 모인 자리가 신에 관한 이야기로 들떴습니다. 자기는 설계조차 할 줄 몰라 그저 '제시된 대로' 빈틈없이 작업만을 열심히 한다는 '순수 공돌이'라는 그 친구가 말했습니다. "여기에선 시장에 널린 게 신이야. 필요에 따라서, 자기 구매 조건에 맞게, 옷을 사 입는 거나 다르지 않아. 그런데 가끔 모든 사람에게 유니폼을 입히려고 하는 사람들이 있어서 조금 소란할 뿐이야. 난 그런 사람들을 만나면 많이 불편해!" 그의 발언이 잔잔한 공감을 낳았습니다. 그런데 유니폼을 주장함직한 자리에 있는 친구가 말했습니다. "그래서 신이 있다는 거야 없다는 거야. 그게 분명해야 하는 것 아냐?" 그런 자리에 있는 친구들은 '신의 존재 여부'의 확인이, 더

신 이야기

직접적으로는 '온전하고 홀로인' 신을 승인하느냐 여부가, '신 이야기'의 우선하는 주제여야 마음이 편한 것 같습니다.

공돌이 친구가 대답했습니다. "네 물음에 대답할 처지는 못 되고. 내 이야기를 할게, 들어봐. 꽤 높은 건물의 완공이 거의 막바지에 이르러 그 위에 마지막 구조물을 설치해야 하는 작업만 남았는데 그 일이 쉽지 않았어. 작업 조건이란 게 그리 단순하지 않으니까. 햇빛도, 바람도, 기술자의 마음도, 장비의 움직임도 일사불란하게 모두 그 일을 위해 하나로 조화로워야 하거든. 할 수 있는 모든 준비를 다 했지. 동료들과 다짐도 했고, 여러 예상되는 조건들을 넣고 컴퓨터 시뮬레이션도 수없이 해 봤고… 아무튼 모든 준비를 다 마치고 예정일이 내일인데 잠이 안 오는 거야. 나는 어떤 종교도 가지고 있지 않아. 그런데 새벽에 일어나 마음을 달래기가 힘들어 아내가 다니는 교회에 갔어. 그리고 뒤에 앉아 '하느님. 좀 도와주십시오!' 하고 빌었지. 그런데 하느님이 그러는 거야. '알겠다. 나도 참 불안하다. 하지만 잘 되겠지. 나도 현장에 가서 너와 함께 있을게!' 내가 그렇게 느꼈겠지. 신이 그렇게 말한 건 아니고. 그래도 마음이 한결 가벼워졌어. '신도 불안하구나!' 하는 생각이 들면서 신으로부터 내 불안을 인정받은 것 같아서 말이야. 내 두려움을 공감해 주는 분이 있다는 생각이 내게 그리 힘이 될 줄은 몰랐어. 만약 신이 '아무 걱정하지 마라. 내가 있잖니?' 하고 말했다면 그 상투성 때문에 별로 마음이 풀리지 않았을 거야. 그런데도 불안은 여전한 거야. 혼자 차를 몰고 가다 멀리 절이 보였어. 그래서 그리로 가서 부처님께 또 빌었지. 걱정되어 마음이 안 잡히니 잘 봐 달라고. 그런데 그때도 부처님이 그러는 거야. '알겠다. 나도 무척 긴장된다. 최선을 다해라. 나도 그 자리에 함께 있을게!' 얼마나 고마운지.

현장에 도착해서 모두 잔뜩 긴장한 동료들 앞에서 내가 무어라고 했는지 알아? 이렇게 말했어. '아무 걱정하지 말고 준비한 대로 하는 거다. 오다가 친구 둘한테 부탁했는데 다 도와준다고 했어. 잔뜩 긴장한 게 우리보다 더해. 곧 현장에 온다니까 그 친구들 할 일은 그 친구들이 하도록 하고. 우리 최선을 다하자!'"

좀 뜸을 들인 다음 공돌이는 이렇게 말했습니다. "일을 성공적으로 마친 다음 절에도 들리고 교회에도 들렸어. 고마워서. 그리고 말했지. '공연히 염려하시게 해서 죄송합니다.' 두 분이 모두 하나같이 말하더군. '네가 행복하니 내가 행복하다. 잘했다.' 나는 신이 있는지 없는지 몰라. 그런데 내가 불안하면 신도 불안하고, 내가 행복하면 신도 행복하다는 것은 알아. 그래서 요즘도 신의 안부를 물으러 교회도 가고 절에도 간단다. 가서 헌금도 하고 시주도 하면서 이렇게 말하곤 하지. '평안하시죠? 저도 잘 지냅니다. 행복하게 지내시라고 돈 좀 놓고 갑니다. 또 뵙겠습니다.' 돌아서 나올 때면 그분들의 웃음소리가 등 뒤에서 들리는 것 같아. 더할 수 없이 행복한 순간이지!"

고약한 사람이 고약한 짓을 하고는 이를 참으로 고약하게 발언하고 있다고 판단할 수도 있습니다. 하지만 '신 있음'과 '신 이야기'는 이렇게 이야기되어야 하지 않을까 하는 판단을 할 수도 있습니다. 판단은 누구나의 몫입니다.

'불필요한 신'도 있습니다. 더 정확히 말하면 그러한 신도 사람들은 짓습니다. 대체로 그러한 일에 진지하고 헌신적인 사람들은 겨울잠을 자는 구렁이처럼 '종교' 안에서 똬리를 틀고 삽니다. 그들은 인간이 얼마나 악하고, 얼마나 고통을 받으며 살고, 얼마나 처절하게 무능력하고, 얼마나 간사하게 머리를 쓰는지 신이 알까 봐 겁을 먹은 실은 매우 '겸손'한 사람들입니다. 그런 못됨으로 신의 심기가 상하지 않도록 온 힘을 다 기울입니다. 자기들이 그런 소용돌이에서 겨우 벗어나 온전하고 홀로인 신을 바야흐로 모시기 시작했다는 자의식을 지닌 사람들이니까요. 그러나 바로 그러한 이유로 그들은 그렇게 엉망인 인간과 세상을 신이 스스로 지닌 온전하고 홀로인 그 당당한 위엄을 발휘하여 돌 하나도 돌 위에 놓이지 않을 만큼 완전한 파멸로 징계해야 한다는 것을 신에게 아뢰는 '바른' 사람들이기도 합니다. 그래서 그들은 자기들의 신을 '분노하는 신, 질투하는 신, 징벌하는 신, 심판하는 신'으로 부릅니다. 신은 온전하고 홀로인 까닭은 이렇게 설명됩니다. 종교라는 이름의 어떤 것도 이러한 근원적인 구조를 지니지 않은 것이 없습니다. 절대가 일컬어지고 초월이 운위되고, 신성함이 기려지면 어떤 종교도 다르지 않습니다.

그렇게 신과 인간이 이어져 있는 거라고 말하지만 그것은 '관계'가 아닙니다. 관계의 단절이죠. 그런 이어짐에서는 만남이 불가능하니까요. 만남이 불가능한 이어짐이란 실은 공허한 환상입니다. 양자 간의 공감이란 당연히 있을 수 없습니다. 서로 스며드는 길이 온전함과 홀로임을 빙자해 차단되었으니까요. 굳이 관계란 말을 여전히 사용한다면 그것은 한쪽에서의 관계의 독점입니다. 아무튼 이런 상황에서 신의 안부를 묻는 것은 참람한 일입니다. 내 행복이 신의 행복이라고 발언하는 것은 인식 장애이거나 착란입니다. 그렇다고 종교는 말합니다. 사랑과 자비를 왜 간과하느냐고 하겠지만 분노의 후광 앞에서 발언되는 사랑이나 징벌의 울 안에서 이뤄지는 자비는 그것을 사랑이나 자비로 일컫기가 쉽지 않습니다. 사랑이나 자비를 전제하고 일컬어지는 분노나 징벌도 다르지 않습니다. 어떤 경우든 관계는 아닙니다. 공감이 없기 때문입니다. 종교사는 어떤 종교든 이 구조를 잃은 적이 없습니다. 이전에도 지금도 아마도 내일도 그렇게 이어질 겁니다. 그런데 그러한 신은 '필요한 신'이 아닙니다. '필요하다고 강요된 신'이기는 해도 '필요하다고 요청된 신'은 아닙니다. 종교사는 이러한 온전하고 홀로인 신을 빙자한 살육에서 한 번도 그 손이 깨끗한 적이 없다는 것을 기술한 역사이기도 합니다. 사랑의 이름으로 이루어진 저주, 부드러움의 이름으로 이루어진 사나움이 종교의 모습이니까요.

신에게 안부를 물어야 합니다. 신의 안위를 걱정해야 합니다. 신은 행복한지를 끊임없이 살펴야 합니다. 그것이 인간의 책무입니다. 안부를 물을 수 없는 '불필요한 신의 생산'을 진심으로 저어해야 합니다. '온전하고 홀로인 신'은 단절된 신이 아니라 오히려 그래서 만날 수 있다는 것을 유념하면서 신에의 안부에서 나 자신의 안부를 확인할 수 있어야 합니다. 우리가 행복하면 신도 행복하니까요. 역도 참입니다.

열두 번째 이야기

신의
죽음

까닭이야 어떻든 분명한 것은
모든 존재는 스스로 소멸의 과정을 지니고 있다는 사실입니다.

사람은 참 모자랍니다. '신 있음'의 맥락에서 이야기하자면 그러니까 사람입니다. 그렇잖으면 '신'일 테니까요. "온전한 신이 왜 이리 모자란 인간을 지었는가?" 하는 물음은 전형적인 고전적 물음입니다. 아득한 때부터 이제까지 이어지는 물음이니까요. 그간 무척 많은 대답이 주어졌습니다. 하지만 어느 것이 바른 답인지는 모릅니다. 대답하는 주체는, 그가 개인이든, 공동체든, 전승된 기억이든, 자기의 대답이 보편성을 지닌 옳은 거라고 주장합니다. 하지만 조금만 그 자리를 벗어나면, 그 대답과 이를 회의(懷疑)하는 자의 거리가 실존적이든, 문화적이든, 역사적이든, 그러한 대답이 결국 대답을 하는 주체가 처한 당해 상황을 반영하는 것이라는 사실이 드러나곤 하면서 그것은 그들에게는 해답이어도 내게는 그럴 수 없다는 것을 확인하게 되니까요. 그래서 그 물음도 대답도 한데 뭉쳐 신비의 너울 속으로 던져 버리든가 아니면 그것에 신비를 옷 입혀 "그러니까 끝내 모를 수밖에 없는 거야" 하면서 물음조차 삼가야 하는 겸손을 지니는 것만이 현실적인 대응이라는 데 이르기도 합니다.

그러나 거듭 말하지만 인간은 스스로 자기가 모자란다는 것을 아는 존재입니다. 자기 한계를 아는 거죠. 그렇지 않았다면 인간이 어찌 '온전한 존재'를 상상할 수 있었겠습니까? 또 어찌 그런 절대적인 존재를 준거로 자기를 판단할 수 있었겠습니까? 모자람은 온전함이 없다면 드러날 수 없는 거고, 온전함은 모자람이 없었으면 온전함이 아니라 그저 일상이었겠죠. 그러므로 이러한 자리에서 본다면 "왜 온전한 신이 모자란 인간을 낳았을까?" 하는 물음은 처음부터 잘못된 것일지도 모릅니다. 그 물음은 온전함과 모자람, 또는 신과 인간의 현존, 그 이어짐이 상호 의존적이라는 사실을 간과하기 때문입니다. 더 적극적으로 말한다면 모자란 인간의 자기 인식이 낳은 삶의 모습이 드러난 것이 '신 있음'이고, 그것이 언어나 몸짓에 담기는 것이 '신 이야기'니까요. 그런 문화를 우리는 '종교'라고 부르는 거고요.

그런데 이러한 사실을 진술하면서도 무척 혼란스러울 때가 있습니다. 우리가 선택한 이번 장의 주제인 '신의 죽음'이 그렇습니다.

어차피 인간은 유한한 존재입니다. 그것을 우리는 다 압니다. 그러니까 죽음이 내 삶의 현실이라는 것도 모르지 않습니다. 살아 있는데 어찌 죽지 않기를 바랄 수 있겠습니까? 인간만이 아닙니다. 모든 살아 있는 것은 그러합니다. 죽음은 생명과 단절된 '살아 있음-밖'의 현상이 아니라 '살아 있음-안'의 현상입니다. 죽음은 생명현상인 거죠. '살아 있는 현존'만이 그렇지 않습니다. 반드시 죽음이라 하지 않더라도 존재하는 모든 것은 소멸합니다. 퇴색하고 낡아가고 사라집니다. 흔히 시간에 예속된 존재의 운명이라고 묘사하기도 하지만 시간이 사물을 현존할 수 있게 한다는 사실을 염두에 둔다면 소멸이 시간 때문이라고만 여기는 것은 충분한 살핌이 아닐 수도 있습니다. 오히려 존재는 스스로 자기 안에 소멸의 인자(因子)를 지닌 것이라고 해야 더 나을지 모릅니다. 까닭이야 어떻든 분명한 것은 모든 존재는 스스로 소멸의 과정을 지니고 있다는 사실입니다. 때로 그것은 성장의 과정으로 읽히기도 하지만 그것이 지속적이지는 않습니다. 낡아 감은 불가피합니다. 그리고 그것은 소멸로 끝납니다. 없어지는 거죠.

문제는 그렇지 않은 존재를 전제하거나 상정하거나 실재한다고 믿는 태도입니다. 소멸되거나 죽지 않는 존재가 있다는 거죠. '신 이야기' 안에서 일컬어지는 '신 있음'이 그러합니다. 신은 '죽지 않음'을 일컫기 위해 등장한 실재이기도 하니까요. 죽음이 차마 범접할 수 없는 존재가 신입니다. '신은 안 죽습니다.' 그런데 주목할 것은 신도 존재입니다. 현존하는 사물과 다르지 않습니다. 있으니까요. 신도 살아 있습니다. 신의 '사람다움'이 이를 보여 줍니다. 그렇다면 우리는 '신도 죽는다'는 이야기를 해야 합니다. 신도 사라진다는 이야기, 곧 그도 시들고 퇴색하는 과정을 겪고 있으며 결국 소멸할 거라는 이야기도 할 수 있어야 마땅합니다. 신화는 이를 상당한 정도 담고 있습니다. 그런데도 사람은 '신도 죽는다'고 말하지 못합니다. 그렇게 하지 않는다고 해야 더 정확합니다. 신은, 신만은 그럴 수 없다고 말합니다. 신과 인간의 상호 의존성, 곧 온전함과 모자람의 보완적 관계의 필연성을 이해하는 경우조차 신이나 온전함의 소멸이란 말도 안 된다고 반응합니다. '신도 죽는다'와 '신만은 안 죽는다'가 동시에 주장되는 이러한 사태는 우리의 생각이나 판단, 나아가 상상력조차 엉키게 합니다. 이 혼란스러움을 어떻게 이해해야 할지, 왜 그런지를 무어라 설명해야 할지 당혹스러워집니다.

인간이 지닌 죽음에 대한 태도를 되살펴 보면 이 당혹감을 조금이나마 설명할 수 있지 않을까 하는 생각을 해 보게 됩니다. 다음과 같은 사실 때문입니다. 앞에서 우리는 인간이라면 자기가 언젠가는 죽으리라는 것을 모르지 않을 거라는 말을 했습니다. 그렇습니다. 그것은 사실입니다. 하지만 그것을 안다는 것과 그 사실을 받아들이는 것은 다릅니다. 죽음은 두려운 사건입니다. 그저 하릴없이 걷다가 만나는 어떤 예사로운 일이 아닙니다. 자연스레 지나가는 열린 문이 아닌 거죠. 죽음은 일상의 모든 것을 그대로 두지 않습니다. 살아 있어 맺은 관계를 끊습니다. 애증도 모두 사라집니다. 그것은 삶에서 스스로 지녔던 인식과 판단과 꿈과 보람과 신념이 모두 무의미해지는 것과 다르지 않습니다. 이룬 것에 대한 참회나 보람을, 이루지 못한 것에 대한 한(恨)이나 아쉬움을 모두 지워 버립니다. 내 존재 자체를 허무하게 합니다. 죽음이란 당연한 삶의 귀결이면서 또한 이러한 것임을 안다는 것은 인간이 소멸의 공포, 죽음에의 두려움을 삶의 과정에서 겪는 가장 절박한 '사건'으로 여기게 합니다. 죽음은 '일상'이 아니라고 판단하게 하는 거죠.

죽음의 필연성보다 삶의 현장에서 더 강하게 드러나는 것은 바로 이 죽음에의 두려움입니다. 그래서 죽기가 싫습니다. 가능하면 피하고 싶고, 할 수 있는 한 유예했으면 좋겠고요. 죽을 줄 알면서도, 아니, 죽을 줄 알기 때문에, 죽음을 피하고 지연시키고 싶은 간절함은 더 진해집니다. 그리고 마침내 '사라지고 싶지 않은 희구'는 자기가 '사라지지 않는 것'에 이어지기를 바라는 태도를 낳습니다. 초월이 새삼스러운 삶의 차원으로 다가옵니다. 지금 여기를 넘어서면 죽음은 없을 거니까요. 절대가 그렇게 등장합니다. 그 영역에 들면 삶과 죽음이라는 대칭적인 분열이 내 삶을 그리는 구도가 아닐 수도 있으리라는 기대를 하게 되니까요. 영원은 더 말할 나위가 없습니다. 그것은 '삶과 죽음을 넘어선 삶'의 지속이 현실화하도록 담보해 주리라 여겨지니까요. 신은 그러한 모든 것을 다 갖춘 존재입니다. '신 있음'이 전해 주는 '신 이야기'에서의 신은 그렇습니다. 신과 인간의 관계가 아무리 상호 의존적이라 할지라도 이 계기에서는 '신의 사람다움'이 아니라 '신의 신다움'이 그대로 지속되면 좋겠는 거죠. 소멸이나 죽음의 공포에서 벗어나려면, 아니, 그보다도 그 공포 자체가 무의미해질 죽음 자체의 비현실성을 담보하려면 의지할 것은 신뿐이라는 것을 확인하고 싶은 겁니다.

'되삶의 존재론'이 펼쳐지는 것은 이 계기에서입니다. 죽음 없는 시공의 영역을 그리거나 그러한 존재로의 변화를 추구하는 거죠. 아직 모자라지만 끊임없이 다시 태어나면 온전한 데이르러 불변의 존재가 된다든가, 많이 일그러지고 때가 묻었다 할지라도 죽음의 계기를 겪으며 다시 살아나 이제까지의 존재가 아닌 다른 존재가 된다면 죽음조차 간여하지 못하는 새 생명으로 다시 삶이 이어질 거라든가 하는 다양한 묘사가 이 '되삶의 존재론'을 설명합니다. '신 있음'은 바로 이를 위한 절대적인 요청입니다. 그러므로 신은 죽지 말아야 합니다. 그럴 리도 없습니다. 인간은 모자라지만 신은 온전하니까요.

인간이 직면하는 죽음의 문제는 어쩌면 이렇게 해서 풀어질지도 모릅니다. 죽음 자체도, 그것에 대한 공포도, 죽음을 넘어선 또 다른 있음에의 희구도 모두요. 그러나 '신의 죽음'의 문제는 여전히 뚜렷하지 않습니다. 그리고 지금 우리가 관심을 가지는 것은 바로 그 문제입니다. '신의 죽음'이죠. 신도 존재니까요. 존재는 소멸하니까요. 그런데 인간의 죽음 문제가 풀린 것은 그것이 '신 있음'의 맥락에서 이루어지는 '신 이야기'에 속해서입니다. 그 틀 안에서 해결된 거죠. 신과 인간과의 '관계'에서 구축된 겁니다. 그렇다면 신의 죽음의 문제도 그 관계의 틀 안에서 살펴야 하지 않을는지요. 그러니까 '인간과의 관계에서의 신의 죽음'을 이야기해야 하지 않을까 하는 겁니다.

이를테면 어떤 사람이 종교인이 아닌데 종교인이 되었습니다. 절대적인 진리로의 돌아옴이라고 해도 좋고, 초월적인 절대자에의 안김이라 해도 좋습니다. 그 계기가 순간적인 거든 점 진적인 거든 상관이 없습니다. 분명한 것은 그러한 '변화'가 일 었다는 사실이고, 이는 그에게 '신 있음'이 현실화된 것이나 다 르지 않습니다. 신의 탄생인 거죠. 그런데 그에게 다른 변화가 생겼습니다. 어떤 이유에서든 그는 자기가 의지하고 머물던 종 교를 떠났습니다. 그에게 '신 있음'은 현실이 아니게 되었습니 다. 신은 절대적이고 보편적이어서 그가 '아니'라 해도 여전히 존재한다고 할 수 있습니다. '신 있음'의 맥락에서는 그렇게 이 야기하는 게 당연합니다. 그러나 적어도 '그'에게는 신이 이제 는 없습니다. 보편적이라고 일컬어지는 그 신과의 관계가 단 절된 거죠. 신의 사라짐은 이렇게 현실화합니다. 신의 죽음의 현실성은 이러합니다. 그는 자기 안에서의 신의 탄생과 신과 의 동거와 신의 죽음을 모두 경험한 거나 다르지 않습니다. 살 아 있는 사람이 죽음이 임박해서 가지는 온갖 정서를 그도 신 의 죽음을 겪으면서 경험했을 겁니다. 애증과 보람과 절망, 한 과 아쉬움을요. 그런데도 신이 그로부터 떠났을 겁니다. 그리고 그것은 그가 신으로부터 떠난 것이기도 하고요. '신 있음'의 현 실이 이러합니다. '신 없음'도 다르지 않고요. 신의 죽음은 바로 이러한 현실에서 하나의 '사건'이 됩니다. 내 삶의 한복판에서 터진 갑작스러운, 예상하지 못한, 그러나 아주 분명하게 확인되는, 내게 일어난 일이 되는 거죠. 거듭 말하지만 신은 인간이 모시면 있고 버리면 없습니다.

'신 이야기'의 범주에 들지 않는다는 이견이 격하게 일 거라고 짐작하면서도 동구 밖에 있던 당나무의 변천사를 이야기하고 싶습니다. 백여 년 전부터 그 마을 사람들은 동구 초입을 비스듬히 흐르는 냇가에 있는 느티나무 아래서 당신(堂神)을 모시고 큰 굿도 했고 작은 푸닥거리도 했습니다. 집례를 한 사람은 달랐는지 몰라도 여느 사람들에게 그 신은 이름도 없고, 그려진 상(像)도 없는 그런 존재였습니다. 사람들에게는 느티나무가 그대로 신이었고, 신이 느티나무였습니다. 그렇다고 신을 '느티나무님'으로 부른 것은 아닙니다. 사람들은 그곳을 늘 정갈하게 관리했습니다. 또 허구한 날 내내 제사를 지낸 것도 아니었습니다. 세월이 꺾이는 절기에서나 동네 사람들의 이런저런 일, 특히 궂은일을 당할 때나 마마 같은 돌림병이 돌 때는 동네 사람들이 모여, 또는 당사자나 그 가족들이 모여, 제를 지냈고 복을 빌었습니다. 마을의 안녕과 개인의 소원 성취를 위해서 그렇게 거기 모여 신을 모셨던 거죠. 그곳은 실은 마을의 변두리였지만 마을 안위를 위한 '중심(中心)'이었고, 거기 모신 신은 당연히 지엄한 존재였습니다.

그러나 일제의 강점기에 이런 일들이 모두 멈췄습니다. 이런 일을 미신으로 여겨 금지했기 때문입니다. 신에게 드리는 제를 더 지낼 수 없게 되었습니다. 신은 더는 모셔지지 않았습니다. 제관을 맡던 박수도 어디론지 떠났습니다. 그런 세월이 길어지자 사람들도 늘 해 오던 그 일이 시들해지기 시작했습니다. 마침내 일제가 물러갔습니다. 당연히 억압된 옛 삶이 되돌아오리라 기대했지만, 그것은 '논리적인 사유'이지 실제는 그렇지 않았습니다. 세상이 달라졌기 때문입니다. 마을에는 정미소가 들어와 기계 소리가 들리기 시작했습니다. 편리와 효율이 사람들을 놀라게 했고, 그것은 동시에 두레에 금이 가기 시작한 처음이기도 했습니다. 한 마장 거리에 학교도 세워졌습니다. 저수지가 생기면서 논밭에 물 대는 걱정이 덜어졌습니다. 면사무소가 있는 마을에는 약국도 생기고 작은 의원도 문을 열었습니다. 느티나무는 점차 마을 중심에서 눈에 띄게 변두리로 물러났습니다. 잊히기 시작한 거죠.

6.25 전쟁 동안에는 사정이 달라졌습니다. 그곳을 찾는 동네 아낙네들이 많았습니다. 군대에 간 자식의 안녕을 빌기 위해 정화수를 떠 놓고 그 나무 아래서 치성을 드렸습니다. 남정네들은 짐짓 모른 체하며 멀리서 참여를 했습니다. 느티나무가 다시 살아나는 듯했습니다. 그것은 '신의 회귀'일 법한 일이었습니다. 그런데 곧 서양 종교의 신도들이 이 마을에 드나들기

시작하면서 동네 사람들에게 말했습니다. "그 나무가 복을 줍니까? 도끼로 찍으면 찍히고, 불을 놓으면 타버릴 나무에다 복을 빌다니요. 그것은 우상입니다. 진정한 살아 계신 신을 믿어야 합니다." 어떤 분이 말했습니다. "나무가 나무인 줄 누가 모릅니까? 그러나 여기는 우리가 위로를 받던 유일한 곳입니다. 모시던 당신(堂神)을 요즘 사람들은 실감을 못 하지만요." 그러나 지금은 그 세대들조차 모두 이 세상을 떠났습니다. 당에 모시던 신도 함께 사라졌습니다. 그다음 세대 사람들의 기억에는 아무것도 남아 있지 않습니다. 지금 그 마을에는 십자가를 지붕 위에 세운 작은 건물이 들어섰습니다. 이전의 신은 사라지고 새 신이 그 자리를 차지한 거죠. 그리고 느티나무는 '오래된 나무'로만 기려지고 있습니다. 그 나무에서 '신 있음'의 흔적은 아무리 찾아보려 해도 없습니다. 가끔 인류학이나 민속학을 한다는 학자들이 이곳을 찾습니다. 신은 그들의 연구서 안에 담깁니다. 아마도 도서관이나 박물관에서는 아직 그 신이 호흡하고 있을지 모릅니다. 그러나 그것은 '박제(剝製)된 신'일 수는 있어도 '신 있음'에 담길 신은 아닙니다. 이 마을과 동네 사람들과는 현실적으로 이어진 살아 있는 관계가 없습니다. 신의 사라짐은 이러합니다. 신의 죽음은요. 신을 우러르는 사람들이 없으면 신은 없습니다. 신을 호흡하는 사람들이 있으면 그 신도 살아 호흡을 합니다. 신의 삶이 그렇듯이 신의 죽음도 인간으로부터 말미암습니다.

  아무래도 이러한 '신 있음'의 변천사로 '신의 죽음'을 이야기하는 것 자체가 말이 되지 않는다고 판단할 이견에 대해 이야기를 해야 하겠습니다. 느티나무로 겨우 자신을 드러내는 당신(堂神)의 '신답지 못함'을 지적하면서 그러한 '신 아닌 신의 소멸'은 지극히 당연하다는 주장이 그 이견의 중요한 내용을 이룹니다. 그 신은 어쩌면 '한심한 신'임에 틀림없습니다. 품위도 없고, 두루 모자라고, 초라하니까요. 신학도 없고 경학(經學)도 없습니다. 제도적 힘으로 다져진 공동체도, 그 구성원도 뚜렷하지 않습니다. 이러한 주장은 옳습니다. 사실이 그러하니까요. 그러나 주목하고 싶은 것은 느티나무 앞에서 비손하던 사람의 경험입니다. 그가 경험한 것이 신학이나 경학이 마련한 종교 공동체에 속한 신도의 경험과 근원적으로 무엇이 다른지 충분히 설명되기까지 느티나무의 현존에서 경험한 그 신을 깎아내리는 일은 유보되어야 마땅하지 않을는지요. 느티나무 경험에서도 초월과 절대와 거룩함과 영원을 담은 비일상성이 지금 여기를 넘어서는 실재로 여겨졌을 것이기 때문입니다. 그렇다면 기도의 내용이 얼마나 달랐을까요? 제의에 참여하는 마음가짐에서 무엇이 달랐을까요?

다른 반론도 있습니다. 정치나 사회의 변천이 신의 존재 여부를 결정한다고 판단하는 것은 신에 대한 가장 기본적인 오해에서 말미암은 거라는 주장이 그러합니다. 역사-문화적 변천이 신의 존재 여부를 결정한다면 초월이나 절대나 거룩함이나 신비 등과 '신 있음'을 잇는 '신 이야기'는 모두 허구일 뿐이라는 판단에 이를 것인데 그것은 아예 '신 있음'을 부정하는 것과 다르지 않다고 말합니다. 신이 그렇게 역사나 문화라는 인간사(人間事)에 따라 휘둘리는 존재일 수는 없다는 거죠. 물론 이러한 자리에서도 '신 있음'의 존재 양태의 변화는 얼마든지 있을 수 있고, 적합성의 차원에서 어떤 신의 속성이 더 먼저 주제화되느냐 하는 문제도 있을 수 있으며, '신 이야기'를 발언하는 언어가 그 어휘에서나 개념에서 전통성의 유지만이 아닌 다양한 새로운 변화를 드러낼 수 있다는 이야기도 합니다. 그러나 이 모든 것을 충분히 유념한다 해도 '신의 죽음'을 공감할 수는 없는 것이 '신 있음'의 진정한 현실이라고 말합니다. 신은 변화하는 존재가 아니니까요. 변화하는 것은 인간이니까요.

그러나 이에서도 주목하고 싶은 게 있습니다. 두 가지입니다. 하나는 '신의 죽음'은 '변화 안에서의 상존(常存)'을 일컫는 것이 아니라는 사실입니다. 바꾸어 말하면 '신의 죽음'은 '상존하는 신의 변모'를 일컫는 것이 아닙니다. 역사-문화적 변천은 그때 거기에 있는 신이 더는 이어지지 않는 '당해 신의 소멸'을 말합니다. 그러므로 굳이 '신의 상존'을 이야기하면서 '신의 죽음'을 거부하려면 '신의 죽음과 신의 탄생'이 항존(恒存)한다고 말하는 것이 더 정확합니다. 그게 사실이니까요. 또 다른 하나는 '신의 죽음'이든 '신의 생존'이든 그것을 이야기하는 주체가 누구냐 하는 겁니다. 역사-문화적 변천에도 불구하고 신은 바뀌거나 소멸하거나 하는 존재가 아니라는 것을 발언한 주체는 신이 아니라 인간입니다. 그 변천에 따라 신은 죽는다고 말한 것도 인간입니다. 무릇 모든 사물에 대한 담론이 그렇듯 '신 이야기'의 화자도 인간입니다. 다만 '신 있음'의 맥락에서는 그 화자가 '신'으로 일컬어지고 있을 뿐입니다. 그런데 그 자리에서는 그럴 수밖에 없습니다. '신 있음'을 낳은 것이 인간이기 때문입니다. '신 있음'이 인간의 모든 것을 '설명'할 수 있도록 한 것이 사람이니까요. 당연히 그 주체는 '신'일 수밖에 없는 거죠. 인간이 '신 이야기'의 화자이면서 청자인 것은 이 때문입니다.

이 대목에서 앞의 느티나무의 경우에 더해 또 다른 예를 들어야 좋을 듯합니다. 지금 일컫는 '위대한 종교'들, 또는 '세계 종교'들은 대체로 3천 년 안팎의 역사를 지녔습니다. 왕조사를 서술한다면 대체로 분명한 건국과 멸망의 시점들이 있으니까 연대기를 기술할 수 있지만, 종교와 같은 문화의 전승을 시간의 마디로 끊어 연대기를 이야기하는 것은 무모하기도 하고 별 의미도 없습니다. 시작도 끝도 실은 없으니까요. 하지만 어떤 준거로든 연대기의 기술이 불가능한 것은 아닙니다. 두드러진 인물이나 사건이 잡히니까요. 이렇게 보면 '세계종교'의 역사를 3천 년 앞뒤로 헤아리는 것이 무리는 아닙니다.

그런데 인류사에 분명히 존재했는데 완전히 사라진 종교가 있습니다. 그것도 연대기적으로 3천여 년을 지탱한 종교입니다. '고대이집트 종교'가 그렇습니다. 인간이 상상할 수 있는 온갖 종교의 모습이 이집트 문화권 안에서 3천 년을 지속했습니다. '신은 하나다, 여럿이다', 신의 교체, 종교와 국가, 삶과 죽음에 대한 설명 등이 지천으로 쌓여 있습니다. 인류 종교사의 압축판이라고 해도 좋습니다. 그런데 기원전 1세기에 로마에 의해 정복되면서 그 종교는 종언을 고했습니다. 그때의 신앙이나 신앙 공동체나, 나아가 신이 그 이후에 이어졌다는 흔적은 찾을 수 없습니다. 남은 것은 그때 그런 종교 문화가 있었다는 것을 실증하는 폐허가 된 유적들입니다. 그 흔적이 얼마나 굉장한지 상상을 뛰어넘을 정도입니다. 3천 년의 유구함을 염두에 둔다면 이런 단절이 일어나리라는 것은 상상조차 할 수 없습니다. 그런데 이는 분명하게 '일어난 사실'입니다. 지금 그 문화권 안에서 이를테면 라(Ra)라는 태양신을 신으로 섬기면서 자신의 삶을 봉헌하는 사람을 찾는 것은 불가능합니다. 없으니까요. 지금 그 지역에서 종교인을 찾는다면 대체로 이슬람이거나 그리스도교인입니다. 이전의 신도 없고, 신도도 없습니다. 신은 죽었고, 신도는 사라졌습니다. 고대이집트 종교는 전형적인 '죽은 종교'입니다. 그런데 이를 들어 감히 '종교의 수명'을 거론해도 좋을 것 같습니다. 3천 년 된 종교도 사라진다는 사실을 지적하면서 지금 현존하는 종교의 수명을요. "당신들의 종교는 이미 2천 년을 모두 넘겼습니다. 언제까지 버틸 수 있을 것 같습니까?" 하고 물을 수는 없겠는지요. 언젠가는 없어질 테니까요. 그럴 수밖에 없습니다. 없었는데 있었던 거니까요.

'신의 소멸'이 신도의 부재를 초래했을 수도 있습니다. 역사적으로 보면 이집트의 신은 '살해당한 신'이니까요. 그러나 우리가 간과하지 말아야 할 것은 '강제된 신의 퇴거'가 필연적으로 '신의 부재'를 경험하게 하는 것은 아니라는 사실입니다. '살해당한 신'이라도, '침묵하는 신'이라도, '물러나 숨어 버린 신'이라도 '잠자는 신'이라도, '치사하게 비겁한 신'이라도 인간은 그를 살려 내고, 발언하게 하고, 당당히 드러나게 하며, 깨우고, 용감하게 내 삶에 간여하게 할 수 있습니다. 인간은 신과 더불어 있으니까요. 그러므로 '신의 부재'를 선언하는 것은 인간입니다. '신의 소멸'이 '신도의 부재'를 낳는 것이 아니라요. 인간은 '신 있음'을 긍정했듯이 '신 없음'도 사실이게 합니다. 그렇다면 이집트의 신은 '살해당한 신'이 아닙니다. 비록 피살된 것이 사실이라 할지라도 그를 믿는 사람들이 이를 승인하지 않거나 수용하지 않았으면 그 피살은 사실이지 않았을 겁니다. 신도가 여전히 현존했다면 그 '사건'은 아무런 의미도 없었을 겁니다. 그 사건이 나에게서 신을 죽이게 할 수는 없으니까요. 그렇다면 이집트 신의 죽음은 까닭이 분명해집니다. 그는 '살해당한 신'이 아니라 '버려진 신'입니다. 신도들에 의해서요. 사람들이 폐기해 버린 거죠. 어쩌면 무용했기 때문일 겁니다. '설명'의 차원에서나 '기능'의 차원에서요.

　신은 스스로 자기를 부정하고 사라지지도 않습니다. 그럴 수 없습니다. '신 있음'의 현실에서는 신 스스로 없음일 수조차 없습니다. 존재 자체니까요. 존재 자체의 자기부정은 '둥근 네모'라는 묘사처럼 관념 안에서는 가능하지만, 현실 안에서는 불가능합니다. 더구나 거듭 말하지만, 신은 인간과 더불어 있는 존재입니다. 자기를 자기 마음대로 하지 못하게 되어 있는 거죠. 관계 안의 존재니까요. '신의 죽음'을 초래하는 것은 바로 이 틀 안에서의 인간입니다. 신을 소멸시키는 주체는 사람입니다. '신의 죽음'은 '신 있음'을 현실화했던 사람이 한 일입니다. 그의 경험이 그러한 사건을 빚습니다. 인간이 있는 한, '신 있음'은 현실일 수밖에 없습니다. 신이 없으면 인간은 스스로 설 수 없기 때문이죠. 그런데 인간이 있는 한, '신의 죽음'은 현실일 수밖에 없습니다. 새 신이 탄생하지 않으면 스스로 설 수 없는 한계를 경험하기 때문입니다. 그래서 신도들은 스스로 신을 떠납니다. 신들은 버려지고요. 신이 창조한 세상이 엉망이고, 그래서 그 세상이 멸절되어야 한다는 아픔이 절정에 이르면, 그 신에게 다시 매달리는 일은 무의미하니까요. 종교는 그러한 궁경에서도 그 신을 기리는 일을 멈춰서는 안 된다고 말합니다. 그럴수록 돈독함을 다져야 한다고 말하기도 합니다. 인간은 여전히 모자라고 신은 그 모자람이 낳은 온전함이라고 더욱 강조합니다. '신 있음'의 맥락에서는 그렇게 말합니다. 그러나 바로 그 '신 있음'의 맥락에서 들리는 소리가 있습니다. "세상의 종말과 더불어 그 신도 사라져야 비로소 내가 경험하는 이 엉망인 세상이 진정으로 끝날 거야. 그가 지은 세계니까!" 하는 절규가 그것입니다. 이 세상이 종말에 이르렀다면 이 세상을 지은 신도 종말을 맞아야 그것이 '참'이지 않느냐는 '터득'이라고 해도 좋습니다. 그래야 새로움이 돋우니까요.

이 계기에서 주목할 것은 책임 주체로서의 인간의 태도입니다. 책임 주체란 다른 것에 의존하거나 타자를 빙자하지 않으면서 자기를 스스로 건사하는 주체를 뜻합니다. 아울러 자기와 이어진 틀 안에 있는 모든 실재와의 관계를 그렇게 다듬어 채근하는 주체를 뜻합니다. 그러므로 관계 안의 책임 주체라 해서 다른 실재를 내가 두루 안고 가는 그런 주체는 아닙니다. 타자를 책임지는 것은 아닌 거죠. 타자를 책임지겠다고 나서는 것은 타자를 내게 예속시키거나 물화(物化)하여 나를 위한 수단으로 삼는 일에 지나지 않습니다. 더불어 살아가는 관계를 유지하도록 하는 맥락 안에서의 책임 주체의 책임은 서로 책임 주체이게 하는 일입니다. '신 이야기'의 틀에서 말한다면 사람이 사람 노릇을 제대로 하면서 신이 신 노릇을 제대로 하도록 돕는 일입니다. '신 있음'은 그러한 주체의 책임 안에서 유지되는 있음입니다. 이는 달리 말하면 인간은 '신 있음'에 대한 무한 책임을 지닌 존재임을 일컫는 것이기도 합니다. 신을 낳은 것에 대한 책임 주체도 인간이고, 신을 죽게 하는 책임 주체도 인간인 거죠. 인간이 없으면 신도 없습니다. 마찬가지로 책임 주체인 신도 그렇습니다. 신이 없으면 인간이 없으니까요.

그렇다면 '신 있음'을 준거로 한 '신 이야기'에서 이야기되는

'신의 죽음'은 난데없는 일이 일어난 것 같은 '사건'일 수 없습니다. '신의 죽음'이 사건이어서는 안 됩니다. '신의 죽음'은 '신 있음'을 살아가는 데서 일어나는 일상이어야 합니다. 사람의 삶에서 죽음이 사건일 수 없듯, 죽음이 일상이듯, 그렇게요. 삶과 죽음이 점철하는 것이 현존하는 사람의 경험 내용이니까요. 몸으로도 그러하고, 그 몸을 바탕으로 펼쳐지는 마음도 그러합니다. 언제나 죽고, 죽어야 하고, 늘 되살고, 되살아나야 합니다. 사람이 그것을 모를 까닭이 없습니다. 만약 모른다면 그것이 사람이 의도해야 할 처음 깨달음이어야 할 겁니다. 신도 다르지 않습니다. 신은 있으면서 없고, 없으면서 있었습니다. 개인의 실존 자리에서도 그랬고, 전승된 기억 속에서도 그랬고, 흩어져 있는 여러 곳에서의 공동체에서도 그랬습니다. 언제나 죽고, 죽어야 하고, 늘 되살고, 되살아나야 하는 것이 신이었습니다. 일상의 기도에서, 제의에의 참여에서, 행위규범을 현실화하는 데서 신의 죽음을 경험하지 못했다면 의도해야 할 처음 깨달음은 바로 이 사실을 확인하는 일이어야 할 겁니다.

세월 따라, 문화 따라 펼쳐진 온갖 '신의 산만한 현존', 그 안에서 벌어지는 신과 인간의 죽음, 그것을 책임 주체로서 겪는 신과 인간 경험담의 발언, 그것을 이야기하면서 인간의 유한을 무한과 이어 숨통을 틔우며 살아가는 삶, 그것이 종교입니다. 그것은 인간이 지어낸, 인간만이 할 수 있는, 가장 아름다운 '것'이고 가장 따뜻한 '풍경'입니다. '신의 죽음'은 어쩌면 그 아름다움과 따뜻함의 가장 깊은 모습일지도 모릅니다. 인간이 책임져야 하는.

"신 이야기는 끝나지 않습니다.
나의 신 이야기도 그러하고, 우리 신 이야기도 그러하며,
너희 신 이야기도 그러합니다…."

이야기는 끝나지 않습니다. 내 이야기도 그러하고, 우리 이야기도 그러하며, 너희 이야기도 그러합니다. 화자가 없어지면 끝나는 것 같아도 그게 그렇지 않습니다. 이야기의 메아리도 이야기이고, 이야기의 기억도 이야기이기 때문입니다. 청자가 있기 마련이니까요. 그리고 청자는 다시 화자가 되니까요.

이야기는 주제가 있습니다. 표정도 지닙니다. 음조도요. 온갖 정서를 다 담고 있습니다. 그래서 이야기가 있으면 모든 것이 있습니다. 이야기가 곧 존재라는 서술이 지나친 일탈이지 않습니다. 이야기는 이런 이야기도 담습니다. 때로는 이야기가 버거워 이야기하지 말았으면 좋겠는 경우에도 이를 이야기에 옮겨 펴야 합니다. 이야기를 듣기 싫을 때도 없지 않습니다. 그러면 귀를 막으면 될 텐데도 때로는 화자가 없어지기를 바랍니다. 나아가 화자를 억지로 침묵시키기도 합니다. 힘으로요. 이런 이야기도 이야기는 담습니다.

이야기가 지워질 수도 있습니다. 고쳐 말하기 위해서요. 그랬다는 이야기조차 이야기는 담습니다. 이야기도 낡습니다. 생긴 거니까요. 처음은 모르지만요. 시들기도 하고요. 그렇게 되면 이야기가 제풀에 들리지 않게 되기도 합니다. 이야기는 당연히 이 이야기도 자기 안에 품습니다. 이야기의 이야기다움은 이러합니다.

화자가 바뀌어도, 청자가 달라져도, 이야기의 내용이 변해도, 세상이 뒤집혀도 이야기는 멈추지 않습니다. 사라지지도 않습니다. 때로는 화자도 없고, 청자도 없고, 내용도 없는데 이야기만 둥둥 떠다니는 풍경을 상상해도 괜찮을 만큼 이야기는 그렇게 있습니다. '이야기 현상'은 이러합니다.

그런데 앞의 문단에 있는 '이야기'를 하나도 빼지 않고 그대로 '신 이야기'로 바꿔 보면 어떨까요. "신 이야기는 끝나지 않습니다. 나의 신 이야기도 그러하고, 우리 신 이야기도 그러하며, 너희 신 이야기도 그러합니다…. 화자가 바뀌어도, 청자가 달라져도, 신 이야기의 내용이 변해도, 세상이 뒤집혀도 신 이야기는 멈추지 않습니다. 사라지지도 않습니다⋯." 이렇게요.
마지막 문장 "때로는 화자도 없고, 청자도 없고, 내용도 없는데
신 이야기만 둥둥 떠다니는 풍경을 상상해도 괜찮을 만큼 신
이야기는 그렇게 있습니다. '신 이야기 현상'은 이러합니다"라
는 것 마저요.

　이쯤 되면 이야기는, '신 이야기'도, 시끄럽기 그지없는 현상
임을 누구나 짐작할 수 있습니다. 이야기는 잔잔하지 않습니다.
그런 이야기, 그런 '신 이야기'가 전혀 없지는 않겠지만, 이야기
는 스스로 침묵하지 않는 한, 이윽고 소음이나 굉음이나 파열
음으로 드러날 것은 뻔합니다. 아니, 침묵조차 이야기의 한 가
닥이라면 침묵도 예외이지 않습니다. 까닭인즉 분명합니다. 화
자도 하나가 아니고 청자도 하나가 아니며, 그들이 처한 자리
도, 내용도, 주장도, 희구도, 서로 얽혀 있는 게 '이야기 정황'이
니까요. 거듭 말하면 이야기가, '신 이야기'가 이러하다는 것을
이들 이야기는 자기네 이야기에 이미 담고 있습니다.
　사람들은 이야기는 견디는데 시끄러운 이야기는 잘 참아 내
지 못합니다. 주제가 분명한 '신 이야기'의 산만함에는 더욱 그
렇습니다. '신 이야기'일수록 논리도 단순하고, 개념도 분명하
고, 현실 적합성을 지녀야 하니까요. 삶이 직면한 문제의 해답

이 바로 그 이야기니까요. 이를테면 초월이나 거룩함이나 절대나 영원을 설명하려 들지 말고, 그대로 '초월은 초월'이고, '절대는 절대'라는 투의 이야기를 바라는 겁니다. 앞에서도 지적한 바 있지만 동어 반복이 신의 언어인 까닭은 그런 데서 말미암은 겁니다. 이래저래 사람들은 '신 있음'의 자리에서 펼쳐지는 '신 이야기'를 한껏 간결하고 곱고 아름답게 다듬는 노력을 기울였습니다. 사람들은 그렇게 다듬어진 이야기를 잘 간수하는 것만으로도 '이야기 현상' 안에서 이는 어떤 어려움도 잘 견뎌 낼 수 있었습니다. 그리고 이러한 경험은 소음과는 다른 결을 이루는 화음처럼 역사-문화적 실체로 전승되면서 '신 이야기'를 만나는 사람들에게 '신 있음'을 효과적으로 승인하도록 하는 전이해(前理解)를 마련해 주었습니다.

우리가 지닌 종교 문화에서의 '신 있음'을 서술하는 '신 이야기'는 대체로 이렇게 잘 준비된 화음입니다. 그리고 그것은 힘으로 지탱됩니다. 그리고 사람들은 이를 '학습'하면서 아름다운, 그리고 권위 있는 화음을 통해 '신 있음'을 일컫는 '신 이야기'를 또한 누립니다. 그 누림은 아름다움을 더 아름답게 덧칠하고, 권위를 더 권위 있게 강화합니다. 개개 종교가 지닌 이른바 '교학(敎學)의 체계'가 그러합니다.

그러나 이러한 사태가 그리 편하지만은 않습니다. 상당한 불안을 안고 있습니다. 우선 이야기란, 더욱이 '신 이야기'란, 소란하기 마련인데 그 이야기다움인 소란이 유지되지 않기 때문입니다. 소란을 못 견뎌 화음을 지은 까닭이야 이해된다고 하더라도 덧칠한 아름다움이나 강화된 권위란 반드시 덧나기 마련입니다. 아예 이야기를 억제하는 데 이르니까요. 할 이야기와 하지 말아야 할 이야기가 나뉘고요. 이는 이야기에 대한 배신입니다. '신 이야기를 거절한 신 이야기를 온전한 신 이야기로 착각하게 하는 거'라고 할 수 있습니다. 결국 전승된 잘 다듬어진 '신 이야기'란 실존적 절규에서 비롯하는 자유로운 물음을 차단한 채 준비된 물음부터 가르치고, 그 가르친 물음에 대한 준비된 답변을 제기된 물음에 대한 답변이라고 주장하는 '힘의 횡포'와 다르지 않기 때문입니다. 그것이 어떤 것이든 힘의 강제가 없다면 어떤 이야기도, 어떤 '신 이야기'도, 그렇게 곱게 모습을 드러낼 수가 없습니다.

우리가 지금 여기에서 겪는 삶의 현장을 조금만 살펴보아도 그것이 얼마나 작위적으로 마련된 것인지를 못 느낄 사람들은 없습니다. 이를테면 곱고 고상한 권위 있는 '신 이야기'가 서로 긴장하고 갈등하는 것을 직면하는 때가 있습니다. 아니, 예외적인 경우가 아니라 '신 이야기'는 그런 갈등을 지니고 우리 앞에 펼쳐져 있습니다. 그런데 이러한 사태와 직면하면 '신 있음' 자체가 흔들리면서 많은 사람이 상처를 입습니다. 이러한 사태가 '신 이야기'의 현실이고 그것이 담고 있는 '신 있음'의 현실이라는 사실을 우리는 정직하게 인정해야 합니다. 간추리면 이렇습니다. 소란은 타자의 긍정에서 불가피한 필연입니다. 그것을 제거하는 화음은 타자를 지워버려 얻어진 아름다움입니다. 우리는 화음을 짓는 주체이기도 하지만 소음을 짓는 주체이기도 한데, 이 현실이 힘으로 조정된 현장은 삶의 자리가 아닙니다. 더직접 말하면 사람을 위한 자리가 아니라 오로지 화음을 화음으로 유지하려는 화음을 위한 자리입니다. 사람이 잊힌 채, 사람을 위한 온갖 사랑을 편다고 말하는 거와 다르지 않습니다. 종교를 거대한 위선의 문화라고 일컬어도 할 말이 없습니다. '지워진 인간'을 간과한 '인간을 위한' 문화와 다르지 않으니까요. 소음을 거절한 화음, 어쩌면 소리를 배신한 화음처럼요.

우리는 이 사태에 대하여 진지하게, 그리고 단단히 물어야합니다. 우리 이야기, 곧 우리가 하는 '신 이야기'는 건강하냐고요. 그러나 이 물음은 매우 조심스럽고 어렵습니다. 누백년 누천년을 거치면서 겨우 다듬은 아름답고 신묘(神妙)한 '신 이야기'를 다시 소음으로 돌리는 일이 되니까요. 물음을 묻는 사람도 조심스럽게 그리고 겸손하게 감행해야 하고, 이 물음에 직면하는 사람도 지극한 인내심을 가지고 감수해야 합니다. 온

320

힘을 다해 모두가 정직한 인식을 도모하고 열린 상상력을 발휘하지 않으면 안 되는 거죠.

앞의 12개 주제를 통한 '신 이야기'는 의도적인 소음 짓기였습니다. '신의 고향'에서 '신의 죽음'에 이르는 어떤 주제도 무엄하지 않은 것이 없고, 불손하지 않은 것이 없었습니다. 게다가 "신을 낳은 것은 사람이다. 그러므로 신을 책임지는 것도 사람이다"라는 진술은 이 글의 전제였고 귀결이었습니다. 감히 '신성모독'의 어리석음을 범할 만큼 세련된 논의가 아닌데도 결과적으로는 상식의 수준에도 이르지 못한 천박하고 불경한 발언을 남발하기만 했습니다.

그런데도 이러한 작업을 감행한 것은, '신'을 사랑하기 때문입니다. 그렇게 말하고 싶습니다. 종교 문화가 더없이 귀한 것이라는 판단 때문이라고 해도 좋고요. 사람의 존엄을 종교보다 더 잘 드러낸 문화란 없다는 긍지에서 발언한 거라고 해도 괜찮습니다. 신은, 그래서 종교는 인간의 실존적 정황에서 돋아난 더할 수 없는 창조적 상상력이 발휘된 정화(精華)입니다. 인간의 소산(所産)에 이를 넘어설 어떤 것도 없다고 단언하고 싶습니다. 그러므로 인간은 이를 아끼고 가꿀 무한책임을 지닌 존재이기도 합니다. 되짚어 말한다면 그게 인간의 자긍(自矜), 인간의 존엄이기도 하고요.

바로 이러한 이유로 지금의 경화된 종교 문화가 저어되어 의도적으로 마음껏 소음을 짓고 싶었습니다. 지금 여기의 '신 있음'의 현상이 왠지 두렵고, 지금 여기에서 펼쳐지는 '신 이야기'가 왠지 아파서요. 그렇다고 앞에서 언급했던 '훌륭함 증후군'에 걸려 하는 말은 아닙니다. '못남의 자의식'에서 하는 말도 아니고요. 귀한 오지그릇을 들고 좋아서 이리저리 둘러보다 "이것 자칫 놓치면 깨지는 물건이네!" 하는 어떤 터득이 이런 소음 짓기를 의도하게 한 것이라면 전달이 되는지요. 부끄럽지만 이 이상의 어떤 발언도 할 수가 없습니다.

처음에 이야기를 여는 자리에서 '신 이야기'의 주체는 우리 모두이고 나 자신이라고 말한 바 있습니다. '신 이야기'의 처음이 그렇고 마지막 또한 그렇습니다. 그래야만 한다고도 말하고 싶고요. 이 이야기를 이 끝자리에서도 거듭거듭 드리고 싶습니다.

긴 이야기를 끝내면서 스스로 짓게 되는 부끄러움을 견디기 힘듭니다. 글이 읽기를 이어 갈 수 없을 만큼 지루했습니다. 이미 한 말을 자꾸 되풀이하면서 만연체(蔓延體)의 전형을 보여 준 산만하기 그지없는 글이니까요. 제 한계입니다. 그런데도 여전히 변명하고 싶습니다. "나는 나다!" 투의 명쾌하고 간결한

신 이야기

'신 있음' 자리에서의 발언에 대한 발언이 마찬가지로 그렇게 명쾌하고 간결하게 발언된다면 그것은 그 발언에 대한 메아리이지 청자의 자기 발언일 수는 없는 것 아니냐는 저 나름의 항변을 하고 싶은 것이 그겁니다. 그러나 그렇다고 해서 반복, 부연, 수식, 설명 등이 장황하게 이어져 마침내 무얼 이야기하는 것인지조차 모르게 한다면 그게 글이냐는 질책에는 할 말이 없습니다. 죄송할 뿐입니다. 권위 있는 분들의 노작에 일생 빚지고 있으면서도 그분들께 누를 끼칠까 두려워 이곳에 모시는 일을 삼갔습니다. 그러다 보니 모호한 독백이 되고 말았습니다. 이 또한 부끄러운 일입니다. 두루 용서를 빕니다.

이 책은 EBS 클래스ⓔ에서 2021년 12월부터 2022년 1월 사이에 방영된 내용을 다듬은 겁니다. 이를 주선하고 진행해 주신 이규대 PD님, 이를 출판하도록 결정해 주신 최재진 과장님께 진심으로 감사드립니다. 이 책자를 잘 꾸며 펴내 주신 도서출판 혜화동의 이상호 대표님께도 감사를 드립니다. 더운 여름 너무 고생이 많으셨습니다. 독자의 가독성을 위해 문장과 어휘, 장의 이름에 이르기까지 더할 수 없이 자상한 염려를 해 주셨습니다. 죄송하고 감사합니다. 그런데 저는 이 귀한 말씀에 순종하지 않고 떼를 썼습니다. 이 모든 책임은 저에게 있습니다. 독자들에게 송구스럽습니다.

EBS 클래스ⓔ 시리즈 35

신 이야기

1판 1쇄 발행일 2022년 11월 30일

지은이 정진홍

펴낸이 김유열 **지식콘텐츠센터장** 이주희 **지식출판부장** 박혜숙
지식출판부·기획 장효순, 최재진 **마케팅** 최은영, 이정호 **인쇄** 윤석원
북매니저 이민애, 윤정아, 정지현

책임편집 혜화동 **인쇄** 우진코니티

펴낸곳 한국교육방송공사(EBS)
출판신고 2001년 1월 8일 제2017-000193호
주소 경기도 고양시 일산동구 한류월드로 281
대표전화 1588-1580 **이메일** ebs_books@ebs.co.kr
홈페이지 www.ebs.co.kr

ISBN 978-89-547-7161-0 (04300)
ISBN 978-89-547-5388-3 (세트)

ⓒ 2022, 정진홍